城市社区更新理论与实践丛书

赵万民　黄　瓴　主编

XI'AN

西安
城市社区更新
理论与实践

CHENGSHI SHEQU GENGXIN
LILUN YU SHIJIAN

任云英　著

中国城市出版社
中国建筑工业出版社

进入21世纪第三个十年，回顾我国规划学科和规划学界近年经历的历史性变化和巨大进步，主要体现在两大方面：一方面是新的国土空间规划体系的建构，另一方面是城市发展模式和空间规划从主要是增量扩张到存量提升即城市更新的转型。正是党的十八大及继后的党的三中全会、五中全会以及2015年中央城市工作会议，对我国改革开放以来经济社会发展阶段和形势做出了科学判断，进一步明确和极大地充实了中国特色社会主义的丰富内涵，正确及时地把握我国城镇化的历史进程，提出了新型城镇化的时代转型。党的十九大报告中指出，我国社会主要矛盾已转变为人民日益增长的美好生活需要和不平衡不充分的发展之间的矛盾。以人民为中心的高质量发展目标已成为全社会共识，这同第三次联合国住房和城市可持续发展大会提出的人类未来二十年共同发展纲领《新城市议程》及17项可持续发展目标（SDGs）相互契合。从党的十八届三中全会首次提出"推进国家治理体系和治理能力现代化"这个重大命题到党的十九届五中全会明确"十四五"规划和二〇三五年基本实现社会主义现代化远景目标，并且具体到对我国规划体系的改革提出改革方向、内容和指导方针，催生了规划学科向真正符合人民和时代需要的方向发生深刻而伟大的变革，一系列相关文件指导着我国规划体系不断深化和完善。

我们从十余年的理论探索和工作实践中汇聚形成的这套丛书的主题——城市社区更新属于后一方面，可以说是在以人民为中心的思想指引下一部分城市规划转型课题的理论和实践的阶段总结。曾几何时，在当地政府邀请和委托下，我们走进一个个城市中低收入居民的社区，面对住房条件、居住环境和市政设施以及社会方面的多种问题，社区更新规划的工作方式、内容和程序无法继续沿用传统体系规划的范式。进入这个新的工作领域时，免不了要学习与参照西方发达国家的社区规划著作和范例，以及国内陆续问世的社区规划论著，从中获得较为系统的社区规划概念和方法，但是多彩多姿的国情和地域现实促进我们重新思考，走进社区人民群众和基层干部中共商共谋，在实践中创新求解。可以说，参与每个社区更新的过程都可以记录下一个个生动的故事，这也是规划师价值观的自我净化和升华。

说到社区更新和社区规划从早期的试验到最近纳入城市规划体系的历程，的确是意味深长。自中华人民共和国成立至改革开放迄今，在全国构建起区、街道、居委会三级城市基层政权组织体系，先后经历了从社区服务、社区建设到社区治理三个发展阶段。1986年，民政部首次把"社区"概念引入城市管理，提出要在城市中开展社区服务工作。2000年11月，中共中央办公厅、国务院办公厅转发《民政部关于在全国推进城市社区建设的意见》，明确"社区建设是指在党和政府的领导下，依靠社区力量，利用社区资源，强化社区功能，解决社区问题，促进社区政治、经济、文化、环境协调和健康发展，不断提高社区成员生活水平和生活质量的过程"，推动各地区将社区建设纳入国民经济与社会发展计划。2001年，社区建设被列入国家"十五"计划发展纲要。2010年至今，社区治理成为国家治理重要组成部分，重点在于构建城乡社区治理体系，提升城乡社区治理能力，打造共建共治共享治理格局。2017年6月，《中共中央　国务院关于加强和完善城乡社区治理的意见》指出，"完善城乡社区治理体制，努力把城乡社区建设成为和谐有序、绿色文明、创新包容、共建共享的幸福家园"。2017年10月，党的十九大报告提出，"加强社区治理体系建设，推动社会治理重心向基层下移，发挥社会组织作用，实现政府治理和社会调节、居民自治良性互动"。但在过去的20年里，在我国大多数城市中，无论是社区规划还是社区更新，主要体现在具体项目上，并未从法理和学理上得到"正名"。原因主要有三：一是从学理上社区规划或社区更新涉及跨学科的充分融合，复杂的交叉机理未臻定论；二是从项目实践上体现出很大的在地差异性和综合性，规划的技术和方法多方尚在各自探索；三是过去发展阶段传统城乡规划体系中社区的缺位，正式规划专业教材和法规暂付阙如。从20世纪90年代末以来，上海、北京、深圳、武汉、重庆等国内一些大城市也只是在一些点上开展起社区规划、社区更新行动。

令人鼓舞的是，今天社区更新和社区规划在全国城市方兴未艾地蓬勃开展，新成果和新经验层出不穷。社区发展、社区更新的时代已经到来。

《城市社区更新理论与实践丛书》启动于2018年底，选择了具有代表性的9座城市，分别是北京、上海、广州、重庆、成都、武汉、南京、西安和厦门，旨在梳理和总结每一座城市在社区更新方面的经验，系统整理因地制宜的社区更新理念（理论）、规划设计方法，并通过典型案例探讨社区更新的机制与政策。特别需要说明的是，本丛书各分册的作者皆来自高校的城乡规划学专业，他们既是我国社区更新、社区规划的实践者与研究者，同时也是观察者和教育者。大家的共识是立足规划的视野探讨具有中国语境下的城市社区更新，希冀从规划的多学科维度进一步丰富我国的城市更新理论和方法。写作和编辑这套丛书最大的体会，是必须努力学习、深刻理解习近平新时代中国特色社会主义思想的科学体系，牢固树立以人民为中心的发展思想，坚定中国特色社会主义道路的四个自信和五大发展理念，以此丰富和创新我国社区发展的规划学科理论。自豪地身处当下的中国，站在过去城市规划建设取得的卓越成就的基础上，经心审视社区的价值，充分认知社区之于国家治理的作用，努力发现社区作为实现人民城市愿景的重要意义，乃是本丛书编写的初衷。丛书的顺利诞生要特别感谢中国建筑工业出版社（中国城市出版社）的大力支持和辛勤工作。

"诗意的栖居"是人类包括中国人的共同理想。已做的社区更新规划研究和实践曾经陪伴了我们千百个日日夜夜，更深入到我们心灵中的每一天。我们更为不同社区的未来美好图景殚精竭虑。作为我国社区发展的城市规划工作的参与者，从实践到理论，再从理论到实践的不懈且无尽的努力，这既是使命，更觉荣光。

谨此为序。

赵万民

2021年2月

西安在中华人民共和国成立之初，就以明城区为基础进入了更新发展模式，重视历史保护和文脉传承是西安城市社区更新中的主要特征，呈现出自组织更新、文化基因转译、社区多元共生等突出特点。社区更新呈现在自上而下的政策引导和自下而上的社区营造的空间过程及其内在机制，是历史城市社区更新实践的典范。本书阐述了西安城市社区更新的历程，并深入调研，从现象学方法入手，运用城市形态学的方法，解析西安城市典型社区的历史内涵，并阐释其空间过程背后的内在特征及其机理，总结了西安在文脉保护与传承理念下的城市更新实践的理论方法及其创新。本书可为城乡规划学、社会学、管理学、人类学等相关学科交叉领域的学者，以及从事城市更新相关管理、规划设计的大专院校、规划设计部门、政府主管单位以及社会各界人士提供参考借鉴。

▶ 目录 ◀

1

第1章 西安城市社区更新理念

城市是一个社会、经济、文化、政治及生态环境等多种因素制约下的有机生命体，是复杂的巨系统，伴随特定历史时期城市的发展，城市内部随城市生命周期发展而呈现出类生命体的新陈代谢的基本特征。在城镇化进程中，随着城市新区的不断拓展，城市建成区内部处于动态调试的过程中，其中社区更新则是这一新陈代谢过程中的表现方式之一。城市社区更新往往或从城市功能的适应性，或从城市更新单元的自我修复，或从城市形象的提升完善，抑或从城市自身系统的调试中不断适应新的社会经济发展诉求，伴随城市管理运营机制，呈现出自我更新的新陈代谢的文化生态过程。

自中华人民共和国成立以来，城市更新在相当长时期内注重城市物质空间的建设和环境的品质提升。西安明城区内，在城墙的限定下，以内部行政功能替换、单位制社区沿城墙内部边缘土地破碎地带形成早期城市更新的形态特征，而明城之外以第一代的工业区的建设伴随其单位制住区形成了城市社区的基本格局，之后伴随大型国有企业职工人口和家庭结构的演变，单位制社区不断进行了内部的自组织更新。随着城镇化水平的不断发展，城市社区自治和治理体系逐渐成为城市重要的有机构成。因此，西安城市社区更新经历了逐渐由注重物质环境改善到社区治理的理念和路径的一个客观历史过程。

1.1
城市更新内涵

▶　　城市发展的全过程是一个不断更新、改造的新陈代谢过程。城市更新（urban renewal）兴起于20世纪50年代欧美各国对第二次世界大战后破旧住宅区的重建活动，并与城市发展相伴而随，往往作为城市自我调节机制存在于城市发展之中，其积极意义在于阻止城市衰退，促进城市发展。

二战后，西方国家一些大城市中心地区出现不同程度的衰退，城市衰退不仅仅表现为物质性老化，在科学技术和物质文化水平提高的情况下，城市迅猛发展，城市化进程加快，城市衰退更多的则反映为功能性和结构性衰退，大量人口和工业出现了向郊区迁移，原来的中心区开始"衰落"——税收下降，房屋和设施失修，就业岗位减少，经济萧条，社会治安和生活环境趋于恶化。这是一种相对衰退，是无形磨损。面对这种整体性的城市衰退问题，城市更新运动在西方许多国家纷纷兴起①。因此，现代城市更新的动因首先不在于有形磨损，更多的主要在于无形磨损，有形磨损的速度往往落后于城市不断增长的需要，而后者恰恰直接决定着是否有必要对旧城进行更新改造。

城市更新改造是一个复杂的过程，更新策略的制定受到多种因素的支配和制约。就其物质建设方面而言，从规划设计到实施建成将受到方针政策、行政体制、经济投入、组织实施、管理手段等诸多社会因素影响，在人文因素方面还与社区邻里、历史遗产保护等特定文化环境密切相关，涉及的方面极广。因此，城市更新是一个连续不断的过程，应重点研究不同地区不同类型更新改造的个性特点，在充分考虑旧城区原有城市空间结构和原有社会网络的基础上，因地制宜，因势利导，采取多种途径和多个模式进行行之有效、切合实际的更新改造。在更新改造方式上，可采取保护、维修、改善、保留、改造、拆除重建等不同的方式。在更新改造的标准和速度上，依据各城市的不同发展阶段和经济基础确定不同的改造标准和实施步骤。最后，至为重要的是，城市更新策略应由零星走向整体。②

我国的城市更新始于20世纪80年代。改革开放后，我国许多大城市都面临着城市更新的挑战。老旧的城区已不适应新时代经济、社会的需要，城市更新要将老旧、损坏和严重阻碍城市发展的建筑物拆除，以新的建筑物、街区和公园代之，进而改善城市经济、社会条件和生态环境。1984年和1987年建设部分别在合肥和沈阳召开了两次全国旧城改造经验交流会，对全国各城市的更新改造工作起到了积极的推动作用。进入90年代，旧城改造更是在全国范围内大规模地推广开来。

20世纪90年代，我国城市更新的目标是：改善老化的旧城环境，疏散旧城过于拥挤的居住人口，保护和恢复旧城区的历史文化，保持并增强城市的社会文化品质，增加城市绿地和公共开放空间，美化旧城环境，完善各项社会文化服务设施，提高城市的环境品质，构建良好的城市形象，改善城市的投资环境。城市更新的任务是：整治和改善旧城区道路与市政设施系统，使旧城区适应现代化城市交通和各项现代城市基础设施的需要③。

① [美] 伊利尔·沙里宁. 城市：它的发展衰败与未来 [M]. 北京：中国建筑工业出版社，1986.
② 于今. 城市更新 城市发展的新里程 [M]. 北京：国家行政学院出版社，2011. 4：序言.
③ 叶耀先. 城市更新的原理和应用 [J]. 科技导报，1986（02）：48-51.

1.2
城市更新模式

▶ 城市更新的模式主要有重建（redevelopment），整建（rehabilitation）和保护（conservation）3种方式。

1.2.1 重建（Redevelopment）

重建即拆旧建新，主要针对公共服务设施、市政设施等生活环境要素的质量全面恶化，不仅降低了居民的生活品质，甚至会阻碍正常的经济活动和城市的进一步发展，并已无法通过其他方式使其重新适应当前城市生活要求的城市区域。建筑物的功能、规模，公共活动空间的保留或设置，街道的拓宽或新建，停车场地的设置以及城市空间景观等，都应在旧区改建规划中统一考虑。重建是一种最为完全的更新方式，但耗资也比较高，且这种过于彻底的方式在城市空间环境、景观和社会结构方面都可能产生不利的影响，只有在没有其他可行的方式时才可以采用。

重建的典型范例当属第二次世界大战后的欧美城市大规模"城市更新"运动，在当时由CIAM（国际现代建筑协会）倡导的物质规划（physical design）为核心的近现代城市规划理论思想的深刻影响下，许多大城市如伦敦、巴黎、慕尼黑等都曾在城市中心拆除大量的老建筑，取而代之的是各种标榜为"国际式"的高楼。这种更新发展方式虽然在一段时间内给城市中心区带来了繁荣，但很快就出现了大量的城市和社会问题：城市面貌千篇一律、市民关系冷漠疏远。芒福德曾指出："在过去三十年里……'城市更新'——只是表面上换上一种新的形式，实际上继续进行着同样无目的集中破坏并破坏了有机机能，结果又需要治疗挽救"[①]。此外，雅各布斯、舒马克及亚历山大等学者均对这种大拆大建的物质规划处理城市建设的方式进行了抨击和反思，提倡城市更新要以人为本，注意人的基本需要和精神的需求。

---

① 刘俊. 城市更新概念·模式·推动力 [J]. 中外建筑, 1998（02）：3-5.

虽然长远来看，这种大拆大建的再开发模式存在弊端，但在对特定时期特定条件下的一些城市，依然有其用武之地。香港兴业建筑师有限公司在永乐街和皇后大道商业中心工程采用的重建的模式，将不少老商业建筑和住宅建筑予以拆除后，在700平方米的场地上，新建了一栋超高层和一栋高层建筑，并以一个商业区组成中心广场，将建筑物划分成高、中、低三个层次，进而使陈旧的建筑完成了现代化风貌和功能的综合适应，创造一个在街道层面上中央广场的"老香港"现代化试验点。

1.2.2 整建（Rehabilitation）

整建即或多或少地改变老旧建筑原有结构，拆除不适应现代需求的部分，开拓新的空间功能，提高周围环境质量，以适应现代化发展的需要。整治改善的对象是建筑物和其他市政设施尚可使用，但由于缺乏维护而产生设施老化、建筑破损、环境不佳的地区。这种方式较重建模式，施工周期较短，耗资较小，且方式缓和。

其实在20世纪六七十年代，拉波波特和文丘里等学者就从不同角度对物质规划和大拆大建的城市更新模式进行了反思，同时他们也都对传统的渐进式规划和小规模的改建模式表示了极大的关注。20世纪70年代，致力于环境和资源保护的社会经济学家提出"可持续发展"（sustainable development）的思想后，欧美城市更新的理论与实践开始重视城市更新的社会意义，"人本主义"思想在社会、经济和生活中复苏，城市更新的重点从大规模消除贫民窟转向社会环境的综合整治以及居民参与下的社会邻里自建。城市更新的方式，从大规模的以开发商为主导的推倒重建方式转向小规模的、分阶段的、主要由社区自己组织的渐进式（careful development）整建改善。

1.2.3 保护（Conservation）

保护是指不过多改变原有建筑结构的做法，适用于历史建筑以及环境状况保持良好的历史地区。这种方式相较于重建和改建，缓和而灵活，耗资也最低，也是一种预防性的措施，适用于历史城市和历史城区。

古迹是人类历史发展过程中遗留下的具体见证。美国国家公园处的德威特·雷悌曾说："我们必须培养保护的观点，并不是为了眼前可见的利益，我们只不过是替后代子孙暂时保管这些资源。"我们从先人所遗留下的历史建筑和历史地区中，以此了解他们的生活、制度与环境，并鉴古而知今，从这些古迹中获得无数古老的回忆，切实感受城市历史和文明。

1.3
城市更新特征

▶ 20世纪八九十年代，城市更新日益受到国内重视。随着科学技术的进步，汽车、电脑等成为家庭日常用品，人们生活在迈向现代化的过程中，老旧房屋无法满足现代城市人民的生活需求，且成为城市发展社会进步的阻碍，市民迫切要求拆除重建以维护市容，此外，城市规划的蓝图难以在短期内实现，进一步激起市民对城市更新的迫切需求。同时，大城市市区土地稀缺，房屋日趋高层化，城市人口激增，交通居住问题弊端渐现，高层建筑的合理布局，市区道路的拓宽和公共广场的增建需求日益紧迫，这些问题都只有通过城市更新方能解决。

我国的城市更新起步和探索具有特殊性。一方面，我国的城市更新是在长期和平的环境下进行的，特别是在1978年改革开放后城市建设有了迅速发展的基础上进行的，这与西方城市在第二次世界大战后的战乱地区和工业污染包围中进行城市更新环境是有很大区别的。另一方面，我国的城市更新是处在国家经济运行模式和体制转换的基础上，在经济管理体制及政治体制改革时期城镇化和沿海地区优先发展的前提下进行的，这与西方城市在传统的商品经济模式中和长期的城市民主管理体制基础上进行，有明显的差别。这些因素都决定了我国城市更新的内涵更加丰富，影响更加深远[①]。具体特征表现为：

第一，商品性和资本性。住房制度的改革使城市房地产的商品性得以体现，城市土地的资本性也在土地使用权有偿转让中体现出来。正如马克思指出，土地经营者"把支出的每个项目都看成商品……生产要素当然也变成商品"。土地所有者必须支付代价才能得到城市土地这一生产要素，城市土地在不断经营中自身得到增值，土地使用权资本化，成为像增值资本职能一样不可回避的社会规律。

第二，规划统一性和建设系统性。城市更新是城市的新陈代

---

① 谈锦钊. 试论城市的更新和扩展 [J]. 城市问题, 1989 (02): 12-18+6.

谢，必须统一指挥，协调行动，才能妥善解决城市各方面错综复杂的利益关系。

第三，技术现代性和环境改善性。现代城市的建设有共同规律可循，通过学习国外城市更新的经验和现代技术，处理好工业化与城市现代化的关系，可以有效避免重蹈某些城市更新不如人意的覆辙。

第四，决策民主性和法制全面性。城市更新不仅仅是建筑和景观的更新，也是城市管理体制的更新，是在民主和法制基础上的社会更新。

城市更新涉及建筑、交通、环境、公共服务设施、土地利用、人口和社会经济等诸多方面，所以需要城市规划和设计从业者与社会经济人员的紧密配合才能奏效。总的来说，我国城市更新发展的主要因素是：随着市场经济的发展，城市产业和功能结构发生调整，使旧城中心地区由传统的居住、商业、工作、管理混杂的用地结构向以第三产业为主的中心商务区转变；土地批租市场的建立和土地级差地租的经济杠杆作用下，城市土地结构按照土地经济的内在规律也在进行调整，土地的不合理使用得到调整，旧城的功能结构和布局得到改善；城市整体经济实力的增长，有力推动了房地产市场的发展，城市更新由"投入型"转向"产业型"，房地产的效益增加了城市更新的活力，极大地推动了城市改造和建设的步伐。

1.4
城市更新案例

1.4.1 国外城市更新案例

▶   西方城市更新大致经历了"清除贫民窟—福利色彩社区更新—市场导向旧城再开发—社区综合复兴"4个发展阶段，各阶段更新政策的历史发展背景、参与对象、更新途径和更新结果各异。[①]但总体上，在更新进程上都体现出从形体主义规划思想向人本主义规划思想的转变，城市更新发展理念在问题导向下不断发展成熟，城市更新运作模式体现政府、私有部门和社区居民的多方参与倾向。但也呈现出欧洲国家偏重，美洲国家重视，东亚国家注重的更新特色。

---

① 董玛力，陈田，王丽艳. 西方城市更新发展历程和政策演变 [J]. 人文地理，2009, 24（05）: 42-46.

1.4.1.1 西欧国家典型更新实践案例

(1) 英国城市更新

英国的城市更新源于住房短缺，开始于20世纪30年代的清除贫民窟计划，发展至今可分为五个阶段。第一阶段为早期的城市物质更新（1945~1968年）和社会与社区福利（1968~1979年）；第二阶段为企业式城市更新（20世纪80年代），减少干预和市场导向的城市更新以及公私合作（PPP）、房地产驱动的城市更新；第三阶段为鼓励城市之间相互竞争（1991~1997年），合作、竞争和可持续性；第四阶段为城市复兴和街区更新（1997~2010年），城市更新开始关注城市复兴、街区重建；第五阶段为紧缩时代的更新（从2010年起）[①]。

20世纪60年代末，随着第二次世界大战后城市人口郊区化过程，使得更新实践的重点转向住宅修整与中心区商贸区复兴。80年代以前英国城市更新以住宅更新为主，80年代以后，郊区化导致城市中心区衰败，由于经济衰退，财政危机，英国政府缩减公共支出，下放权力和引入私人资本，促进了以房地产开发为导向的城市中心区更新阶段。至90年代，英国重新审视大型项目带动的城市更新，提出全方位的，基于多方合作伙伴的综合城市更新行动计划，并使经济活力再生、社会功能恢复、环境质量改善以及促进生态平衡等方面成为关注的重点。2002年，在英国伯明翰召开的城市峰会上，明确提出了城市复兴、再生和持续发展的主题，认为城市复兴旨在再造城市活力，重新整合各种现代生活要素，使城市重获新生。2002年下半年，伦敦市政府提出了耗资巨大、雄心勃勃的《伦敦重建（城市复兴）计划2003~2020》并付诸实施，目的是以进一步提高伦敦的国际竞争力为核心。伦敦重建的目标是建设一个开放、包容、富裕、优美、社会和谐的新伦敦，使其在居住质量、空间享受、生活机会和环境保护等诸多方面都处于欧洲的领先地位，使每一个伦敦人以至英国人都为之自豪。[②]自2008年全球金融危机爆发以来，英国地方经济普遍持续衰退。为摆脱经济低迷和地方发展诉求的压力，英国联合政府自2010年成立以来，启动了以地方主义（localism）、去中心化（decentralisation）、大社会（big society）等为主的新一轮政策改革议程，于2011年颁布极具代表性的地方化法案（Localism Act），并进一步提出"以更新促进经济发展，共享发展成果"的口号，更新政策革新举措包括：地方企业合作组织及其区划、城市交易、区域发展基金、邻里更新等[③]。

1）地方企业合作组织及其企业区划

2010年设立的地方企业合作组织（local enterprise partnerships）享有优先安排地方经济发展项目的权利（优先安排的项目可免去公共参与过程，可通过开发咨询报告的形式替代规划许可等），主要负责刺激地方经济发展与创造就业岗位，其具体措施包括：一是建立商业部门和市民合作领导的相关组织，将部分发展的自主权下放至社区和商业部门；二是营造良好的发展环境以及建立有效的激励制度（incentives regime）；三是致力于发展具

① 安德鲁·塔隆. 英国城市更新（第二版）[M]. 上海：同济大学出版社，2017.
② 程大林，张京祥. 城市更新：超越物质规划的行动与思考 [J]. 城市规划，2004（02）：70-73.
③ 刘晓晓，运迎霞，任利剑. 2010 年以来英国城市更新政策革新与实践 [J]. 国际城市规划，2018，33（2）：104-110.

有长期经济效益的产业，引导私人部门投资类似于能源、交通、旅游等产业。

企业区划（enterprise zones）通过免税、补贴、简化规划管治等激励措施吸引企业；通过25年或更长的发展计划，从企业业务增长中获得收益，且高度重视本地制造业的发展。截至2018年，共建地方企业合作组织39个，划定企业区26个，其中已建企业区18个，拟建8个。

2）城市交易

城市交易是中央政府和城市之间的一个协议。中央政府依据地方城市的实际发展需要，提供不同的政策工具、下放相应的权力，包括自主负责本地方的相关事务、按照地方意愿发展经济、制定推动经济发展相关措施、对公共财政的自由支配等；每个城市交易中，参与交易的城市都应当明确其所在政策股的城市管治形式，表达各自的需求并给出相应的承诺，如免税激励私人部门投资、有能力为交易投入一定的资源、良好的公共财政支出控制等。

3）区域发展基金

2010年商务创新技术部（BIS）与社区和地方政府部等联合制定以空间为导向的区域发展基金（Regional Growth Fund，RGF），主要引导和资助具有发展潜力和能创造长期就业的私营部门向那些过于依赖公共部门就业的地区或社区投资。

4）邻里更新

邻里规划制度安排，规定社区、第三方组织等在地方和社区公共服务与开发建设方面拥有一定的自主决策权，包括：①社区建设挑战权：社区组织、地方政府职员、第三方机构等，如果他们认为自己具备提供更好服务的能力，可通过竞标获得全部或部分地方政府服务职能；②邻里规划权：允许各社区共同决定街区布局；③社区建设权：允许社区提出地点具体的、小规模的、由社区主导的建设项目；④社区土地再开发权：允许社区自行开发那些利用不充分，未被利用的公共土地（表1-1）。

2010年以后英国城市更新政策与实践

表1-1

政策目标		更新促进经济发展；共同分享发展成果
更新指引		《地方化法案》（*Localism Act*，2011），同年引进《核心城市修正案》（*The Core Cities Amendment*，2011）；制定《国家规划政策框架》（*National Planning Policy Framework*，NPPF）；社区和地方政府部（Department for Communities and Local Government，DCLG）职能调整等；上述举措为城市更新政策革新与实践奠定了坚实的制度基础
政策革新	城市层面	地方企业合作组织及其企业区划（Local Enterprise Partnerships and Enterprise Zones，2010）；城市交易（City Deals）；区域发展基金（Regional Growth Fund，RGF）
	社区层面	邻里规划（The Neighbourhood Planning）以及相关的社会福利政策改革
政策效益		新时期的英国城市更新政策由于实施时间较短，还难以从整体上对其进行评述并得出确定性的结论，尤其是全球经济危机对英国经济发展的持续影响使其更新政策的调整还存在多种可能性；但就目前政策实施的情况而言，在初步实现其政策目标的同时亦存在政策体系、实施机制有待完善，新的利益冲突频发等问题；新的政策也面临治理机制的战略选择问题

（2）法国城市更新

法国城市更新大致划分为3个阶段。其一，第二次世界大战后至20世纪60年代，以大规模开发与修建为主；其二，20世纪60～70年代，强化旧城区的保护与新城区的建设；其三，20世纪70年代以后，更加注重社会问题的解决。70年代经济危机导致社会危机，改善现有城市生活环境取代新建、扩建成为必然的选择。具体在环境保护、历史文化传统街区改造、居民生活质量和城市的服务水平提升，公平参与城市管理等方面加以重视。进入90年代以后，恢复衰败区域的活力、鼓励住宅多样化发展以及社会团结与社会分化等方面成为关注的热点。在探讨城市规划与更新的同时，还涉及城市政策、住宅以及交通等内容，意在对不同领域的公共政策进行整合。

（3）意大利城市更新

意大利将历史城市景观在当代宜居城市中扮演的"基础设施"角色作为一种传统[1]，深刻地反映在城市发展战略、城市规划以及城市历史中心更新等各个方面。其城市保护与更新大致划分为3个阶段。其一，20世纪60年代末至70年代中期，历史地段的保护呈现出新的价值观念，中心城区的房屋租金大幅上涨，政府意志和新规划理念开始介入土地和资源管理。通过城市遗产的再利用解决邻里社区活力的问题，是该阶段振兴城市文化的创新议题。其二，20世纪80年代意大利保守主义全面复兴，经济衰退、社会动荡和妥协主义的蔓延，导致政府规划公信力下降，挫败公众参与规划的积极性。大多数历史城镇中私人投资违规建设和政府管理的僵化，屡屡让城市遗产的保护和更新陷入危机。其三，最近30年来，文化倾向和消费行为的改变，以及个体行为的扩大，学术界对个案研究价值的重新重视，为充分展示城市遗产复兴的独特性提供了社会背景知识。与此同时，环境问题、区域一体化问题和意大利经济发展面临的城市集群化调整，为城市遗产问题带来了新的研究方向。[2]

（4）德国城市更新

德国城市更新大概划分为3个阶段：其一，20世纪50年代至70年代以前以大规模拆除重建为主；其二，20世纪70年代，开始注重保护城市结构，维护和更新城市旧有住宅；其三，20世纪80年代至今，开始注重传统城市空间和城市文脉的延续与保护。90年代两德统一后，《过渡时期条例》促进了德国东部过渡时期的城市建设和改造的有序发展。柏林作为新的首都进行了大规模的建设，将20世纪80年代联邦德国的城市更新经验推广到东部地区。面对东部地区的内城衰退、基础设施落后等一系列问题，城市更新的主要措施是：修缮城市历史地段，建设文化体育设施，解决住房短缺问题，改造和利用现有建筑和废弃工业用地，避免城市过度扩张，保护自然环境等。

1.4.1.2 美洲国家典型更新实践案例

历时20余年的美国城市更新运动是美国历史上规模最大的一次由联邦政府发起的城市

① G·贝特兰多·博凡蒂尼，谢舒逸. 不仅仅为了游客：论历史城市景观在当代宜居城市中扮演的"基础设施"角色［J］. 国际城市规划，2016, 31（02）：61-65.
② 徐好好. 意大利波河流域历史城镇城市遗产的保护和更新研究［D］. 广州：华南理工大学，2014.

改造运动，它是新技术革命条件下发达资本主义国家城市化发展的必然结果，它反映了现代城市经济结构调整和城市社会矛盾调和的客观需求。作为移民国家的美国，其移民浪潮持续不断，城市所承受的人口压力很大，其移民人口中低收入居民或有色人种又占有相当大的比重，这使得住房短缺矛盾长期存在，也成为更新运动规模大、历时久的一个重要因素。从这一运动发展的三个阶段来看，受美国城市经济发展和不同阶层利益的影响，城市更新改造由最初清理贫民窟以解决住宅问题为主，演变成为振兴城市经济为目的的商业性开发为主，最终发展成为以综合治理城市问题为主。[①]具体的城市更新内容主要有社区开发计划与复兴城市中心区两大方面。2011年由纽约市城市规划部牵头制定的《愿景2020：纽约水岸综合规划》大大推进了纽约的滨水区更新进程，生态环境、水上交通、公共空间都得到了显著提升。

1.4.1.3 东亚国家典型更新实践案例

（1）日本城市更新

日本城市更新大概划分为3个阶段：其一，20世纪60~70年代，清除贫民区到反思城市化；其二，20世纪80~90年代，进入住宅更新改造，并开始逐步探索更新模式；其三，2000年以后，进入综合有机更新阶段，开始注重地域价值提升和可持续城市营造（表1-2）。

日本城市更新模式 　　　　　　　　　　　　　　　　　　　　　　　　　　　　　表 1-2

更新模式	团地再生	民间复合开发	自发社区更新
更新内容	团地再生主要由当地居民的自治团体发起，并由专业团体协同，通过制定地区规划和管理方针，以创造多元功能和更丰富的社区活动、提高生活环境品质，以及实现可持续发展为目标	日本政府出台政策对大规模再开发给予支持，再加上土地私有制度，促成了各区与私人资本联合推动城市更新的进程	20世纪70年代，日本经济飞速增长带来的城市病开始显现，以自治会为代表的市民自发组织开始进行反对城市建设运动，最后逐渐向改善社区环境、振兴城市经济和保护历史文化的方向发展。随着相关政策体系的不断完善，城市规划的权力也不断下放至地方政府，政府也通过颁布社区营造条例等形式将其制度化，出现了所谓的"地区规划"，即通过社区营造的方式进行组织操作

（2）韩国城市更新

韩国城市更新大概划分为3个阶段：其一，1960~1975年，以寮屋清理为出发的城市更新改造运动；其二，1976~2000年，城市中心区环境提升与住房更新改造协同发展阶段；其三，2000年至今，注重综合性城市再生与社区营造时期。韩国除新城市开发外，还积极推进国土交通部的城市再生项目、地区开发委员会主导的新农村项目、国民安全处的建设安全的地区社会项目等再生相对衰退或正在衰退的城市的城市改造项目。

韩国城市更新开始于1972年修正的《城市计划法》。随后在1976年制定《城市更新法》，该法制定的目的在于让首尔市能有计划地执行城市更新，加强城市更新事业的发展，以及城市的健全发展与公共福利的增进。2011年韩国《城市及居住环境整顿法》重新修订，新

---

① 李艳玲. 对美国城市更新运动的总体分析与评价 [J]. 上海大学学报（社会科学版），2001（06）：77-84.

增了有关居住环境管理项目和道路住宅整顿项目的制度性规定。此后，居民参与型再生项目的社区营造示范性工程开始推行。根据2013年执行的《推动及支援城市再生特别法》，城市再生项目是指推动城市再生地区，按照推动城市再生计划执行的各种项目，可以是包括《城市及居住环境整治法》的整治项目（居住环境改善项目、住宅再开发项目、住宅再建筑项目、城市环境整治项目、居住环境管理项目及街道住宅整治项目）和《城市再整治促进特别法》中规定的再整治促进项目的城市改造项目。新提出的城市再生项目与原来全面迁移后进行再开发的开发方式不同，从物理、经济、社会层面综合性地接近开发对象，同时实施保全、整治、改良的开发方式。城市再生项目通过试验区域（昌原市、全州市），确认其方向性之后，2014年选定13个先行地区（经济基础2个，近邻再生11个），2016年选定33个地区（经济基础5个，中心市区9个，一般近邻再生19个）。未来韩国政府计划每年选择35个左右的城市再生项目进行持续推进。

为实现对历史住宅区的保护，建设低层租赁住宅，搞活社区共同体。韩国在推进以1~3层的低密度型租赁住宅为基础设计时，还促进制订租赁住宅管理方案及搞活社区共同体方案。为能开展将历史与生活文化互相融合的"城郭社区保护及管理"，将制订与复原汉阳都城项目等有关工程保持整合性的城郭社区保护管理综合计划，并按阶段逐步推行（9个区域、20余个社区）。制订以居民为中心的"蚂蚁社区"再生方案，打造利用历史资源的文化空间（敦义门区域），推进城郭路和周边历史资源发掘与保存近现代建筑及韩屋类型保存及文化综合形态建设等，树立首尔型城市居住再生模式。推进昌信、崇仁新城区的示范工程，促进首尔型再生模式的树立。利用城郭等资源开发旅游产业，设立展厅宣传地区工程的历史，打造包括纺织业在内的产业竞争力基础，为形成社区共同体鼓励居民参与等。

在韩国城市更新制度保障方面：2013年，韩国通过《推动及支援城市再生特别法》后，政府清楚界定了与民间团体合作的角色和预算分配的方式。在韩国经济、人口及基础设施都呈现衰退的环境下，由行政院成立跨部委委员会，制订不同层级的计划执行城市再生政策，包括国家城市再生政策方针、地方政府策略计划、地方政府行动计划（包含经济及基础设施行动计划及社区行动计划）、城市更新案例的执行。其中地方政府行动计划的经费一半来自中央政府，另一半来自地方政府，也因此地方政府需要统一整合地方资源及发展困境来申请中央政府的经费。

韩国城市再生政策的关键之一，是将"城市再生支持中心"作为中央政府与地方政府的中介角色，负责协调专业规划、地方需求及社区经济，如同中国台湾社区规划师的角色。"城市再生支持中心"由地方政府或民间组织成立，是地方政府向中央政府申请预算的重要伙伴（虽非明文规定，但中央鼓励地方政府设立）。

韩国建国以后，陆续制定了关于土地开发和保护的各项法律。对于城市土地开发，韩国政府一方面使住宅区开发等计划成为一项制度化的工作，另一方面还提出了城市改造计划。为了刺激对空地的开发，韩国政府又建立了韩国土地开发事业公团。保护私人产权第一次被写进法律，成为一项制度。但为了限制私人土地所有权，韩国政府又制定了大量维护公共利益的土地法律。特别是在20世纪70年代，为支持经济的快速发展和后续的城市发展计划，韩国政府出台了比较完善的法律体系。包括《住宅建设促进法》《地方工业开发法》《城市规划法》《农地扩大开发促进法》等。为了抑制投机和房产泡沫，韩国还制定了一些调控措施，如《关于宅地所有上限的法律》《关于开发利益回收的法律》《土地超过得利税法》《关于房地产实际权利者名义登记的法律》。完善的法律体系为城市开发和城市更新土地开发提供了保障。

为了完成韩国"200万套住宅"计划，韩国专门设立了以政府为主导的土地住宅公社，从以往的数据来看，韩国首批5个新城的开发主体都是韩国土地住宅公社。20世纪90年代之后，特别是进入21世纪，社会资金参与城市开发的比例才逐渐增多。韩国土地住宅公社在城市开发过程中，主要是站在公共的立场上促进规划和开发，负责土地的一级开发和出让，包括从所有者手中买入、开发、储备和供给。政府主导的开发模式一定程度上抑制了土地买卖投机行为。韩国中央政府以公共利益的名义征收了大量土地，为城市开发开拓了有效的空间。综合来看，韩国土地住宅公社在城市更新计划中，对土地和房屋方面的征收、拆迁、储备、再开发利用发挥了重要作用。[①]

表1-3所示为20世纪90年代至21世纪初，国外典型城市社区更新实践案例。

20 世纪 90 年代至 21 世纪初国外典型城市社区更新实践案例   表1-3

国家	更新问题	案例名称	策略与启示
英国	中心区复兴	泰晤士河码头区（Dockland）	使传统商务中心区获得了进一步发展的空间，又构筑了城市竞争的新载体，并解决了城市衰落地区机能和形态的重塑
		布林德利地区更新计划	以"混合使用"为主旨，以"人民的规划"为理念进行的旧城公共空间再开发，已成为伯明翰周边新的经济增长点
		考文特花园	将政府、非营利组织、公众都纳入保护体系中，共同实现对其保护。政府根据评估结果制定专门的更新保护政策的同时，也积极倡导非营利组织以及社区共同监督和管理更新工程，实现了保护区的历史文化特色保护与传承
		伦敦道克兰地区城市更新	通过成立道克兰开发公司，作为道克兰开发区的开发主体，为其更新工作提供改造措施
		文化引导下格拉斯哥的城市复兴	通过文化引导的旧城改造更新，提升城市形象使其成为更加吸引人们来居住、工作、游乐的地方，同时，倡导城市的进取精神，培养市民的自豪感，将格拉斯哥推介给全世界
法国	旧城改造	巴约纳旧城改造	保留原有优秀的历史空间，在改建过程中加入现代化元素，使之适应于现代化生活方式的要求；注重街坊居住环境的重新整治

① 秦虹，苏鑫. 城市更新 [M]. 北京：中信出版社，2018 (1)：291.

国家	更新问题	案例名称	策略与启示
意大利	内城更新	热那亚历史内城的更新	热那亚通过为城市制定一个具有可操作性的战略规划，增加城市空间和人口的多元性等手段来推动老城发展
德国	老城区复兴	杜伊斯堡内城改造	通过引入私人资本参与区域更新、利用废弃仓储建筑等方式，整合工业与文化资源
美国	公共空间	丹佛车站更新	以大型交通发展为导向，以交通基础设施融资和创新法案作为其使用的融资工具，进行公私合作式的再开发
美国	公共空间	纽约高线公园更新	将原纽约西区货运高架铁路线作为工业遗产并进行保护的公私合营更新案例
日本	风貌保护	东京古都风貌保护	充分利用城市的纵向空间，并将小区块土地合并利用、高强度开发，实现居住区、办公区和必要配套的功能设施的有机整合，通过为人们提供更多的城市空间和私人空间来组织更丰富的城市生活
日本	综合商业区综合开发	东京六本木城市再开发	日本国内最大的由民间力量为实施的城市综合体开发项目，建立一个由国家与地方政府官员、学术和商业人士共同组成的专业委员会，制定更新计划方案来共同推动
韩国	城市中心区再开发	首尔清溪川城市更新	恢复首尔长时期失去的自然面貌，再现城市历史，同时为城市人民提供一个具有娱乐休闲条件的亲水环境，与周边城市历史古迹联系起来，构成首尔的文化中心

资料来源：根据秦虹，苏鑫. 城市更新［M］. 北京：中信出版社，2018整理。

1.4.2 我国城市更新案例

20世纪90年代，随着社会主义市场经济体制的建立，土地的有偿使用，房地产业的发展，大量外资的引进，城市更新由过去单一的"旧房改造"和"旧区改造"转向"旧区再开发"。北京、上海、广州、南京、杭州、深圳等城市结合各地具体情况，大胆进行实践探索。这一阶段的城市更新涵盖了旧居住区更新、重大基础设施更新、老工业基地改造、历史街区保护与整治以及城中村改造等多种类型。

1.4.2.1 更新探索与协调阶段城市更新案例

老工业区更新方面。上海世博会大事件驱动的江南造船厂、上钢三厂所在的中心城黄浦江两岸功能转型和再开发，由艺术家"自下而上"聚集推动的北京798艺术区更新，上海田子坊创意区更新，都是文化主导的老工业区更新案例。除此之外，后工业城市的产业结构调整、城市功能结构转型、土地区位与级差地租作用以及城市社会空间和人口空间重构，也为这一阶段的旧工业区更新提供了重要动力。

在历史区域保护更新方面。南京老城南地区保护更新和苏州平江历史街区的保护整治。前者将重点放在老城南的文化展示、环境整治与功能提升[1]，后者遵循"生活延续性"原则，对街区进行渐进式更新，并通过局部旅游开发，反哺街区的基础设施更新，留住了大部分原住民。[2]

---

[1] 周岚. 快速现代化进程中的南京老城保护与更新［M］. 南京：东南大学出版社，2004.
[2] 林林，阮仪三. 苏州古城平江历史街区保护规划与实践［J］. 城市规划学刊，2006（3）：45-51.

在旧城更新方面，典型案例有旧城功能与空间结构的综合更新的合肥，古城保护与新区建设并举的苏州，以及探求旧城的"有机更新"与"有机秩序"——北京菊儿胡同等。

（1）旧城功能与空间结构的综合更新——合肥

合肥是一座具有2000年历史的古城，其坚持"统一规划，合理布局，综合开发，配套建设"的旧城综合更新取得了一系列卓越的成绩，并在全国有一定的代表性，主要表现在：

合肥市着眼于旧城中心功能的提高，从对局部地段的改造转为对整个旧城的更新，包括旧城功能的提高与改善，保护并延续旧城格局。在城市设计时，保留了历史形成的城市空间格局；利用原旧环城墙拆除、原有的水面和山丘自然风貌，形成开放式的环城公园；在市中心建设20米宽、400米长绿化步行道，共同构成全城的景观体系。为保护城市的历史文化风貌。合肥市结合市场建设，对整个城隍庙地区进行彻底整治，恢复古朴典雅的徽派建筑群，作为城隍庙的"延续生长"，自1982～1992年10年间，合肥市先后建起了城隍庙等多处商品市场面积达30万平方米，有效保护了城市传统景观特色的同时，大大提高了旧城商业中心地位，促进了旧城市场的发展。在城市基础设施建设方面，合肥市以旧城原有的骨架为基础，打通了寿春路、蒙城路、旧城环路等，形成了中心放射加环旧城的主干道网，大力兴建步行街，结合商业区和公园改建，形成旧城的步行绿化系统，实行了人车分流，提高旧城的交通环境，并通过搬迁工业仓库，发展第三产业等措施，全面提高旧城作为全市中心商务和行政经济中心的职能。通过10年的旧城改造，合肥市拆迁危旧房100万平方米，拆迁3万户，旧城内安置20%，其余80%疏散至旧城以外安置，平均每户面积由原来的33平方米扩大到50平方米，人民居住水平显著提高。

（2）古城保护与新区建设并举——苏州

苏州是著名的江南水乡和园林城市，也是国务院唯一确定的"全面保护历史风貌"的城市。在经济高速发展的压力下，苏州古城也遇到了房屋破旧、交通拥挤、人口饱和、水系污染和用地结构不合理等一系列问题。对此，苏州市采取了新区建设与旧城保护结合、古城持续性的有机更新措施。

新区建设与旧城保护结合。苏州古城保护首先从城市整体出发，在古城西侧开辟新区，实施高新技术经济开发、新城区"三位一体"的新区建设构想，将政治、经济中心外迁至新区。1994年又在古城东侧开辟新加坡工业园区，形成整个城市的一体两翼态势，城市建设的重点转移至古城东西两侧，从而大大减轻了古城区保护的人口开发和建筑压力。

古城持续性的有机更新。有了新区，古城的保护与更新变得从容不迫：维持旧城原有风貌和肌理，逐步改造旧城区，在一定的范围内有计划、有步骤地进行持续性的更新，使之适应现代生活的需要。他们首先从单体出发，按照"传统的风貌，现代化的设施"进行改造，取得成功后将其扩大到整个地段，如桐芳巷地区，按"保留，更新，改造"三个层次，保护与开发并举，实行有机更新。在此基础上逐步扩大到古城区按街坊范围进行分片实施，提出"重点保护，合理保留，普遍改善，局部改造"的思想，使改造后的街坊能够在改善居住条件，繁荣地段经济，完善市政工程的基础上，完整地维护原有街巷的格局和风貌，使整个旧城的空间肌理得以保存并不断延续。

（3）探求旧城的"有机更新"与"有机秩序"——北京菊儿胡同

四合院是北京旧城居住区的基本单位，传统的四合院是城市历史社会经济及文化背景下的产物。随着城市的发展和生活方式的转变，一些旧四合院已逐步演变成一定程度上的大杂院，但从另一方面说，合院体系的住宅具有良好的社区邻里环境，这是当今居住小区式的居住体系所无法比拟的。著名的北京菊儿胡同改建工程从传统的四合院出发，从寻求现代生活方式和传统居住模式的契合着手，探索出以单元住宅为基础的"类四合院"这一新的居住细胞，其实质是以传统四合院的"院落"原型进行重构，在水平和垂直方向进行拓展，构成以共用院落为核心的多住户居住体系，并可随现状情况，加以灵活组合，达到新旧体系的有机融合。"从传统的鱼骨式胡同系统，探索到一种连串类四合院为组建的新里巷系统，从顺应旧城格局的'有机更新'，谋求逐步在一定地区范围内，建立新的有机秩序"。菊儿胡同的二期、三期改造工程分别于1991～1992年动工。在更新的过程中，考虑地段的整体性、文脉的延续性、尺度的人性化，注意开发的阶段性和综合的社会经济效益，提出了保护、整治与改造相结合的小规模、分片、分阶段、滚动开发的原则和方法。菊儿胡同工程提出了北京旧城居住区的"有机更新"方式，为我国旧城居住区的更新走出一条多效益综合，并赋予改建地区延续文化内涵的新路。

这种可持续的城市改建方式在此后的苏州、济南等其他旧城住区更新中得到了推广和应用。[①]另外，杭州采取了城市有机更新的策略，常州旧城更新基于现状评估、目标定位、总体更新策略、重点专题和行动计划五大方面，对旧城整体机能提升与可持续发展提出更新策略。

在"三旧"改造方面。广州的"三旧"改造、佛山市的"三旧"改造和深圳大冲村改造等探索了如何借助政府、企业与村民利益共享机制推动城市更新。

表1-4所示为20世纪90年代至21世纪初，国内典型城市更新实践案例。

20世纪90年代至21世纪初国内典型城市更新实践案例　　　　　　　　　　　　　　　　　　　表1-4

案例名称	更新问题	策略与启示
上海世博会园区	旧工业区更新	借助上海世博会契机，对成片的工业厂房与历史建筑及其园区环境进行绿色改造与低碳再利用
北京789艺术区		早期通过艺术家的自发聚集，实现"自下而上"的地区复兴；后期依托政府投资，进行文创园区的商业化再开发
南京老城保护与更新	历史城区与街区更新	将老城发展的重点放在展现历史、改善环境、提升功能等方面
苏州平江路整治更新		通过局部旅游开发，将旅游开发收入反哺街区的基础设施建设

----

① 徐小东. 我国旧城住区更新的新视野——支撑体住宅与菊儿胡同新四合院之解析 [J]. 新建筑, 2003（02）：7-9.

案例名称	更新问题	策略与启示
杭州城市有机更新	旧城更新	综合了城市设计、建筑立面整治、道路交通优化、河道景观提升、产业升级转型等一系列有机更新手段
常州旧城更新		以六大专题研究为支撑，分别为旧工业区、旧居住小区、城中村、历史街区保护、火车站地区的更新提供策略
广州"三旧"改造	旧城镇、旧厂房、旧村庄更新	成立广州市"三旧"改造工作办公室，开展以改善环境、重塑旧城活力为目的的城中村拆除重建和旧城环境整治
佛山"三旧"改造		聚焦利益再分配的难题，在地方政府和村集体之间达成共识，重构"社会资本"，建设利益共同体，顺利推动"三旧"改造
深圳华润大冲村更新		在传统旧城改造的基础上强化了完善城市功能、优化产业结构，处置土地历史遗留问题

资料来源：阳建强，陈月. 1949～2019年中国城市更新的发展与回顾［J］. 城市规划，2020，44（02）：9-19+31。

1.4.2.2 适应城市多元化发展阶段城市更新案例

2010年后，北京、上海、广州、南京、杭州、深圳、武汉、沈阳、青岛、三亚、海口、厦门等城市积极推进城市更新，强化城市治理，不断提升城市更新水平，出现多种类型、多个层次和多维角度的探索新局面[①]。

城市双修方面，三亚作为我国首个"城市双修"的试点城市，将内河水系治理、违法建筑打击、规划管控强化的3个手段相结合，推动生态修复、城市整体风貌改善与系统修补[②]；延安主要结合革命旧址的周边环境整治与生态系统改善开展"城市双修"工作。

社区微更新方面，北京东城区通过史家胡同博物馆建设，扎根社区积极开展社区营造；上海的社区微更新工作通过公共空间改造，促进社区治理，启动了"共享社区、创新园区、魅力风貌、休闲网络"四大城市更新试点行动，发起社区空间微更新计划。深圳"趣城计划"构建了多方参与的城市设计共享平台，吸引公众参与城市更新设计。

旧工业区更新方面，北京首钢项目利用举办2022年冬奥会的契机，推动旧工厂、旧建筑与园区的整体改造；上海城市最佳实践区，注重上海世博会完成后的后续低碳可持续利用和文化创意街区建设[③]；厦门沙尾坡以吸引年轻人和培育新兴产业为重点，为小微企业创新创业提供孵化基地，推动旧工业区的整体复兴[④]。

表1-5所示为2012～2020年国内典型城市更新实践案例。

2012～2020年国内典型城市更新实践案例　　　　　　　　　　　　　　　　　　　　　　表1-5

案例名称	更新问题	策略与启示
三亚"城市双修"	生态修复与城市修补	以治理内河水系为中心，以打击违法建筑为关键，以强化规划管控为重点，优化城市风貌形态
延安"城市双修"		改善城市生态系统、整修革命旧址及周边环境、传承红色文化

① 阳建强，陈月. 1949—2019年中国城市更新的发展与回顾［J］. 城市规划，2020，44（02）：9-19+31.
② 张兵. 催化与转型："城市修补、生态修复"的理论与实践［M］. 第二版. 北京：中国建筑工业出版社，2019.
③ 世博城市最佳实践区商务有限公司. 上海世博城市最佳实践区可持续发展和规划［Z］. 2017.
④ 左进，李晨，黄晶涛，等. 城市存量街区微更新行动规划与实施路径研究——以厦门沙坡尾为例［C］//中国城市规划学会. 新常态：传承与变革——2015中国城市规划年会论文集. 北京：中国建筑工业出版社，2015.

案例名称	更新问题	策略与启示
深圳"趣城计划"	社区微更新	通过创建多元主体参与、项目实施为导向的"城市设计共享平台",吸引公众参与城市更新设计,促进社会联动与治理
北京胡同微更新	社区微更新	通过将传统四合院生活与胡同绿化相结合,改善人居环境品质,并建立责任规划师制度,为社区居民提供咨询
上海社区微更新	社区微更新	通过口袋公园、一米菜园、创智农园等社区微更新项目,吸引社区居民参与,促进社区的共治、共享与共建
北京首钢更新	旧工业区更新	以冬奥会大事件为契机,推进旧工业园区的保护性再利用
上海城市最佳实践区	旧工业区更新	将后世博园区建设为集中了绿色建筑、海绵街区、低碳交通、可再生能源应用的可持续低碳城区
厦门沙尾坡更新	旧工业区更新	以宅基为基本单元开展微更新,吸引年轻人并积极培育新产业

1.5
城市更新政策

▶ 　　分析城市更新政策的制度优势,剖析城市更新政策的制度短板,并从加强城市更新规划评估、健全城市更新容积率管理、改进城市更新地价规则等方面对城市更新政策制度进行反思,有利于建立起适用于当地的更加完善的制度路径。

1.5.1 国外城市更新政策

　　西方城市更新政策经历了从1970年代政府主导、具有福利主义色彩的内城更新,到1980年代市场主导、公私伙伴关系为特色的城市更新,向1990年代以公、私、社区三向伙伴关系为导向的多目标综合性城市更新转变,[①]见表1-6。

---

① 张更立. 走向三方合作的伙伴关系: 西方城市更新政策的演变及其对中国的启示 [J]. 城市发展研究, 2004 (04): 26-32.

国家	年份 / 阶段	文件	特征
英国	1994年	《规划政策指引15：规划与历史环境》	梳理英国各级遗产保护管理的组织关系，提出"历史环境"概念与适变保护思路
	2001年	《场所的力量：历史环境的未来》报告	提出保护发展平衡观；奠定历史环境档案管理与年度报告制度
	2004年	《规划和强制收购法》	确立遗产单位修缮通知与强制收购制度
	2008年	《保护原则、政策与导则》	确立历史环境保护"价值重要性"核心原则
	2010年	《规划政策声明5：历史环境规划》	提出历史环境识别评价方法；规划管理步骤；登录遗产分类方式
法国	1944～1954年二战后重建时期	《地产法》（1953年）	《地产法》的颁布方便公共机构对新建建筑群体的选址和布局的直接干预
	1954～1967年工业化和城市化快速发展时期	《城市规划和住宅法典》（1954年）《分区保护法》（1960年）《马尔罗法》（1962年）《保护历史地区法》（1967年）《土地指导法》（1967年）	建设城市基础设施和有计划开发的建设过程是这一时期城市更新的重点，《土地指导法》的颁布成为国家政府尝试与地方集体合作的转折点
	1967～1982年国家计划性规划时期	《布歇法》（1970年）《城市规划法典》（1972年）《建筑与住宅法典》（1972年）《行政区改革法》（1972年）《土地改革法》（1975年）《自然保护法》（1976年）《权力下放法》（1982年）	20世纪70年代是法国城市化管理的关键时期，国家结束了大规模建设时期并开始检讨和思考过失，《权力下放法》的颁布为这一时期画下了句号
	1982～1999年权力下放和社会住宅政策时期	《城市指导法》（1991年）城市规划行动（1993年）《规划整治与国土开发指导法》（1995年）	这一时期，环境方面的价值取向得以强化，"市镇群共同体"的建立使城市发展突破原有行政限制，促进了国家-地方的团结和整合
	2000年至今整合各种公共政策，推广新型城市发展更新模式时期	《社会团结与城市更新法》（2000年）	《社会团结与城市更新法》的颁布标志法国城市规划法制建设迈入新阶段
德国	20世纪50年代二战后重建时期	《联邦住宅建设法》（1950年）	《联邦住宅建设法》的颁布使二战后的住房短缺问题迅速得到缓解
	20世纪60年代城市恢复、新城建设时期	《联邦建设法》（1960年）《联邦建设法（修正）》（1967年）	《联邦建设法》是联邦德国成立后的第一部全国性的城市规划法。这一时期的城市建设以第二次世界大战后恢复新建为主，被称为"全面改造时期"
	20世纪70年代城市更新时期	《城市更新和开发法》（1971年）《城市建设促进法》（1971年）《特恩城市更新法》（1971年）《文物保护法》（1972年）《联邦建设法补充条例》（1976年）《自然保护法》（1976年）《住宅改善法》（1977年）	《城市建设促进法》与《文物保护法》的颁布表明城市的发展重点已经由第二次世界大战后新建、重建转移到城市改造改建、内城更新和对城市问题的治理上
	20世纪80年代城市改建时期	《城市建设促进法补充条例》（1984年）《建设法》（1987年）	《建设法》奠定了德国城市规划的基本法律框架。这一时期的城市建设以旧房改造为主，被称为"生态改造"时期

国家	年份 / 阶段	文件	特征
德国	20世纪90年代至今 两德统一后的城市更新建设时期	《过渡时期条例》(1990年) 《减轻投资负担和住宅建设法》(1993年)	两德统一后,由于原民主德国的特殊条件,德国立法机构以原联邦德国的法律为基础制定了过渡时期条例,以有利于整个德国的和谐有序发展
美国	1949年	《住宅法》	联邦贷款或补助更新事业,提出再发展计划,立法制定政府权限
	1954年	《城市重建计划》	允许将10%的联邦补助款用于住宅以外的计划,增加整治维护的方式
	1964年	社区行动计划	设置资金独立的社区行动代理处,要求社区成员最大限度参与
	1966年	《模范城市和都市发展法案》	整合政府部门及利益团体,建立法案落实公众参与的实质内容
	1974年	《住宅和社区发展法》	以社区发展补助取代传统再开发补助
	1974年	社区发展基金	资助项目涵盖社区发展各个方面

资料来源:根据张更立. 走向三方合作的伙伴关系:西方城市更新政策的演变及其对中国的启示 [J]. 城市发展研究,2004(04):26-32;董奇,戴晓玲. 英国"文化引导"型城市更新政策的实践和反思 [J]. 城市规划,2007(04):59-64;肖竞,曹珂. 英国城市更新进程中历史环境保护的观念流变与制度解析 [J]. 西部人居环境学刊,2019,34(06):9-17;阳建强,西欧城市更新 [M]. 南京:东南大学出版社,2012:90整理。

其中在20世纪80年代,英国政府的城市更新政策有了重大转变,以政府计划为主的城市更新转向了市场引导与私人投资为主的城市更新政策。通过成立城市开发公司,吸引私人投资来解决内城衰退的问题。同时,公众逐渐参与到更新改造的过程当中。

美国则注重对城市的物质形态和社会结构施加深远影响。注重以公、私、社区三方伙伴关系为基础,自下而上与自上而下决策模式相结合的综合、全面型城市更新;推崇"文化引导"型城市更新政策:城市的历史文化遗产可以扮演一个更为积极的角色——城市更新发展策略有必要充分利用原有的文化和历史内涵,通过保护、改善甚至新建一些文化设施和前卫的奇特的建筑,建设满足新的文化需求的城市环境,以最终提高城市的整体竞争力。

1.5.2 我国城市更新政策

面对新城快速扩张、旧城大规模改建带来的城市建设压力与挑战,我国相关土地管理与规划的法律法规不断健全完善。1995年,中国城市规划学会在西安召开旧城更新座谈会,一批专家学者结合中国实践,从城市更新价值取向、动力机制、更新模式与更新制度等方面进行了热烈讨论。会议认为城市更新是一个长期持久的过程,涉及政策法规、城市职能、产业结构、土地利用等诸多方面,决定筹备成立城市更新与旧区改建学术委员会(表1-7)。

性质	年份	文件	内容
全国性	2004年	《关于深化改革严格土地管理的决定》	文件将调控新增建设用地总量的权力和责任放在中央,盘活存量建设用地的权力和利益放在地方,希望通过权责的明确,限制过度的土地浪费与城市蔓延
		《关于继续开展经营性土地使用权招标拍卖挂牌出让情况执法监察工作的通知》	规定2004年8月31日以后所有经营性用地出让全部实行招拍挂制度,有效遏制了土地出让中的不规范问题
	2007年	《物权法》	赋予房屋所有权者基本的权利,规范了长期以来城市更新中存在的强制拆迁与社会不公平问题
	2008年	《中华人民共和国城乡规划法》	规定"旧城区的改建,应当保护历史文化遗产和传统风貌,合理确定拆迁和建设规模,有计划地对危房集中、基础设施落后等地段进行改建"
地方性	2001年	香港;《市区重建局条例》	采取全方位综合的方式,借用重建、复修和保存文物古迹等方法,更新旧区面貌,确立了四大业务策略(4Rs):重建(Redevelopment)修复(Rehabilitation)、保育(Reservation)、活化(Revitalization)。
	2009年	深圳;《深圳市城市更新办法》	初步建立了一套面向实施的城市更新技术和制度体系
	2014年	西安:《西安市棚户区改造管理办法(2014)》	进一步规范棚户区改造工作,改善人居环境,提高居民生活水平,改变城市面貌,提升城市形象

资料来源:根据阳建强,陈月. 1949~2019年中国城市更新的发展与回顾 [J]. 城市规划,2020,44(02):9-19+31;黄文炜,魏清泉. 香港的城市更新政策 [J]. 城市问题,2008(09):77-83;殷晴. 香港地区市区重建策略研究及对广州市旧城更新的启示 [D]. 广州:华南理工大学,2014;关于制定《西安市城市更新管理办法》的建议,http://www.china-xa.gov.cn/rdztbd/11843.jhtml等整理。

　　棚户区和老工业区改造方面,2012年9月,时任国务院副总理李克强在中国资源型城市与独立工矿区可持续发展及棚户区改造工作座谈会上强调,推动独立工矿区转型,加大棚户区改造力度。2013年出台《国务院关于加快棚户区改造工作的意见》和《国务院办公厅关于推进城区老工业区搬迁改造的指导意见》重要文件。2014年,国务院办公厅印发《关于进一步加强棚户区改造工作的通知》[1]。2014年的《政府工作报告》提出"三个一亿人"的城镇化计划,其中一个亿的城市内部的人口安置就针对的是城中村和棚户区及旧建筑改造。

　　低效用地更新方面,2014年国土资源部发布《节约集约利用土地规定》、2016年国土资源部印发《关于深入推进城镇低效用地再开发的指导意见(试行)》,2017年又印发了《城镇低效用地再开发工作推进方案(2017~2018年)》[2]。2019年7月,住房城乡建设部会同发展改革委、财政部联合发布了《关于做好2019年老旧小区改造工作的通知》,希望通过老旧小区改造,完善城市管理和服务,彻底改变粗放型管理方式,让人民群众在城市生活得更

---

[1] 国务院办公厅印发《国务院办公厅关于进一步加强棚户区改造工作的通知》[EB/OL]. [2014-08-04]. http://www.gov.cn/zhengce/content/2014-08/04/content_8951.htm.

[2] 国土资源部印发《关于深入推进城镇低效用地再开发的指导意见(试行)》[EB/OL]. [2016-11-11]. http://www.mnr.gov.cn/gk/tzgg/201702/t20170228_1991910.html.

方便、更舒心、更美好①。国家层面出台的这一系列政策文件，对指导城市更新工作有序开展起到了重要作用。

地方政府管理机构方面，为顺应新的形势需求，几个重点省市在城市更新机构设置、更新政策、实施机制等方面进行了积极的探索与创新。2015年2月"广州市城市更新局"挂牌成立，之后深圳、东莞、济南等相继成立城市更新局。

地方法律法规方面，上海市政府出台《上海市城市更新实施办法》，针对徐汇、静安（含原闸北）两个区发展需要解决的问题项目，分别进行了区域性研究评估。此后，上海市规划和国土资源管理局还出台了《上海市城市更新规划土地实施细则》（试行）、《上海市城市更新规划管理操作规程》《上海市城市更新区域评估报告成果规范》等一系列文件，继续完善城市更新的制度体系。深圳出台了《深圳市城市更新办法》《深圳市城市更新办法实施细则》和《深圳市城市规划标准与准则》等文件，为城市更新提供明确的制度路径。在配套机制方面，北京市探索了在分区规划、控制性详细规划中引入责任规划师的制度。2019年5月，北京市规划和自然资源委员会发布《北京市责任规划师制度实施办法（试行）》。该文件规定，由区政府聘用独立的第三方人员，为责任范围内的规划、建设与管理提供专业咨询与技术指导（表1-8）。

2010年后各省市城市更新相关法律法规一览   表 1-8

	颁布机构	颁布时间（年）	文件名称
广东省	广东省人民政府	2016	《关于提升"三旧"改造水平促进节约集约用地的通知》
	广东省国土资源厅	2018	《关于深入推进"三旧"改造工作的实施意见》
	广东省人民政府	2019	《关于深化改革加快推动"三旧"改造促进高质量发展的指导意见》
	广东省自然资源厅	2019	《广东省深入推进"三旧"改造三年行动方案（2019~2021年）》
		2019	《广东省旧城镇旧厂房旧村庄改造管理办法（送审稿）》
上海市	上海市人民政府	2015	《上海市城市更新实施办法》
	上海市规划和国土资源管理局	2015	《上海市城市更新规划土地实施细则（试行）》
			《上海市城市更新规划管理操作规程》
		2016	《上海市城市更新区域评估报告成果规范》
		2017	《上海市城市更新规划土地实施细则》
	上海市人民政府办公厅	2016	《关于本市盘活存量工业用地的实施办法》
		2016	《关于加强本市工业用地出让管理的若干规定》

---

① 住房和城乡建设部、发展改革委、财政部联合印发《关于做好2019年老旧小区改造工作的通知》[EB/OL]. [2019-04-15]. http://www.0scio.gov.cn/ztk/38650/40922/index.htm.

	颁布机构	颁布时间（年）	文件名称
深圳市	深圳市人民政府	2009	《深圳市城市更新办法》
		2012	《深圳市城市更新办法实施细则》
		2012	《关于加强和改进城市更新实施工作暂行措施的通知》
		2014	《关于加强和改进城市更新实施工作暂行措施的通知》
		2016	《关于加强和改进城市更新实施工作暂行措施的通知》
	深圳市规划和国土资源委员会	2014	《深圳市城市规划标准与准则》
		2018	《深圳市城市规划标准与准则》（2018年局部修订）
	深圳市人民政府办公厅	2016	《关于施行城市更新工作改革的决定》
北京市	北京市规划和自然资源委员会	2019	《北京市责任规划师制度实施办法（试行）》

1.6
西安实践：从城市更新到社区更新

▶ 城市更新理论内涵的构成与演化，需要通过理论溯源来进行。内涵的变化反映处于不同时代下城市发展价值观的改变，也代表了其所依据的源理论的改变。[①]此外，城市更新理论及方法是密不可分的，因为其理论本身带有着很强的实操性，是可以通过引入具体对象进行实践探索（表1-9）。

20 世纪 90 年代至 21 世纪初国内外更新理论与方法梳理 表 1-9

理论 / 方法	提出者 / 组织	策略与启示
"城市重建" 大规模拆除重建 （urban reconstruction）	CIAM （国际现代建筑协会）	大规模的城市更新使大量的老建筑被各种标榜为国际式的高楼取代，工业化和技术成为城市建筑的表现主题。虽然布局有序，但城市空间和实体的协调不复存在，使人们觉得单调乏味、缺乏人性，并且带来大量的社会问题。有学者称之为"第二次破坏"

① 张庭伟. 从城市更新理论看理论溯源及范式转移［J］. 城市规划学刊，2020（01）：9-16.

理论 / 方法	提出者 / 组织	策略与启示
"城市振兴"（urban revitalization）	西方城市	城市经济振兴被看作是解决城市贫困、就业和冲突的根本性措施。城市振兴的主角，公共部门和私有部门试图谋求某种平衡，继续增大私有部门的作用和影响，提高社会福利水平。空间开发特点表现为把城市开发与区域发展结合起来，出现了一些区域层面上的开发行动
整体、动态的有机规划概念	帕特利克·格迪斯	城市的发展处于多层次沉积及无数生活迹象的不断变化之中
城市发展的有机秩序	伊利尔·沙里宁	城市建设使社区得到有机的秩序
城市更新（urban renewal）	西方城市	更新邻里社区，强调社会发展和公众参与，寻求城市人口与就业的平衡，在城市环境措施方面有新的改进
城市更新的区域观与自然观	刘易斯·芒福德	以人为中心，关注其基本需求，包括人的社会需求与精神需求
人类聚居环境整体"动态的城市结构"与"静态细胞"	道萨迪亚斯	人类居住环境是一个整体，需要从政治、社会、文化、经济、技术等方面，全面地、系统地、综合地加以研究
反对大规模推倒重建的整体性更新	C·亚历山大	新的规划要创造一种有机秩序，即在局部需求和整体需求达到完美平衡时获得的秩序
"小而灵活的规划"（vital little plan）	简·雅各布斯	大规模改造计划缺少弹性与选择性，应追求连续的、复杂的和精致的变化。并强调对地方性邻里社区的保护，号召其创造自己的生活环境
"人居二"《伊斯坦布尔人类住区宣言》（The Istanbul Declaration on Human Settlement）和《人居议程》（Habitat Agenda）	联合国人居署	21世纪人类奋斗的两个主题，即人人有适当的住房和城市化世界中的可持续发展的人类居住区发展，这成为城市更新的发展方向
"人居三"《新城市议程》；《2030年可持续发展议程》		探讨可持续的城市化和我们现有城市的未来；建设包容、安全、有抵御灾害能力和可持续的城市和人类住区
"城市再开发"（urban regeneration）	西方城市	强调私人部门和一些特殊部门参与，培育合作伙伴。空间开发集中在地方的重点项目上。私人投资为主，社区自助式开发，政府有选择地介入。大部分计划是置换开发项目，对环境问题的关注更加广泛
"城市再生"（urban regeneration）		建立合作伙伴关系成为主要的组织形式。强化了城市开发的战略思维，基于区域尺度的城市开发项目增加。在城市再生基金方面注重公共与私人和志愿者之间的平衡，强调发挥社区作用；注重城市文化历史遗产的保护，可持续的城市环境改造
"有机更新"与"有机秩序"理论	吴良镛	城市是千百万人生活和工作的有机载体（living organism），构成城市本身组织的城市细胞总是不断地新陈代谢；"有机更新"即采取适当规模、适合尺度、依照改造内容与要求，妥善处理目前与将来的关系；城市整体的有机性、细胞和组织更新的有机性与更新过程的有机性
系统性旧城改造规划	吴明伟	从总体上对旧城区进行全面的研究，制定一个系统的旧城改造规划。建立明确的评价体系、目标体系和控制体系
小规模城市织补（weaving the city）	张杰	城市历史文化保护区的小规模改造与整治的思路

资料来源：根据耿宏兵. 90年代中国大城市旧城更新若干特征浅析 [J]. 城市规划，1999（07）：3-5整理。

1949年新中国成立之初至今，西安市的城市社区建设与更新实践从未停止，根据建设进程、建设政策和更新理念的变化，将西安市城市社区更新划分为相应的3个发展阶段：第一阶段（1949～1992年）是在政府主导下以城市基础设施建设、居住生活条件改善和城市环境卫生治理为主的城市建设与改造更新阶段；第二阶段（1993～2008年）是由大规模旧城改造更新进入到有机更新理论提出与初步应用的社区更新探索与协调阶段；第三阶段（2009～2020年）是从传统的物质层面、拆旧建新式的城市更新，发展到承载新内容、重视新传承、满足新需求、采用新方式的反映新时代要求、适应城市多元化发展的社区更新阶段。

1.6.1 城市建设与改造时期更新理念

1949年至20世纪90年代，西安市城市更新偏重于建设更新，主要更新理念有小区规划理念、工业布局理念、城市发展模式和历史文化名城保护等理念。

1.6.1.1 小区规划理念

1956年，代表着社会主义城市生活的苏联居住区规划被引入中国，诞生"小区规划理论"，这种单位制住区的规划与建设，不仅在于强调城市居住区功能的完整性，还被赋予了社会主义城市结构的意识形态色彩。在倡导"先生产、后生活"的时代，单位制住区作为一个生产单元，居住功能不过是生产功能的辅助。1978年以前我国的居住小区规划模式单一，小区规划理念主要以关注居住指标和降低造价为主。期间，西安市住区建设发展重点在附属于工业建设的住区建设，并呈现出"单位社会"和"苏联模式"的特征[①]：城市新建住宅的投资90%以上来自国家，投资主体逐步趋向一元化；工作单位不再仅仅是城市社会中的一个经济单位，同时也成为一个基本自足的生活单位；住宅建设引进了苏联的建设标准、标准设计方法、周边式街坊的布局方式和工业化目标。大量的企事业单位建立起来了并建设起基本能满足正常工作生活需要的大院，城市住宅供给由国家包了下来，职工一律等着单位分房，导致住房问题成为大多数单位最沉重的负担。1978年以后，国家开始推动企业自筹资金统一、引进外资和个人投资等多元方式建设住宅小区，不过当时仍以福利性住房分配为主，虽然社会的结构已经由完全由公有制一种经济成分组成逐渐转变为多种经济成分并存，但真正的国有企业改革尚未展开，新建立的民营企业基本摆脱了传统单位制的模式，大量的原有公有制单位仍然在延续着单位制的作风，小区规划设计并无太大改变。直至1990年代后，房改深入，商品房发展，货币买房替代实物分房，住宅小区规划的理念和设计逐渐有了本质上的变化。

① 浦敏. 实例剖析西安近50年城市住区肌理及其演变 [D]. 西安：西安建筑科技大学, 2006.

1.6.1.2 工业布局理念和城市发展模式

中华人民共和国成立初的社会主义工业城市的建设，是伴随区域工业布局、工业区和工人镇选址规划而展开的。在苏联专家指导下，联合选厂和重点工业城市总体规划成为当时城市建设的指导理念，并形成了一套完整的社会主义城市研究、厂址选择和城市总体规划的理论与方法，提出了一些具有合理性、超前性和预见性的城市发展模式，如洛阳"脱开旧城建新城"、兰州"带状组团发展"和西安"依托旧城建新区"等规划模式。城市发展模式方面，受苏联模式的影响，当时西安的城市设计更注重在旧有城市基础上的规划，总体规划亦采取了以旧城为中心，新城围绕旧城发展的城市更新模式[①]：保留老城格局，按照"充分利用、逐步改造"的方针，充分利用原有房屋、市政公用设施，进行维修养护和局部的改建或扩建。工业布局方面，以旧城为中心，从三个方向向外发展，于旧城外东、西、南三个方向设置生活居住区，在距旧城区东、西4~4.5公里文物古迹较少的区域设置工业区，并设防护林带于生活区与工业区之间。出于对汉长安城和大明宫遗址保护的考虑，北郊未做大规模的建设，仅将陇海铁路以北作为仓库区和铁路职工住宅区[②]。

20世纪90年代至21世纪初，城市更新的相关理论在国际社会的关注中侧重于更加综合的更新目标与更健全的制度环境。也正是从90年代开始，吴良镛对于北京旧城改造的更新实践使得"有机更新"的理论形成。他认为城市的建设活动应遵循城市内在的秩序规律，顺应城市肌理，采用适当规模和合理尺度，依据改造内容和要求，妥善处理现在和将来的关系，在可持续发展的基础上探求城市的更新发展，不断提高城市规划的质量，使城市改造区的环境与城市整体环境相一致。

1.6.1.3 历史文化名城保护

虽然早在1950年代，梁思成就有关于历史城市整体保护的论述，但在改革开放前，我国历史城市保护思想一直未受重视，期间，城市建设与历史保护同为西安城市发展的两条主线，尊重文化、力求"务实"的有序建设是西安市城市更新的特点之一，即使历经时局动荡，西安市还是有大量的历史街道、古建筑古遗迹得以保存。1982年2月8日，国务院公布北京、西安、杭州、开封等24座城市为我国第一批历史文化名城，标志着我国历史文化名城保护制度的创立。1982年11月19日，全国人大公布的《文物保护法》正式赋予了历史文化名城的法律地位。历史文化名城保护规划的研究，出现了从宏观走向微观、单一走向多元、理论走向实践的发展趋势，形成了一批研究成果，如《历史文化名城保护理论与规划》、《历史城市保护学导论：文化遗产和历史环境保护的一种整体性方法》等众多理论与实践学术成果，形成了多学科交叉，促进了历史城市的保护与发展，成为《历史文化名城保护规划规范》和其他保护制度的理论基础。西安市历史文化名城的保护，由之前局部点式单纯保护文物本体的做法，到开始重视对文物遗址及古建筑周围环境的保护，保护范围

① 吴宏岐，严艳. 古都西安历史上的城市更新模式与新世纪城市更新战略 [J]. 中国历史地理论丛，2003（04）：26-38+159.
② 陕西师范大学地理系. 西安市地理志 [M]. 西安：陕西人民出版社，1988：442.

已扩大到建筑群、风景区以至传统街区，与之相关的城市绿化、环境保护以及旅游事业亦开始得到重视与发展。把保护、恢复、重新利用历史文化遗址、风景名胜和古建筑同发展现代城市的功能结合起来，提出"旧城区为保护改造区，对古城墙及历史文物、遗址、有价值的街坊加以保护、修整"，并确立了"保存、保护、复原、改建与新建开发密切结合，城市的各项建设与古城的传统特色和自然特色密切结合"的规划原则。

1.6.2 更新探索与协调阶段更新理念

对比于1970年代～1980年代的"城市改造"，1990年代以来的"城市更新"理念及实践等方面更具有综合性，同时在更新途径上也体现得更为多元化。其中"保护"、"修复"、"再利用"与"再开发"等理念贯穿于西安城市更新整体的探索与协调阶段。1980年代，有着深厚历史文化积淀的古都西安，同其他历史文化名城一样，进入了发展瓶颈期。1990年代以来，面对现代化与市场化浪潮的冲击，如何在其历史文化的保护、继承与开发、利益中取舍，是其城市更新实践过程中亟待解决的问题。进入21世纪之后，西安开始了新一轮的大规模的城市更新运动，这次城市更新从城市结构形态和居住区、城市中心区以及城市历史文化区等多方面进行了综合更新保护。[①]

随着1987年社区服务的提出、2000年社区建设的正式展开和推进，社区制开始全面代替传统的街居制。"社区制"是市场经济进一步发展和基层民主发展的必然的产物，"街居制"向"社区制"转变。[②]

因此，该阶段的更新理念主要体现在经济发展与文脉保护的对抗中对于城市公共环境品质的提升。并着重围绕西安城市的文化产业升级转型、促进社会民生发展、提升公共空间品质以及优化城市整体功能结构等方面具体展开。与此同时在城市更新自身的制度建设与体系完善等方面也取得了一定成果，形成了较为灵活的资金引导和多元化的资源支持体制、多主体创新合作更新开发机制，也探索出了一条符合城市特色的规划—建设—管理并融的城市模式，也形成了一批具有时代意义的城市历史风貌与文化特色的城市有机更新实例。

1.6.2.1 旧城功能疏解与新城新增长点培育

1990年代以来，西安市城市中心区主要中心仍然为旧城中心，旧城中心限于城墙范围，可发展用地空间较小，同时又受限于历史文化保护的需要，在建筑的高度、形式等多方面都有着诸多限制。因此，以旧城为中心必然导致旧城的商业等城市中心功能的集聚，与旧城历史文化保护产生的冲突加剧。由于旧城无法容纳较多的城市职能，因而西安市在明城区外形成了一些副中心来分流一些在旧城中心无法适应的商业服务职能，先后在小寨

① 李杨. 城市更新背景下的工业遗产保护与开发问题研究 [D]. 西安：西北大学，2010.
② 孔竞. 市民社会理论视角下我国城市社区治理模式的演变及其转型探究 [J]. 智库时代，2019（28）：36-37.

和高新区形成了新的副中心，同时西安市政府向北郊的搬迁也带动了北郊副中心的形成，使西安城市中心发展呈现集中与分散相结合的有机平衡的格局。而后随着旧城中心功能不断弱化，新的城市中心区将取代原有中心形成更为具有中心性、高价性、集聚性、流通性和可达性的城市新中心，以适应城市发展的需要。

据统计，2007年，西安市13个开发区紧紧围绕西安市委、市政府建设"人文西安、活力西安、和谐西安"的奋斗目标，充分发挥开发区在全市经济建设中的辐射带动作用，开发区建设成绩斐然。其中，高新技术开发区以建设世界一流科技园为奋斗目标，经济技术开发区着力发展制造业规模效应，曲江新区积极打造曲江文化产业核心区，浐灞生态区确立了生态品牌新形象，航空产业基地形成产业聚集之势，带动了全市13个省级以上开发区在固定资产投资，引进内、外资方面实现了新突破。

西安市13个开发区共完成固定资产投资447.69亿元，占全市城镇固定资产投资的33.4%，同比增长32.0%；实际利用外资8.34亿美元，占全市的74.8%，同比增长37.1%；实际引进内资287.29亿元，占全市的54.5%，同比增长23.3%[①]。由此可见，旧城降低密度与功能疏解，建立新城新的增长点是该阶段西安实现城市更新的最佳路径，通过区域性平衡有效缓解了旧城发展的困境。

单位制社区服务设施社会化，据统计截至2007年7月，西安有各类企业子弟学校201所，教职工1万多人，在校生近16万人，分别占全市中小学的7%、15%、13%，每年经费2亿多元。国家从1995年起就提出了国有大中型企业分离包括中小学在内的社会职能，……国家6个部门日前联合发出了通知，对于企业分离办学提出了具体的意见。[②]

1996年召开的全国卫生工作会议上，颁发了《中共中央　国务院关于卫生改革与发展的决定》（中发〔1997〕3号），明确指出：要"逐步实现企业卫生机构社会化"。2000年2月国务院体改办、国家计委、国家经贸委、财政部、劳动保障部、卫生部等8部委又联合颁发了《关于城镇医药卫生体制改革的指导意见》，进一步指出："位于城市的企业医疗机构要逐步移交地方政府统筹管理，纳入城镇医疗服务体系"。[③]

2012年以来，适应信息时代的发展诉求，一些社区率先推行"单位化管理、网格化覆盖、社会化服务"的建设方案，社区更新改造进入了注重社会服务和发展诉求的新的适应性发展的空间过程。社区更新呈现出基于多元价值和多元主体利益诉求下的博弈和协商发展的阶段。

1.6.2.2 城市历史文化空间再利用与再开发

在建筑遗产的保护方法上，《威尼斯宪章》就曾提出，"保护的目的不仅仅是保存一个历史遗迹以满足人们对历史文化的怀念，更是为了从物质层面上延续我们的文化甚至生活本身。为社会公用之目的使用古迹永远有利于古迹的保护，这是保护的宗旨"。1977

① 2007年西安市13个开发区建设成绩斐然. http://tjj.xa.gov.cn/tjsj/zxfb/5d7fca9a65cbd86dc0e4a871.html.
② 华商报. 西安国企不再办子校 经过过渡201所子校将完成分离转制. http://news.sina.com.cn/c/2002-07-01/0920621105.html，2002-07-01.
③ 王保真，王斌，喻竹顺，等. 城市国有企业医院社会化的探讨［J］. 中国医院，2003（02）：19-23.

年《马丘比丘宪章》进一步完整地阐述了以上观点，并明确地提出"城市的个性和特性取决于城市的体型结构和社会特征。保护、恢复和重新使用现有历史遗址和古建筑必须同城市建设过程结合起来，以保证这些文物具有经济意义并继续具有生命力"；"可适性再利用（adaptive reuse）方法是恰当的"。也就是说，为了更好发挥历史遗产在当代社会生活中的作用，对它们进行有效合理的利用也变得顺理成章。因为城市更新是不可逆转的，现代生活形态逐步渗入到城市的每个角落，而城市中那些物质功能，社会功能不再适应当代社会需求的历史遗迹不可能仅仅做博物馆式的冻结保全，对它们进行有机改造，重新整合资源是社会的必需。但是，不论是历史建筑内部的改建、加建还是历史建筑周围的新建，其目标都是通过功能的优化或更替使历史建筑继续体现其内在价值，达到新的完整性。[①]这一理念也拓展至城市更新领域，以"只作最低限度的改变"为原则进行保护与修复。

于西安而言，十分注重历史街区内传统院落的保护与再利用。在对西安鼓楼历史街区利用设计中，对仍以居住功能为主的院落，提出阶段性设计目标。短期目标以建筑技术设计及空间的充分利用为主要手段，解决居民日常生活的突出矛盾。远期目标为改善院落居民的生活环境，使院落居民拥有独立的居住空间，进一步提高院落居民的生活水平。对已经进行了功能置换的院落，就其现状利用进行调查研究，分析其院落利用的合理性。传统院落的保护与利用工作正在逐渐被人们所重视，只有建立保护与利用相结合的观念，才能真正恢复传统院落的生命力，最终实现历史街区的可持续发展。[②]

改造、再开发或改建（redevelopment），指比较完整地剔除现有环境中的某些方面，目的是为了开拓空间，增加新的内容以提高环境质量。在市场经济条件下，对旧城物质环境的改造实际上是一种房地产开发行为。[③]现状快速城镇化过程中的旧城改造，由于其中蕴含的土地价值随着经济升温而不断升高，导致土地价值被极端放大，在价值对比中严重湮灭了旧城的历史文化价值。但我们不能忘记土地的供给是有限的，特别是承载了厚重历史文化的旧城土地供给更是极为稀缺，大拆大建、破坏旧城传统肌理的土地价值利用方式是以牺牲其他价值为代价的，其弊大于利的不可持续性也正在被全社会逐渐认识和摒弃。旧城虽然往往位处城市中心，地价昂贵，但土地上面所承载的旧城文化才是无价之宝，也是城市竞争力的"原动力"所在。现在发达国家许多已成功实现知识经济社会的转型，它们的城市经济发展对制造业的依赖已越来越少，对知识的依赖却越来越重，城市的文化成为重要生产力，不仅为市民的生活质量提升提供创造力，而且为城市的持续健康发展提供了"软件"支持。

具体表现在西安"北院门"历史街区结合了当地少数民族生活习惯和历史传统的保护性再开发，以及以保护古城风貌、改善城市中心地区交通与环境状况，为市民提供游憩空间的西安市中心钟鼓楼文化广场与大雁塔北广场的再开发等。

① 陈蔚. 我国建筑遗产保护理论和方法研究 [D]. 重庆：重庆大学，2006.
② 毕景龙. 西安鼓楼历史街区保护院落利用的研究 [D]. 西安：西安建筑科技大学，2004.
③ 黄健文. 旧城改造中公共空间的整合与营造 [D]. 广州：华南理工大学，2011.

1.6.2.3 城市营销与城市经营下的产业升值

城市营销将城市当成一个企业来经营，经营者主要是地方政府；主要的产品要素包括城市的基础设施与服务、城市的形象与城市未来的发展远景；目标市场是高素质的人口、适合城市的产业与观光人口等；经营的目标为建立新形象、满足现有人口与产业的需求、吸引产业移入以创造就业、发展地方特色等。在此过程中，需以创新性的方法将城市的信息传达到目标市场处，最后达成促进城市经济、提升城市生活质量、城市可持续健康发展的目的①。

就全国而言，西安在现代经济发展中的重要性不断下降，2003年其综合竞争力在全国排名第24位，2004年下降到第35位，综合生产率和经济增长率都比较低，分别排第38和37位，市场占有率和居民收入水平更差，都排在第40位以外②。21世纪是城市发展和城市竞争的世纪，品牌化的趋势已经从商业领域蔓延至社会各个领域，城市的品牌化发展是其中的重要一环。因此，西安必须在"城市营销时代"抓住发展机遇，打造城市竞争品牌，提高综合竞争力，而其中关键的一步就在于实现西安文化资源向文化经济的转化。

西安历史文化资源要真正走向产业化，就必须打破"锁定"，避免陷入恶性的制度陷阱之中，这固然是政府的重要任务，但维持有效的制度也是现实的需要。而制度变迁的一个重要标准是是否有利于经济的增长。制度变迁的方向也并非只有一个打破"锁定"，维持良性的路径依赖都是可取的制度变迁方向。在西安历史文化资源转变为文化产业的过程中存在的路径依赖的阻碍问题，实质上是历史文化与文化产业的路径不通畅。如何更好地实现文化资源向产业转化，这是西安文化产业发展过程中的核心问题。所以，西安在实现历史文化资源转化为文化产业以及推进城市经营的过程中，充分发挥了以下四条路径的引导作用。

其一，西安加大文化产业的创意力度。注重提升文化产品的参与性与体验性，使静态的文化产品"活起来"。

其二，高新技术是历史文化资源转变为文化产业的驱动力。西安是我国重要的科研基地，也是仅次于北京、上海的第三大科研教育中心，拥有全国第四的高新技术产业开发区，还拥有高校、各类科研和技术机构达4000多个，专业技术人员达40余万，这些雄厚的高科技优势是发展西安文化产业的技术优势。

其三，资金是历史文化资源转变为文化产业的增值源。近年来，大雁塔北广场、大唐芙蓉园、西安海洋馆、西安秦岭野生动物园等大型文化产业项目相继建成，实现了资源开发的规模化和集约化，极大地提高了西安文化产业的竞争力；积极探索多渠道融投资模式，以优惠政策吸引更多资金来发展西安的文化产业。

其四，人才是历史文化资源转变为文化产业的保证。西安依托高校教育资源，建立文化产业人才培训基地，开设包括文化产品设计、文化生产经营、文化经纪人、文化市场营

---

① 程书强. 论城市营销与西安城市综合竞争力提升策略 [J]. 人文地理, 2006 (04): 48-50.
② 倪鹏飞, 等. 中国城市竞争力报告No.3 [M]. 北京: 社会科学文献出版社, 2005. 491-492.

销和文化管理等课程，培养一批有文化、懂经营、会管理的文化产业专门人才；同时要大胆引进一批创新、策划人才和网络科技人才以及职业经理人才，为西安文化产业的可持续发展积蓄足够的人力资本。在普遍的以土地经济为目标的全国更新形式中，西安能够不以牺牲文化为前提，进行相对有序的开发建设[①]，从而在确保满足地方财政、政策等各方收益、利益的基础上，尽可能地对文化遗产及其生态环境进行维护，并创造出新的社会经济价值。

1.6.3 适应城市多元化发展阶段更新理念

为了适应新型城镇化背景下的城市更新实践要求，搭建多学科交叉融合的学术平台，提高城市更新研究领域的学术水平，中国城市规划学会于2016年12月恢复成立了"中国城市规划学会城市更新学术委员会"。其宗旨主要在于围绕城市更新理论方法、规划体系、学科建设、人才培养与实施管理，积极开展学术交流以及科研、咨询活动，并加强学界、业界与政界的沟通交流。近年来以"新型城镇化背景下的城市更新""城市更新与城市治理""社区发展与城市更新""城市更新，多元共享""复杂与多元的城市更新""城市更新与品质提升"和"城市更新，让人居更美好"等主题展开了广泛的学术研讨和交流。

1.6.3.1 存量规划[②]

2014年，国土资源部发表《关于推进土地集约利用指导意见》后，"盘活存量、严控增量"又重回人们的视野。存量规划逐渐成为城市更新的热点问题。

存量规划是在保持建设用地总规模不变、城市空间不扩张的条件下，主要通过存量用地的盘活、优化、挖潜、提升而实现城市发展的规划。这里所指的存量用地是指城乡建设已占有或使用的土地，可以在现有土地使用者之间进行交易，也就是土地供应的二级市场，这是广义的存量用地概念；而狭义的存量用地具有特定政策内涵，指现有城乡建设用地范围内的闲置未利用土地以及利用效率低的已建设用地，这一狭义概念充分体现了集约高效利用土地的政策性。

存量规划具有用地产权复杂、利益主体多元、规划空间零散等特征。首先，在用地产权复杂方面，增量规划过程中政府自上而下的对空间格局与利益进行宏观调控，几乎不考虑产权问题。然而，存量规划阶段，由于土地开发建设时序不一致、行政分割复杂、用地现状混杂等原因，存量用地的权属多元，不同产权所属人的发展意愿和利益诉求不同，存量规划面临着整合土地利用空间、协调区片再开发、权利主体利益平衡等问题。其次，在利益主体多元方面，增量规划的用地开发主体和目的明确，而存量规划转型阶段，不同产权所属人的利益诉求多元化，不仅包括大量既有产权所有人，也包括部分建设用地的使用

---

① 丁永刚. 西安历史文化资源转化为文化产业的路径分析 [J]. 唐都学刊, 2007 (05): 37-40.
② 黄梦石. 存量规划视角下哈尔滨城市建设用地调控研究 [D]. 哈尔滨: 哈尔滨工业大学, 2019.

权，这些地块的整合与规划需要面对多个开发团体、多层政府部门的监管。

不同利益主体的利益诉求不同，政府不能随意处置土地，土地再开发的收益也需要兼顾各方利益，通过协商、讨论、平衡多方利益，相互妥协，最终达成共识。最后，在规划空间零散方面，存量规划是对现有城市建设用地的更新与优化，是对有限边界内可以再开发的用地进行空间重新分配与空间格局的优化整合，这些再开发用地是分散在已建设用地中，存量建设用地的类型不同，规划调控的方式也不同。如何将这些零散的存量空间进行盘活与调整，是现阶段存量规划的研究重点，是实现"盘活存量、严控增量"策略的重要基础。

通过对存量规划的内涵与特点解析，可以发现存量规划的重点在于对现有建成区的功能进行调整优化，通过城市规模由以人定地向以资源定地、用地指标由新增用地向改造用地、空间布局由形态构建向结构调整的转变，实现城市空间发展模式与实施路径的转变。

1.6.3.2 城市双修

在新型城镇化阶段，我国城市正由"以增量为主的外延扩张式粗放发展向以存量为主的集约高效内涵式发展"转变。2015年住房和城乡建设部发文，批准三亚市为首个"城市修补、生态修复（双修）"的试点城市。随之"城市双修"从三亚出场，通过住房城乡建设部的引导与推动，朴实地在公众视野中出现。同年年底，相关负责人在中央城市工作会议中提出应加强城市设计、提倡城市修补、加强控制性详细规划的公开性和强制性。在此次会议上习总书记对推进"城市双修"工作提出了明确的要求，李克强总理对"城市双修"实际工作做了具体安排。2016年最后一个月份，于三亚市召开了全国"双修"工作现场会，对"城市双修"工作作了全面的总结。同月，《关于加强生态修复城市修补工作的指导意见》（征求意见稿）由住房和城乡建设部发布。2017年3月住房和城乡建设部发布《关于加强生态修复城市修补工作的指导意见》，期许在全国开展"城市双修"工作推动全国城市转型升级，并提出到2020年初见成效的目标。

"城市双修"理念，要求对城市尤其是旧城区内的存量用地进行发掘、梳理、整合，通过以环境修复、高效开发、合理建设等方式，推动城市转型发展。一方面，要求在"双修"工作开展过程中，做好城市空间的科学布局，从而推动城市更新有序进行，实现城市的集约高效发展。另一方面，"城市双修"要强调规划的作用，按照结合本地经济、社会、自然资源等实际的原则，主张根据城市发展进程、要素禀赋、发展方向等，编制城市更新改造的相关规划，系统化实施。

"城市双修"即生态修复与城市修补两个方面，其中：生态修复是把"创造优良人居环境"作为中心目标，使城市生态系统的结构和功能恢复到破坏前的状态，一方面让生态系统尽量不受城市开发的影响；另一方面通过科技的人为手段恢复城市生态系统的自我调节能力，使其可以达到克服和消除外界干扰的级别，促进生态系统在动态过程中不断调整而趋于平衡。城市修补，就是围绕着"让人民群众在城市生活得更方便、更舒心、更美好"

的目标，以系统的、渐进的、有针对性的规划设计方法，不断改善城市公共服务质量，不断改进市政基础设施条件，大力发掘、保护、传承城市历史文化，维系社会网络，使城市功能体系及其空间场所得到全面系统的修复、弥补和完善，使城市更加宜居、更具活力、更有特色。①

1.6.3.3 城市微更新

"微更新"概念的提出在2012年2月的"国际城市创新发展大会"分论坛"城市的使命与未来"上，中国住房和城乡建设部副部长仇保兴首次提出"重建微循环"理论，其理论中，提出借助"十微"来解决城市现存问题，"微更新"为其中包含的一项。上海、深圳等城市将城市建设和发展方式向存量发展模式转变，并在发展中积极寻求应对策略。国务院关于城市旧社区更新的意见中指出，老城区的更新发展应采用有序修补和有机更新的方式，以恢复城市老区活力、发展老城区功能、延续历史文脉、展示城市风貌为目的，解决老城中遇到的诸多环境衰败和文化流失问题。在近年来的城市更新进程中，仇保兴在2016硅谷高科技创新创业高峰会上进一步表示：要解决快速发展带来的城市病，需提升城市内涵，改善人居环境，倡导绿色发展，创业的思路应该定位在重建、找回城市的微循环。

城市微更新是在继承有机更新理论的基础上，在维持城市建设格局现状的前提下，通过空间功能置换、风貌整治修缮、文化保护及传承、场所内容激活、建筑局部拆建、提升空间环境效果以及完善基础服务和公共服务设施等更新方式，实现地块价值提升，达到城市需求的城市更新方式。主要适用于城市建设用地范围尤其是城市建成区范围内，用地价值与人居环境不符合城市发展需求的地块。

城市微更新方式，强调以微小的更新力介入或刺激目标地块，强调自下而上的更新路径，这与既往"大拆大建"的城市更新有着本质区别。

城市微更新区别于以往的既有建筑改造、城市更新中大兴土木更新方式，不提倡对城市原有肌理、历史建筑的结构进行破坏；其更新尺度较小，更新成本较低，且不以城市中营造新的建筑为目的，而是意在通过小规模的空间改造提升城市建成环境品质。微更新的设计方式更加期望用最小的变动来使区域活力增大，在保持大部分原有建筑形态和区域肌理的同时进行小范围的更新活动。通过少量的介入建立起改造点与整个城市空间发展的有机联系，完善城市功能，提高空间品质。

在社区微更新活动中，区别与以往社区环境更新中仅对建筑立面、城市街道与绿化进行整修的面子工程，和以提高居民生活水平而进行的水、电、燃气等基础设施的改造工程，社区微更新活动强调社区更新项目对于社区活力提升，在社区营造过程中设计师、居民、社区的共同参与；从组织者和参与者的角度上看，微更新是将城市旧社区更新的任务由政府主导逐渐向政府引导转化，通过政府、企业、街道、物业、社会组织、商铺、居民

---

① 吴展康. 旧城更新中的"城市双修"策略研究［D］. 苏州：苏州科技大学，2019.

等多元主体参与模式的建立，调整政府和居民在社区公共空间更新过程中扮演的角色；在形式上看，社区微更新希望通过对场地使用者深入调查和前期研究，借助居民参与设计过程针对性地提高公共空间适用性，通过居民参与营造过程提升社区居民对社区的归属感，建构更加富有活力的社区空间结构，通过居民参与、社区营造，促进社区更新逐步向社区规划自治方向持续发展。[①]

城市微更新的特征在于：

第一，微更新注重场所活动的营造，通过为场所的多样性活动而改造物质空间环境的方式进行更新；而拆建为主的城市更新是以物质空间来引导场所活动的方式进行的。

第二，城市微更新打破了传统更新模式中政府联合开发商成为更新主体的固有模式，更加强调公众、民间组织、集体等多主体参与，实现地块自主更新。

第三，城市微更新更加注重场所认同感、地域凝聚力、良好邻里关系的保留与营造，以主要使用人群为中心，形成小单元形式的更新原型。

对比于1990年的城市更新，2009年以来的城市更新理念及实践等方面体现出更加多元的特征，其不仅包括对城区内存量用地的更新发展，也包括对城市旧区生态环境修复改善的内容，"城市双修"是这一阶段最主要的更新理念。

该阶段中西安城市更新中理念思想，可总结如下：

（1）提高土地利用效率：通过对城市低效率用地区和产业衰败区实施功能转换、产业培育、立体开发等更新策略，提升土地使用效率。例如纺织城工业振兴项目，陕西钢厂更新项目等。

（2）保护历史文化遗产：城市历史文化遗产是城市个性和特色的表现，保护历史文化遗产是西安城市更新的共性诉求。例如大华纺纱厂更新改造，西安护城河及环城公园改造。

（3）改善居民生活水平：老城区、老旧小区、棚户区等地区的内部环境质量差、公共设施缺乏、街道功能混乱等，改善这些地区居民的生活水平是这类地区更新的首要任务。例如老菜场市井文化创意街区、西安荟玩集装箱艺术街区。

（4）修复城市生态环境：通过在更新中运用生态修复技术，可以长远解决历史遗留的生态环境问题。例如西安幸福林带城市综合体。

（5）提升城市发展品质：疏散旧城过于拥挤的人口和功能，增加绿地和开敞空间，进而提升城市发展品质[②]。例如大悦城更新等。

① 宋若尘. 当代城市旧社区公共空间微更新设计策略研究 [D]. 哈尔滨：哈尔滨工业大学，2019.
② 车志晖，张沛，陈哲. 西北地区5中心城市更新治理实践及可持续推进策略研究 [J]. 华中建筑，2018，36（7）：66-68.

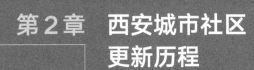

第2章　西安城市社区更新历程

西安城市社区更新的历程与新中国成立后城市发展同步，从明城区的功能更替、破碎地带再利用到新中国第一代工业新城的发展过程，伴随着城市更新从基于物质需求的工厂、企业单位住宅和基础设施建设，逐渐转向城市公共空间系统以及环境质量的提升。基于城市土地制度和政策的转型以及城市建设过程中的结构性变化，基于土地权属和土地市场机制，城市更新呈现阶段性特征，总体上，西安城市建设和更新改造经历了城市建设与改造更新、文脉修复的更新探索以及多元应对的有机更新等3个阶段。

2.1
城市建设与改造更新阶段（1949 ~ 1992 年）

▶ 随着中华人民共和国成立，百废待兴，城市建设与九城更新同步展开，直至1990年代初的城市土地制度的出台，城市更新呈现出阶段性特征突出，虽然经历了改革开放这一重大历史转型，城市更新的主体、机制以及更新的路径具有其共性特征。这一阶段以1978年改革开放为界，可分为两个时期："城市初步建设时期"（1949~1977年）与"旧城改造时期"（1978~1992年）

2.1.1 城市初步建设时期（1949 ~ 1977 年）

1949年中华人民共和国成立至1978年改革开放近三十年间，城市土地为国有划拨，城市更新以自上而下的经济计划主导和自下而上的自组织更新构成这一时期西安城市更新的主要方式。结合其建设发展特征，分为城市建设恢复、城市建设波动以及城市建设停滞等3个时期。

2.1.1.1 城市建设恢复时期（1949 ~ 1957 年）
1949年中华人民共和国肇建之初，百废待兴，在国家"变消费城市为生产城市"和集中力量开展"社会主义工业化建设"的方针下，一切城市建设服务于工业发展，在扩大工业生产的同时改善城市环境。"建设"成为这一时期的主旋律。期间旧城区建设政策可以概括为：充分利用，逐步改造，加强维修[①]。城市建设工作是在政府主导下以城市基础设施建设、居住生活条件改善和城市环境卫生治理为主的建设更新，重在低成本的功能延续和基础设施恢复重建为主，鼓励在旧城改造中对原有的城市设施进行充分挖潜利用，强调对危旧房的修缮维护，以及进行有限的工人住宅和城市基础设施建设。解放初的西安城工商业萧条、市场混乱，在新中国成立后的三年恢复阶段，城市发展重点是建立各级人民政权和向社会主义城市过渡。尽管没有大规模的建设，但从城市性质、建制与规模、管理机构和建设等方面发生了较大改变。城市建设从战乱动荡中走出，得到了恢复和发展。

1953～1957年实施的"一五"计划，正式启动了社会主义工业城市建设。当时受财政建设投资不足所限，"配合生产，厉行节约"成为城市规划与建设的核心价值导向，这一思想在首都北京、包头、兰州和洛阳等城市的规划中均有体现，在此基础上1955年中央发出《坚决降低非生产性建筑标准》的指示，随后国务院批转《关于加强新工业区和新工业城市建设工作几个问题的决定》。为配合苏联援建的156项重点建设项目，对西安、兰州、洛阳等八个城市进行了总体规划和近期工业区的修建性详细规划，这些规划在"苏联模式"的基础上，结合当地实际进行了大胆的创新，如"联合定点选址，规划适度超前"的包头模式，"带状组团，人与自然和谐"的兰州模式，"由内向外、填空补实、逐步发展"的沈阳模式，"三翼伸展、田园楔入"风车状的合肥模式，"脱开旧城建新城"的洛阳模式，"新城围绕旧城发展"的西安模式。西北地区是"一五"建设的重点，作为当时西北大区的首府，全国13个直辖市之一，西安所在的关中地区农业发达，矿产资源丰饶，城市人口众多。其位于陇海铁路沿线，交通区位优越，成为连接西南、西北的交通中心。因此，被确定为八个重点建设城市之一。在变"消费型城市"为"生产型城市"的方针下，一大批以重工业发展为主的经济建设活动陆续展开，五年内兴建24项国家重点工程，42项地方工业项目，先后兴建了一批机械制造、电气电力、纺织工业、航空业、精密仪器制造和国防工业建设的大型企业，形成军工区、纺织区、航天区等工业区，建设面积达713万平方米，累计完成基础建设投资14.1亿元，奠定了西安作为新型工业基地的基础。

2.1.1.2 城市建设波动时期（1958 ～ 1965 年）

1958～1960年，我国城市建设随着"大跃进"驶入"快速建设"时期。1958年，中央提出"用城市建设的'大跃进'来适应工业建设的'大跃进'"的要求，1960年，建筑工程部提出为实现"要在十年到十五年左右的时间内，把我国的城市基本建设成为社会主义现代化的新城市"的目标，"人民公社规划和围绕区域生产力的区域规划"是这一阶段规划工作的重点。由于城市规划总体上"过度超前、不切实际"，重速度、轻效益的弊端逐渐暴露，加之1960年苏联中止在西安援建的17项工程和三年困难时期，西安国民经济陷入困

---

① 曹洪涛，储传亨. 当代中国的城市建设 [M]. 北京：中国社会科学出版社，1990.

境。从1960年下半年开始，西安根据中央"调整、巩固、充实、提高"的方针，对工业基本建设尤其是重工业建设压缩，整顿部分经营不善的街道企业，取消人民公社下设的非急需企业，经过两年的经济调整，全市工业和农业生产有所好转，农业、轻工业、重工业生产比重渐趋合理。1958～1960年，西安市工业虽在错误中备尝艰辛，但仍相继建成一大批重点工业企业，极大地促进了西安的工业发展，使西安成为全国重要的工业城市之一。

1960～1965年，我国城市建设陷入低迷时期。为解决"过度城市化"的问题，减轻城市供给负担，加强对城市的集中统一管理和解决当时城市经济生活的突出矛盾，1962年9月和1963年10月，中共中央、国务院先后召开全国第一次和第二次城市工作会议，明确了对城市的认识。1962年周恩来总理主持召开全国第一次城市工作会议，并代中央起草了《关于当前城市工作若干问题的指示》，提出"调整市镇建制，缩小城市郊区，完成减少城镇人口计划"等措施；1963年第二次全国城市工作会议中提出"要继续严格控制城市人口，并在户口管理上，严格加以限制"，由此也形成了我国独特的城乡二元结构。在这样政策的指导下，1961～1963年，全国城镇人口减少了2600万人，城市数量从208座降至174座，城市化率也由19.3%回落至16.8%，呈现出"逆城市化"的特点。1964年，中央提出"工业学大庆，农业学大寨"，大庆"工农结合、城乡结合、有利生产、方便生活"的模式，建"干打垒"房屋的经验被认可，并在随后的三线城市规划中得到了体现。

2.1.1.3 城市建设停滞时期（1966～1977年）

1966年5月，我国掀起了"文化大革命"，城市规划被批判为修正主义的黑纲领，城市建设工作进入全面停滞期。"文化大革命"进入中期后，政治运动有所减弱，城市建设盲目无序的问题严重凸显，城市规划问题才受到重视。在"消灭城乡差别"的思想下，城市建设投资大力压缩，仅占全市基本建设投资总额的3.39%，比重为新中国成立后历史最低。同时，城市建设部门和机构被撤，规划设计人员流失，建设管理体系混乱，城市建设严重受阻，市政公用设施缺乏维护损坏严重。1965年起，陕西省作为中央三线建设重要的战略后方基地之一，国家先后投资126.5亿元，安排了400多个建设项目，根据"分散、靠山、隐蔽"的原则，西安市区不在三线建设范围之内，主要的三线建设项目分布于临潼、蓝田、户县等周边县区，建设项目所涉及的行业从高精尖的航天、微电子，到工业支柱产业飞机、汽车、钢铁，以及交通、电力、原材料、民用机械等，几乎包括了国民经济的各个部门，有力地推动了西安的经济发展。此一时期，由国家给予巨额投资，在西安地区新建一批企业，沿海地区又有一些企业迁入西安，使西安的工业建设仍有较大的发展。如建立了航天工业基地，核工业也开始发展壮大，冶金工业和建材工业都有一些新的发展，机械工业新建、扩建陕西鼓风机厂、陕西重型机器厂等一批骨干企业，汽车、拖拉机生产群众性"大会战"取得一定成果，轻工业新建和迁建西安红旗手表厂（今蝴蝶手表厂）、陕西缝纫机厂、西安钟表元件厂等一批骨干企业，灯泡、合成洗涤剂"大会战"也取得一定成果。这一时期工业生产波动较大，但产品产量和品种都有一定增长。虽然三线建设期间有不少工程项目兴建，城市建成区也持续拓展，但因缺乏科学合理的规划设计，布局混乱，导致城市环境逐年恶化，市政公用设施、文体设施缺乏，人民群众住房陷入困境，城市建设与发展一时停滞。

2.1.2 旧城改造探索时期（1978 ～ 1992 年）

这一时期，伴随着改革开放，一方面进行旧城改造，同时历史文化名城保护纳入城市建设的议程，加之西安素有历史文化保护的意识和传统，这一时期呈现出旧城改造和历史文化保护并行的特征。

2.1.2.1 城市建设恢复中的旧城改造

1978年改革开放至1992年社会主义市场经济体制建立十余年间，是我国经济转型期下恢复城市规划与进行城市改造体制改革的阶段，也是西安市城市更新的探索时期。这一时期我国旧城区的改造与建设的特征为："分批改造；加强立法，实行综合开发；对旧住房进行整治和修缮；多渠道集资" [1]。

1978年12月，十一届三中全会提出对国家的经济体制进行改革，人们逐渐认识到城市建设对国家经济发展的重要性，同时加强了对城市总体规划、近期规划与详细规划在城市建设中重要性的认识。在此之前，1978年3月第三次全国城市工作会议召开，同年4月中央批转了《关于加强城市建设工作的意见》，指出"城市是我国经济、政治、科学、技术、文化、教育的中心，在社会主义现代化建设中起着主导作用"，并提出"做到经济建设、城市建设、环境建设三者统一规划、协调发展，取得经济效益、社会效益和环境效益的统一"等全面、系统的方针，并将城市规划、城市基础设施建设、城市管理，以及"建立合理的城镇体系"、"改革城市建设体制"等都纳入城市工作的范畴。旧城改造中，一些污染严重的工厂从居民区中被迁移出去。"六五计划"期间（1981～1985年），全国96%的大中城市与85%的乡镇依照地方总体规划，开始旧城区的更新改造。除了采用拆除与重建的办法，不少城市对可利用的旧住房进行整治与修缮，在拆除破败住区的基础上，重建多层与高层住宅楼，兴建居住小区并增强相应配套市政基础设施与社会福利体系的建设 [2]。

此外，这一时期，城市更新改造的集资方式也逐渐向多渠道发展，如：集资联合建房、企业代建、与企业合建、居民自建以及商品房等多种形式 [3]。

1980年全国城市规划工作会议上首次提出土地有偿使用的建议。1981年深圳市发布《深圳经济特区土地管理暂行规定》，率先试行收取土地使用费。1984年国家开始允许私人

① 翟斌庆，伍美琴. 城市更新理念与中国城市现实 [J]. 城市规划学刊，2009（02）：75-82.
② XIE Y C, COSTA F J. Urban planning in socialist China: theory and practice [J]. Cities, 1993, 10（2）：103-114.
③ 庄林德，张京祥. 中国城市发展与建设史 [M]. 南京：东南大学出版社，2002.

房屋买卖，1986年国家颁布实施《土地管理法》，1987年深圳首次公开拍卖土地使用权。1988年《宪法修正案》明确"土地的使用权可以依照法律规定转让"，同年全国人大常委会对《土地管理法》作出修改，明确"国家依法实行国有土地有偿使用制度"。1990年5月国务院颁布《中华人民共和国城镇国有土地使用权出让和转让暂行条例》。土地制度的改革推进了"控制性详细规划"的发展，1982年《上海虹桥开发区土地出让规划》、1987年《厦门市中心特别区区划》、1988年《温州旧城改造控制规划》等对我国控规在内容、政策、表达等方面的完善起到了积极推动作用，"控制性详细规划"为我国在市场经济时期发挥城市规划的宏观调控作用、维护公共利益提供了新的手段。1990年代中后期深圳仿效香港，大规模开展法定图则规划实践，进一步完善了控规的编制内容。

　　1984年颁布的《城市规划条例》成为我国第一部有关城市规划、建设和管理的基本法规，法规明确指出："旧城区的改建，应当遵循加强维护、合理利用、适当调整、逐步改造的原则"，这对于当时还处于恢复阶段的城市规划及其更新工作的开展，具有重大指导意义。1989年实施的《城市规划法》，进一步细化了"城市旧区改建应当遵循加强维护、合理利用、调整布局、逐步改善的原则，统一规划，分期实施，并逐步改善居住和交通条件，加强基础设施和公共设施建设，提高城市的综合功能"的要求。

　　这一时期的西安城市建设是以物质空间建设为主，利用旧城原有建设基础，进行扩建和改建的旧区改造，建设的重点由生产性建设转向非生产性建设，基础设施及住宅建设成为建设重点。同时，随着城市的迅猛发展，原有街道、场所、建筑等的城市功能产生新的需求，原有建设不能满足日新月异的城市新功能更新。为此，为适应新需求的建设在此期间同时展开，城市建筑与场所的功能、形态、模式和体量相较以往发生了巨大的变革。1984年至1990年间，西安市城市建设基本遵循《西安市城市总体规划1980～2000年》及批复要求进行。按照"保护与建设相结合"的方针，除实施维修明城墙、整治护城河、改造环城林、打通环城路的四位一体环城建设工程外，先后完成可同时容纳7000人候车的西安客站新建和开拓环城北路地下隧道、车站广场工程；新建环城东路，包括星火路和太华路两座立交桥；打通东关正街鸡市拐到兴庆路、劳动南路、丰庆路、西斜七路东段、丰镐路南段、三兆新路等交通干道；拓宽西华门、长安南路、兴庆路南段、华清路十里铺段等道路，使城市基础设施发生巨大变化。包括青少年宫、省科技馆、省历史博物馆、唐代艺术博物馆、市群众艺术馆、省电视塔、北方乐园、省肿瘤医院、西安医学院口腔医院及唐城百货大厦、西安百货大厦、民生百货大厦、小寨百货大厦等一批大型公共设施先后落成。在住宅建设上，按照统一规划、综合配套、集中修建的原则，先后兴建张家村、潘家村、兴庆、朝阳、太白等住宅小区；实施旧城内外的低洼区和危房改造工程，包括生产村、保吉巷、西五路、俭家坑、菜市西坑、涝巷、昌仁里等低洼地区的改造工程亦先后完工。这一时期住宅建设速度逐年加快，房屋建设量逐年迅猛增加。但限于当时经济水平有限，城市发展仍是在旧城区基础上的团块状单中心发展，按照现代交通组织要求完善城市一、二、三环路网，同时解决了旧城区的交通拥挤问题。

2.1.2.2 历史文化名城保护

在这期间，文化的传承保护开始受到重视，1982年国务院批转了《关于我国历史文化名城的请示的通知》，公布了包括西安的24个第一批历史文化名城，同年出台了《文物保护法》，1983年下发了《关于加强历史文化名城规划的通知》。北京、南京、西安、大理等城市率先于1983年前后编制了历史文化名城保护规划。随后，围绕古城保护与更新的相关规划也逐步展开，如《苏州古城控制性详细规划》（1988年编制）等。步入1980年代后，西安市历史文化名城的保护，由之前局部点式单纯保护文物本体的做法，开始重视对文物遗址及古建筑周围环境的保护，保护范围已扩大到建筑群、风景区以至传统街区，与之相关的城市绿化、环境保护以及旅游事业亦开始得到重视与发展。《城市总体规划1980～2000年》中也突出体现了对历史文化名城的保护，规划确定了把保护、恢复、重新利用历史文化遗址、风景名胜和古建筑同发展现代城市的功能结合起来，提出"旧城区为保护改造区，对古城墙及历史文物、遗址、有价值的街坊加以保护、修整"，并确立了"保存、保护、复原、改建与新建开发密切结合，城市的各项建设与古城的传统特色和自然特色密切结合"的规划原则。西安市名城保护规划与保护工作步入起步探索阶段，抢修并恢复了大量的历史名胜古迹。此后，西安城市风貌逐渐完善，但是相比之下，老城内的格局保护仍显得不足，历史文物利用也不够充分。

2.2
文脉修复的更新探索阶段（1993 ～ 2008 年）

▶　　从全球城市化进程来看，进入1990年代，西方发达国家已经进入了自我完善的发展阶段。其城市面貌多是基于新型现代城市功能革新和城市基础设施的现代化改造的传统城市，其所面临的也已不再是诸如房屋破旧、住房紧张等物质性表象与社会性表象的问题，而是以城市社会结构、产业结构调整等为代表的城市复兴等问题。[①]

我国的城市更新也逐渐由大规模旧城改造更新进入到有机更新理论提出与初步应用的新阶段。这一阶段城市更新不断配合国家迈入全球化竞争的战略发展要求，承载并支撑了城市产业经济发展，满足了

---

① 阳建强. 中国城市更新的现况、特征及趋向［J］. 城市规划，2000（04）：53-55+63-64.

人民多元化的物质及精神消费新需求，适应了城市空间更新拓展与城市社区功能空间完善的新需求，也适应了政企联合等新的更新融资方式和与之相适应的资产运营新方式。

2.2.1 城市功能完善与空间品质提升更新时期（1993 ~ 2001 年）

笔者认为更新探索与协调阶段的特点主要表现为：由开发为主向保护与开发与利用的变迁过程，也是实现由经济导向的开发建设与文脉导向下的发展相互对抗平衡的过程。西安可将该阶段的实践根据其目标对象的特征及更新改造的主体类型再划分为三个区段，其中涉及城市道路及街巷的整治、城市公共空间整体环境提升、历史环境的保护与利用更新、城市商业综合体的建设提升以及文化导向下经营管理更新五个类型的具体更新实践。

根据我国城镇化进程和城市建设宏观政策变化，将中国城市更新分为相应的四个重要发展阶段。[①]其中，进入到1990年代以来，中国社会逐渐脱离了计划经济时期的束缚，朝向市场力量与社会力量相互凝聚的新发展阶段迈进，城市更新工作也开始呈现出政府、企业、社会多方共建共享的多元化发展趋势。此时，城市发展方针沿着1980年全国城市规划工作会议正式提出的"控制大城市规模，合理发展中等城市，积极发展小城镇"[②]不断深化，进一步向"大中小城市和小城镇协调发展"与"城市群作为推进城镇化的主体形态"的发展政策转变。这其中暗含着关于中国城镇化的初期阶段向中期加速阶段过渡过程中关于城市规模与经济效益关系、区域性一体化城市发展思路、城市基础设施更新等深刻问题的思索。1994年，土地使用权出让与财政分税制的改革，使土地使用权从国有向私有进行转变。在这样的政策背景下，受"自下而上"人口城镇化与"自上而下"土地财政双重驱动力的影响，旧城更新通过正式的制度路径获得融资资金。以"退二进三"为标志的大范围城市更新全面铺开，一大批工业企业迁出城市市区，企业工人的转岗、下岗培训与再就业成为这一时期城市更新最大的挑战。

此外，1998年，住房制度的改革对该阶段的城市更新工作影响深远。表现在"城市更新与居住问题的紧密联系"[③]，即居住空间生产与居住空间资源配置领域应体现公民空间权益的社会正义。尤其是在城市拆迁问题中，住房保障制度能够一定程度上为城市更新工作环节提供保障措施，从而降低与减弱利益冲突。2001年，中国加入WTO，在全球化的过程当中，市场经济环境不断完善，城市更新发挥着吸引外来流动资本的作用。

对应于西安的城市发展与城市更新活动的开展，这期间城市形象区域与公共空间成为西安重点发展的地区。城市发展经济的同时，重要经济承载地的空间环境品质与人性化空间细节处理成为这一时期的更新重点。时代的开放使得人们的公共生活日益丰富，城市公共空间的公共性、多元性与参与性都得到加强，主要的案例有西安东、西、南、北大街的提升，钟鼓楼广场的改造，环城公园与顺城巷的提升以及城市公共文化空间的建设更新等。

① 阳建强，陈月. 1949—2019中国城市更新的发展与回顾 [J]. 城市规划，2020，44（02）：9-19+31.
② 国务院批转《中国城市规划工作会议纪要》国发〔1980〕299号，1980年12月19日。
③ 何舒文，倪勇燕. 从四个角度看中国城市更新的本质 [J]. 现代城市研究，2010，25（03）：91-95.

2.2.2 历史环境保护与文商整治开发更新时期（2002 ~ 2005 年）

从国家层面看，2003年党的十六届三中全会提出的"科学发展观"，使得"社会公平、协调发展"成为城市规划工作的重要目标。①并从旧城区与城市的可持续发展、城市特色、城市活力、社会和谐等方面，阐释了该阶段的更新工作注重综合协调的更新思想，广泛多元化的更新目标，经济发展与物质规划相协调的更新机制，以及复合化、循序渐进和以人为本的工作方法等。②

另外，西安的产业结构逐渐优化。三次产业结构比从1978年的19.05：57.55：23.40变为2007年的4.68：43.80：51.52。使长期过度依赖重工业的"二、三、一"模式逐步转变为"三、二、一"模式，产业发展逐步实现由"传统"到"现代"的转变，产业结构不断优化。特别是1990年代以后，以金融、房地产、信息服务等为代表的现代服务业迅速发展，促进第三产业快速增长。1990年西安市第三产业增加值首次超过第二产业增加值。2000年，西安成为继广州之后，副省级城市中第二个第三产业比重突破50%的城市，三次产业结构发生了质的变化，以服务经济为主的产业结构在加速形成③。在消费社会的时代，新生代人群对消费内容提出了更高的要求，原有的物质消费让位给精神消费和文化消费，对文化产品及其带来的身份、团体归属感的需求成为社会的主流消费需求，特别是对体验式消费、休闲消费的需求不断增长。城市更新应顺应这种趋势，注重挖掘历史遗产的价值。

西安城市更新的第二区段主要体现在2002年至2005年，以城市历史街区、地段的保护更新为主。2005年10月，《西安宣言》承认了周边环境对古迹遗址重要性和独特性的贡献。为保证城市环境与文物古迹本身相协调，从这一阶段开始的更新实践活动都更加注重历史地区遗迹本身的保护及其周边社会经济的一体化发展。

此外，西安市文化产业在1990年代后期以来，发展速度比较显著，一批初具现代化文化设施的重点项目已逐步建立，出现了以传统文化为资源的文化产业，如历史文化产业、民俗文化产业、革命文化产业、宗教文化产业；以现代高科技为基础的现代文化产业，如传媒文化产业、娱乐文化产业、艺术文化产业。据最新调查统计，截至2007年，西安各类文化企业经营单位总数已达到15107家，约占西安企业工商登记总数的1/10。近几年文化产业的增长速度明显高于全市其他产业的增长速度，已初步显示出作为支柱产业的重要地位，文化产业已成为今后西安城市经济中最具潜力的增长点。④文化产业、文化旅游的相继崛起，也为历史地段整改、开发与提升改造带来了新动力。这一阶段主要的案例有西安明城区内三大历史阶段的改造以及骡马市、城隍庙等传统文化商业空间的提升。

① 王凯，徐泽. 重大规划项目视角的新中国城市规划史演进 [J]. 城市规划学刊，2019（02）：12-23.
② 武联，王文卓. 关于旧城更新思想方法的几点思考 [J]. 城市发展研究，2009，16（07）：51-54.
③ 西安市统计局. 数字见证历史发展 铸就辉煌——改革开放以来西安经济社会发展成就系列统计报告之一 [EB/OL]. http://tjj.xa.gov.cn/tjsj/5d7fcb93fd8508622db16180.html，2008-12-25.
④ 吕芳. 论国际文化环境对西安文化产业投资的影响 [J]. 理论导刊，2007（10）：95-96+104.

2.2.3 城市形象提升与文化资源利用更新时期（2006 ～ 2008 年）

2008年，国际金融危机的发生，使得城市更新活动在地方经济中的作用发生变革，"重塑旧城形象、提升土地价值不再成为城市更新成功与否的主要标准"[①]，而城市更新是否能够真正促进城市经济发展这一命题引起国内外的反思。同时，城市更新所担负起更加多元的经济社会责任，也成为这一阶段新的关注热点。

西安城市更新的第三阶段主要体现在2005年至2008年。2005年以来，一方面，城市商贸业开放性与丰富性逐渐增强。西安市商贸业中、外零售企业激烈竞争，市场持续整合，使得西安市商贸业百货、批发交易等传统优势进一步发展壮大，并且商贸业辐射能力得到进一步增强；另一方面，截至2007年，西安人均GDP已超过2000美元，文化消费需求旺盛，市场增长的潜力提升。这些有利因素，为西安加快文化产业发展提供了后发优势、潜在动力和广阔空间[②]。以城市综合体为主体形式的城中村商业空间整合与城市传统商业空间的升级提升，回应了人民在城市中多元性的消费需求，通过重组商业空间的组织形式来提升城市经济活力，促进城市消费升级。

此外，西安以其丰富的文化资源，通过对城市各区域各类型文化遗址、名胜古迹以及其他历史文化资源的深度开发，先后在曲江新区、大明宫地区、浐灞新区、楼观台道文化展示区以及"皇城复兴区"等区域展开了有益尝试。其中，2002年至2006年以来，曲江新区通过实施"文化立区、旅游兴区"和"大项目带动"战略，以盛唐文化为品牌，以资源整合为手段，累计引进项目82个，累计完成固定资产投资128亿元，建设区内道路40公里，加速建成了大雁塔南北广场、海洋馆、大唐芙蓉园等旅游设施，打造了中国西部第一文化品牌。如今的曲江新区已成为陕西、西安发展文化旅游产业的重要支撑和产业基地，西部重要的游客集散地，我国最具活力的文化产业新区[③]。2007年，西安文化产业在以创意、影视、文博、文艺演出、新闻出版、健身娱乐等主体产业的带动下，呈现出加快发展的势头。据测算，全年实现增加值93.47亿元，比上年增长16.5%，比2004年绝对量增加39.77亿元；占全市GDP的比重为5.3%，比2004年提高了0.4个百分点；全年完成投资额68.35亿元，比上年增长116.3%，投资增幅居五大主导产业之首。对应在更新实践的过程中，利用城市片区改造建设、文化遗产保护、地域文化发掘、文化产业发展等方面的有机结合的方式，以城市政府或成立的专门机构为主导，将文化资源和其他资源通过功能、产业、空间整合的方式，运用市场手段进行资源、资产的资本化运用与管理，在城市文化保护与城市建设，社会、经济及环境的可持续发展方面做出了有益的探索。

其中，曲江新区作为首批认定的国家级文化产业示范区，将文化遗产保护、文化产业发展和城市新区建设有效结合起来，以大项目为带动，以城市运营收益大力投资文化产业

① 王一名，伍江，周鸣浩. 城市更新与地方经济：全球化危机背景下的争论、反思与启示 [J]. 国际城市规划，2020，35（03）：1-8.
② 西安统计局. 试问古城经济腾飞谁主沉浮 且看五大主导产业尽领风骚——改革开放以来西安经济社会发展成就系列报告之三 [EB/OL]. http://tjj.xa.gov.cn/tjsj/tjxx/5d7fc777f99d651bbeb3bb61.html，2008-12-26.
③ 2002—2006年"四区两基地"发展状况http://tjj.xa.gov.cn/tjsj/tjxx/5d7fc5a1f99d651bbeb371ff.html.

和公共设施，改善城市环境和提升城市形象，提供了一个城市更新的独立新区模式的典型案例。形成了政府主导下的整区开发，以城市运营为手段，以重大文化项目为带动，实现遗址区保护、文化产业发展、城市基础设施建设和城市的可持续发展的更新模式。[①]

从对曲江新区城市更新的产业空间效应评价中可以看到，在文化旅游和文化消费空间方面，截至2010年末，曲江新区及辐射区建成开放的博物馆及文化场馆总数已达23家，营造出独具魅力的西安城市公共文化休闲和消费空间，文化场馆集聚所形成的网络效应开始显现，2010年曲江新区文化场馆群共接待中外游客和市民近580万人次，实现营业收入约1600万元（表2-1）。

曲江新区及辐射区的文化场馆群　　　　　　　　　　　　　　　　　　　　　　　表 2-1

序号	名称	序号	名称
1	亮宝楼博物馆	13	西安曲江出土文物精品展览馆
2	寒窑爱情博物馆	14	贾平凹馆
3	西安唐代艺术博物馆	15	大明宫遗址博物馆
4	西安美术馆	16	大明宫丹凤门博物馆
5	西安曲江书画艺术馆	17	大明宫考古探索中心
6	三秦民间艺术馆	18	西安曲江富陶国际陶艺展览馆
7	曲江历史博物馆	19	西安曲江电影城
8	西安秦砖汉瓦博物馆	20	西安音乐厅
9	法门寺博物馆	21	西安曲江别馆
10	中国书法艺术博物馆	22	庸轩文化博物馆
11	唐皇城含光门遗址博物馆	23	勺民间文化博物馆
12	秦殇展览馆		

资料来源：西安曲江新区网站. http://www.qujiang.com.cn/。

这期间，曲江新区相继举办了一系列重大文化活动，提升了曲江和西安的整体形象，形成了文化曲江的品牌效应（表2-2）。

曲江新区重大文化活动梳理一览表　　　　　　　　　　　　　　　　　　　　　　表 2-2

序号	时间	文化活动	主题
1	2005年9月	首届国际曲江论坛	文化多元和城市未来
2	2005年11月	首届欧亚经济论坛	欧亚经济发展
3	2006年3月	西安曲江国际唐人文化周	盛唐文化展示和交流
4	2006年1月	2006·盛典西安	人文奥运·魅力西安·和谐世界
5	2008年1月	第四届中国西部（西安）文化产业博览会	文化产业博览
6	2010年1月	第五届中国西部文化产业博览会	文化产业博览
7	2012年9月	第六届中国西部文化产业博览会	文化产业博览

资料来源：西安曲江新区网站. http://www.qujiang.com.cn/。

---

① 袁海. 文化产业集聚的形成及效应研究 [D]. 西安：陕西师范大学，2012.

文化生产空间方面。曲江新区初步形成了以文化旅游、会展创意、影视演艺、出版传媒等产业为主导的文化产业体系。截至2010年，累计入区文化企业已达855家，从业人员16500人，但文化企业的规模较小，营业收入在100万元以下的占70.41%，尤其是非公有制文化类企业的从业人员都在50人以下，经营规模也集中在500万元以下，企业竞争力不强，而且文化企业的分工协作关系不紧密，没有形成文化企业集聚的规模经济和城市化经济（表2-3）。

此外，园区正在建立完善的服务体系，包括专业的中介服务机构、管理咨询服务机构和产业孵化中心，并通过设立文化产业发展专项基金，出台房租补贴、企业营业税补贴、融资担保等优惠政策，吸引和扶持中小型文化企业的发展。

企业法人单位营业收入规模结构表 表2-3

分组	单位数（个）	比重（%）
100万元以下	602	70.41
100万~500万元	110	12.87
500万~1000万元	50	5.85
1000万~5000万元	43	5.02
5000万~1亿元	27	3.16
1亿元以上	21	2.46
10亿元以上	2	0.23
总计	855	100

资料来源：西安曲江新区网站. http://www.qujiang.com.cn/。

2.3
多元应对的有机更新阶段（2009 ~ 2020 年）

▶　　世界各国各地区城镇化过程的开始时间、发展速度和已达到的水平存在着悬殊差距，但世界城镇化过程并非没有一般规律可循。从发展阶段看，世界城镇化大体经历了"城市化—大城市郊区化（城市空心化）—城市更新（城市复兴）"的发展过程。但这三个阶段之间并非存在完全清晰的划分界限，城市化、郊区化、城市更新在城市发展的某一时段可能同时进行。从发达国家的发展历程看，城市更新呈现如下规律：由拆除重建式的更新到综合改造更新，再到小规模、分阶段的循序渐进式的有机更新；由政府主导到市场导向，再到多方参与的城市更新；由物质环境更新到注重社会效益的更新，再到多目标导向的城市更新。

2.3.1 2009 年以来城市更新探索历程

我国经济在经历了 40 年高速发展的"中国奇迹"之后，开始逐渐转向中速、中高速的新常态，带来社会政治、经济文化、规划建设的全面转型需求[①]。

国家"新常态"的经济发展趋势以及城乡建设用地紧缺的现状倒逼我国城乡建设急需实现从粗放到集约、从增量到存量、从制造业到服务业、从生态破坏到环境友好、从追求速度到普适生活等的全方位变革[②]。

同时，2011 年我国城镇化水平迈过 50% 的关口，经历近十年的发展，2019 年我国城镇化水平突破 60%。以内涵提升为核心的"存量"乃至"减量"规划，已经成为我国空间规划的新常态[③]。

城市更新作为当前城市存量发展的重要途径，强调用综合的、整体性的观念和行动计划来解决城市存量发展过程中遇到的各种问题，促进城市可持续发展。2013 年，中央城镇化工作会议明确提出"严控增量，盘活存量，优化结构，提升效率""由扩张性规划逐步转向限定城市边界、优化空间结构的规划"等政策方针，从而将城市更新工作提高到了国家战略高度。2015 年，中央城市工作会议再次提出"严控增量、盘活存量、做优增量、提高质量"。近年来，国土部门也相继发布了有关"严格控制城市建设用地规模"的多项通知，设法利用好城市现有已建设土地，而非继续圈地开发成为城市建设的大势所趋[④]。

目前，我国城市更新的发展特征主要体现在以下几个方面：

从传统的物质层面、拆旧建新式的城市更新，发展到承载新内容、重视新传承、满足新需求、采用新方式的反映新时代要求的城市有机更新。

（1）面向多元更新需求与多元更新内容

随着我国经济发展和产业转型升级，新的产业不断出现和发展。与此同时，城市居民消费需求也在升级，从简单的物质需求逐渐转向丰富多元的精神需求和文化需求等。新产业、新经济的发展为城市有机更新注入了新的内容，反过来城市有机更新又为新产业、新经济提供了新的载体[⑤]。

更新内容，城市更新经历由过去单一的从"三旧改造"到"旧城更新"的侧重于对建成环境破旧建新，而"城市更新"转向"城市双修"则有意识地通过改造和优化自然景观

① 吴敬琏. 经济改革新征程 [J]. 中国经济和信息化, 2014 (12): 14-18.
② 唐燕. 新常态与存量发展导向下的老旧工业区用地盘活策略研究 [J]. 经济体制改革, 2015 (4): 102-108.
③ 施卫良. 规划编制实现从增量到存量与减量规划的转型 [J]. 城市规划, 2014, 38 (11): 21-22.
④ 唐燕, 杨东, 祝贺. 城市更新制度建设：广州、深圳、上海的比较 [M]. 北京：清华大学出版社, 2019.
⑤ 唐燕, 杨东, 祝贺. 城市更新制度建设：广州、深圳、上海的比较 [M]. 北京：清华大学出版社, 2019.

来进行建成环境品质的提升。涉及的更新对象包括建筑单体更新、历史街区改造、老旧小区整治、老工业区更新与工业遗产保护、公共空间提质等不同类型。

（2）制度改革与法律体系建设推动城市更新

特大城市率先开展了城市更新的制度变革以服务实践推进，社会各方不断通过对话，共商更新路径和达成社会共识。

城市更新制度与法律体系的不断创新与完善，为城市更新工作的开展提供了有力保障。城镇化的下半场，我国城市更新的相关法律法规更加注重生态文明建设与以人民为中心的国家治理体系建设，在鼓励社会参与的同时，出台了棚户区改造、老工业区改造、低效用地再开发、城市双修、老旧小区改造等一系列城市更新的相关政策，从而使得城市更新工作得以健康持续开展[①]。

（3）注重历史传承延续文脉

重视新传承体的展现，开始注重历史传承与文脉延续，用文化创意引领更新，再造城市活力；在消费社会的时代，新生代人群对消费内容提出了更高的要求，原有的物质消费让位给精神消费和文化消费，对文化产品及其带来的身份、团体归属感的需求成为社会的主流消费需求，特别是对体验式消费、休闲消费的需求不断增长。城市更新应顺应这种趋势，注重挖掘历史遗产的价值。

目前，国内部分城市越来越重视历史文化街区的保护和发展。探索在延续历史文脉、保存建筑特色的同时，通过城市有机更新将历史文化街区建设成为集文化消费、休闲消费、体验消费于一体的风情街区，尽管还有值得探讨和完善之处，但总体上仍受到消费者的欢迎。目前一些历史文化街区已经成为新的"城市名片"，如上海田子坊、北京南锣鼓巷、成都宽窄巷子等。

（4）多元主体主导城市更新

从城市有机更新的主导看，包括政府主导型、市场主导型和政府与企业合作型。政府主导型的城市更新福利色彩较重，资金大部分来源于政府公共部门，政府提供补贴，对更新区域和更新过程有很高的决定权。市场主导型和政府与企业合作型更注重提升商业价值、优化重组和利用资源、注入时代元素、再造区域繁荣。

（5）注重生态

党的十九大明确提出"满足人民日益增长的优美生态环境的需求和形成人与自然和谐发展的现代化新格局"，生态修复作为城市更新的重要手段已经融入对于建成环境的优化中来[②]。自然生态空间作为建成环境内部重要的组成部分，在新时代的背景下需要扭转其"配角""填空"和"背景"的传统认知，将其作为存量更新过程中的关键媒介和载体，进行资产化的转换，激发更多的延展性价值，成为建成环境内部新的价值空间。

① 阳建强，陈月. 1949～2019年中国城市更新的发展与回顾［J］. 城市规划，2020，44（2）：9-19+31.
② 李荷，杨培峰. 自然生态空间"人本化"营建：新时代背景下城市更新的规划理念及路径［J］. 城市发展研究2020，27（07）：90-96+132.

2.3.2 2009 年以来西安城市更新特征

2009年以后，西安城市更新呈现出适应城市多元化发展的特征。涉及城市公园更新、城市街区更新、城市旧工业区更新、城市商业区更新等方面。

该阶段西安城市更新可以分为围绕城市遗产的城市更新和围绕城市老旧空间的再开发两类。围绕城市遗产的城市更新，相较于之前城市遗产的做法，将遗产保护变被动为主动，走向人们的生活中。城市遗产作为城市历史的一部分，开始积极地参与城市更新活动，改变以往时间定格的桎梏，开始以开敞的空间和不围合的边界与人们生活融合起来[①]。围绕城市遗产的城市更新项目包括：西安市护城河及环城公园综合改造工程、西安南门广场综合提升改造项目、永兴坊特色美食商业街区、老钢厂设计创意产业园、大华1935、西安半坡国际艺术区、建国门老菜场更新等。围绕城市老旧空间的再开发，则是对城市已经衰落的空间重新激活，从而实现衰弱地区经济、社会可持续发展，人居环境全面提升。围绕城市老旧空间的再开发的城市更新项目包括：西安幸福林带城市综合体、西安大悦城城市综合体、高新创业咖啡街区、曲江创意谷等。

---

① 黄昆. 城市更新中古都风貌的传承与发展 [D]. 西安：长安大学，2012.

第3章　西安城市社区
更新实践

西安在新中国成立之初，就以明城区为基础进入了更新发展模式，重视历史保护和文脉传承是城市社区更新中的主要特征，呈现出自组织更新、文化基因转译、社区多元共生等突出特点。社区更新呈现在自上而下的政策引导和自下而上的社区营造的空间过程及其内在机制，是历史城市社区更新实践的典范。西安城市社区更新的历程，深刻反映出西安城市典型社区的历史内涵、内在特征及其机理，充分体现了西安在文脉保护与传承理念下的城市更新实践的理论方法及其创新。根据西安城市发展的历史过程及其社区更新实践的特点，分三个时期进行表述。

3.1
城市建设与改造更新实践（1949 ～ 1992 年）

▶　　1949～1992年40余年间，是西安城市初步建设与改造时期，这一时期西安的城市建设与发展、城市建设理念与更新实践，在国家政治环境与城市政策的起起伏伏中历经数次调整，主要体现在以下几方面：

其一，解放初至改革开放前的城市初步建设与恢复。在《西安市城市总体规划（1953～1972年）》指导下，西安市以旧城为中心，在新城围绕旧城发展的城市更新模式下，按照"充分利用、逐步改造"的方针，利用原有房屋、市政公用设施，进行维修养护以延续原有城市功能，并在局部进行改建或扩建，恢复和重建城市基础设施。

其二，改革开放后的城市改造与更新探索。依据1984年颁布的我国第一部有关城市规划、建设和管理的基本法规——《城市规划条例》中"旧城区的改建，应当遵循加强维护、合理利用、适当调整、逐步改造的原则"的指导，遵循《西安市城市总体规划（1980～2000年）》，以物质空间建设为主，利用旧城原有建设基础，进行扩建和改建的旧区改造，建设的重点由生产性建设转向非生产性建设，基础设施及住宅建设成为建设重点，城市新功能更新日新月异，市民的生活和文化需求开始得到重视和满足。

其三，由点到面的历史文化名城保护和更新。1980年代前对于旧城面貌的整治是对历史街道、古建筑古遗迹等文物本体以局部的"点"式单纯保护为主。1980年代后，在"保存、保护、复原、改建与新建开发密切结合，城市的各项建设与古城的传统特色和自然特色密切结合"的规划原则下，对建筑群、风景区以至传统街区等文物遗址及古建筑周围环境协调重视的转变，将保护、恢复、重新利用历史文化遗址、风景名胜和古建筑同发展现代城市的功能结合起来。

其四，单位制社区的建设发展与转型。新中国成立初期，大量的企事业单位建立起来了并建设起基本能满足正常工作生活需要的大院，城市的结构在这个时候逐渐形成，附属于工业建设的单位制住区建设呈现出"单位社会"和"苏联模式"的特征，并在相当长的时间内扮演着重要的角色并发挥影响。1980年代后，随着单位制的主体发生变革，单位制住区步入转型。

3.1.1 功能延续性的建设更新（1949 ~ 1977 年）

1949年西安解放至1978年改革开放近30年间，是西安市城市初步建设时期。新中国肇建之初，西安城历经战火千疮百孔，百废待兴，城市住房、道路、公共广场等各项基础设施和历史建筑受损严重，市政基础设施严重不足，人民居住条件恶劣，城市交通阻塞，环境卫生条件恶劣等问题亟待解决。在国家"变消费城市为生产城市"和集中力量开展"社会主义工业化建设"的方针下，一切城市建设服务于工业发展，并在扩大工业生产的同时改善城市环境。这时期旧城区的改造建设政策可以概括为：充分利用，逐步改造，加强维修[1]。城市建设重点在解决最基本的卫生、安全、合理分居问题，旧城更新工作是在政府主导下以城市基础设施建设、居住生活条件改善和城市环境卫生治理为主的建设更新。受财政建设投资不足所限，这一时期大规模的城市建设以低成本的功能延续和基础设施恢复重建为主，鼓励在旧城改造中对原有的城市基础设施进行充分挖潜利用，强调对危旧房的修缮维护，以及进行有限的工人住宅和城市基础设施建设。[2]

1953年，我国第一个国民经济五年计划开始实施，西安作为国家重点建设城市，开始了一系列大规模的经济建设活动。西安市在1952年编制的都市计划基础上，于1953年底编制了《西安市城市总体规划（1953 ~ 1972年）》（图3-1）。受苏联模式的影响，当时的城市规划更注重在旧有城市基础上的规划，总体规划亦采取了以旧城为中心，新城围绕旧城发展的城市更新模式[3]：保留老城格局，以旧城为中心，从三个方向向外发展：于旧城外东、西、南三个方向设置生活居住区，在距旧城区东、西4 ~ 4.5公里文物古迹较少的区域设置工业区，并设防护林带于生活区与工业区间。出于对汉长安城和大明宫遗址保护的考虑，北郊未做大规模的建设，仅将陇海铁路以北作为仓库区和铁路职工住宅区（表3-1）。城市建设多按照"充分利用、逐步改造"的方针，充分利用原有房屋、市政公用设施，进行维

① 《当代中国》丛书编辑部. 当代中国的城市建设［M］. 北京：中国社会科学出版社，1990.
② 阳建强，陈月. 1949—2019年中国城市更新的发展与回顾［J］. 城市规划，2020，44（02）：9-19+31.
③ 吴宏岐，严艳. 古都西安历史上的城市更新模式与新世纪城市更新战略［J］. 中国历史地理论丛，2003（04）：26-38+159.

修养护和局部的改建或扩建。受国家基本建设投资所限，这一时期城市建设资金主要用于发展生产和新工业区的建设。由于缺乏经验，过分强调利用旧城，一再降低城市建设的标准，压缩城市非生产性建设，致使城市住宅和市政公用设施不得不采取降低质量和临时处理的办法来节省投资，为后来的旧城改造留下了隐患。

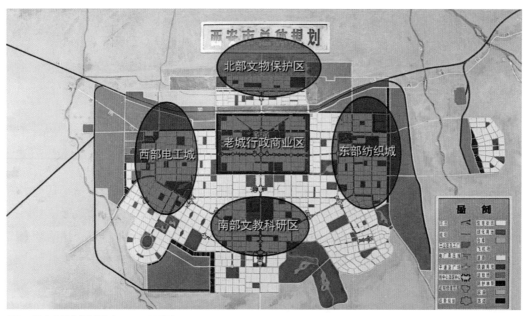

图3-1 西安市总体规划图（1953～1972年）
[图片来源：根据《西安城市总体规划（1953～1972年）》绘制]

《西安市城市总体规划（1953～1972年）》内容   表3-1

城市性质	以轻型精密机械制造和纺织为主的工业城市
规划期限	1953～1972年
城市规模	市区人口：近期（1957年）：100万 　　　　　远期（1972年）：120万 用地规模：远期131平方公里
功能分区	东郊：纺织工业区
	西郊：电力、电子工业区
	南郊：文教区
	北郊：以陇海线为界线的文物大遗址保护区
	中部：居住区、商贸区
城市形态	圈层式
发展方向	以中心为主，向南发展
道路系统	继承唐长安城与明西安城的道路格局，结合地形和景观组成棋盘式加放射状的道路网

资料来源：《西安城市总体规划（1953～1972年）》。

城市性质	以轻型精密机械制造和纺织为主的工业城市
居住区	居住区分布于旧城东、西、南郊，城北及东南、西南6个方向，所占地段均在唐长安城位置上。居住区集中布置
园林系统	保护历史文物遗址，并充分利用自然地形，尽可能均匀布置；同时把小游园和居住小区结合起来布置
实施方针	充分利用旧城，基本上不进行改建；主要发展东、西、南三个近郊区，保留东南郊、西南郊为发展备用地
建设成果	1953年以来，西安基本上是按照上述的规划方案进行城市建设的。至1972年城市人口发展到130.5万人，建成区面积为100平方公里，城市公用事业和市政设施都有相应的发展

资料来源：陕西师范大学地理系. 西安市地理志［M］西安：陕西人民出版社，1988：442；《西安城市总体规划（1953～1972年）》。

自1958年起，西安在时局动荡中进入城市规划停滞下举步维艰的建设时期。1958～1960年，中央政府确定了"鼓足干劲、力争上游、多快好省地建设社会主义的总路线"，建筑工程部也提出了"用城市建设的大跃进来适应工业建设的大跃进"的号召，城市规划的指导思想开始步入脱离实际的轨道甚至被废止，在"大跃进、大城市"的指导思想下盲目扩大基本建设，于旧城居民稠密区域建成大批污染环境干扰居民生活的街道企业，有的紧靠学校、医院，有的甚至占用道路或环城林带，给城市布局和环境保护造成不少隐患与后遗症。1963～1965年国民经济调整期间，城市建设虽然有所恢复，但住房建设质量堪忧。原总体规划被改变，非生产性建设除十分必要的职工宿舍、学校外基本停建，工业生活区迁至远郊，造成基础设施很不完整的分散布局。住宅建设和居住区规划上，片面强调发扬"干打垒"精神，建造了一批劣质住宅，住宅设计标准再次降低，如何节约造价、降低成本成为住宅规划设计的核心问题。1966～1976年，西安建设陷于长期滞缓状态，住区建设规模急剧紧缩，基本上没有进行新的建设。当时所建住宅一般为原有住区的调整、充实，在已建住区中的填平补齐，城市住房困难日积月累难以解决，成为城市建设中的"老、大、难"问题，许多脱离实际的建设目标以及不稳定的政治环境，导致城市人口过分膨胀，市政公用设施超负荷运转，乱拆乱建和随意侵占的事件频发。直至1970年代初，我国的城市规划事业才有所恢复，但是依旧面临单位体制各自为政和财政力量十分有限的制约，导致该阶段的旧城改造项目协调不足、标准偏低和配套不全，加之保护城市环境和历史文化遗产的观念淡漠，还存在侵占绿地、破坏历史文化环境的严重现象。

3.1.1.1 城市道路修整

新中国成立初期，西安市在延续和恢复原有城市道路功能的基础上，进行了多项道路修缮与建设工作。对东、西、南、北大街、解放路、钟楼盘道、建国路等数十条城市主要道路进行翻、改建和扩建，按城市道路等级分别将原有道路修建为水泥混凝土路面、水泥砂浆结碎石路面，泥结碎石路面，拓宽钟楼盘道。旧城区内道路修整主要有东大街改造和解放路改造两项工程。

此外，开辟东、西门盘道、玉祥门、尚勤路、东五路等5处城墙缺口，扩建新城广场和解放路火车站广场，完成雁塔路与环城道路等路基工程。截至1952年底，新建城市道路122.8公里，面积达113.4万平方米。1953～1957年"一五"计划期间，西安市依据《西安市城市总体规划（1953～1972年）》进行城市道路建设，以南北大街为轴线，旧城区十字大街为骨架，考虑地形地势及景观条件，向外延伸连接城市对外公路；结合地形走向，在城市东南郊建设西南向次干道，并在西南郊建设东北向次干道。经过一系列修建、扩建和改建，形成了70余条主次干道纵横交错、均衡对称的道路网布局。城市道路分为主干道、次干道和街坊街巷道路，主干道宽40～60米、个别段落宽60～100米，次干道宽25～50米，街坊街巷道路宽12～20米。经拓建、改建城区主干道和开辟新建四郊主次干道，纵横连通主次干道70余条，形成西安市道路网骨架，为东、西郊工业区工厂建设和南郊文教区大专院校的布点提供了有力的发展条件。1963～1965年，西安市改建了部分主干道和人行道路，将原本凹凸不平的狭窄低级路面，重新翻建并做了大面积铺装，成为笔直的高级路面。如：对东一路至东八路、西一路至西八路、尚勤路等街巷道路进行沥青与碎石铺筑，对东、西、南、北大街和解放路人行道进行陶砖铺装，城市整体道路品质有所提升。1966～1967年，因建设部门被撤，设计人员下放，城市道路建设发展缓慢，没有大的道路建设成果。1976年至1978年市政建设逐步恢复正常轨道，并进行一些零星的维修工程。

（1）东大街改造

东大街处于西安旧城区的核心位置，与同是商业街道的南大街、西大街和城外的东关地区联系紧密。民国23年（1934年），当时的中山大街为两块板，隔车带宽4米，埋置电线杆，车行道各7米，人行道各宽6米，铺青砖，沿街商业店铺剧增，成为明城区内繁华的商业街。1951年，中山大街（东大街）经过修整改为一块板，浇筑混凝土路面，车行道18米宽，人行道用青砖铺砌，两侧为加盖板的排水沟。1953年，人民政府对中山大街部分路段进行了拓宽建设，并改名为东大街。此后，东大街的沿街建筑建设兴起，街道立面日益丰富，西安邮电局、新华书店、唐城百货、西安饭庄、华侨商店、中国人民建设银行分行、五一剧场、长发祥等规模相对较大的商场或者公共建筑陆续矗立起来。这些在那个年代比较新兴的建筑，给东大街带来了新的活力，聚集起了更旺的商业氛围和人气，进一步使东大街成为城区里最核心、繁华的商业街道（图3-2）。

从1940年代到1970年代，东大街的发展和建设开始提速，沿街建筑的改变也在轮廓线上显现出来，从之前低矮平缓的两到三层的屋顶、屋脊，陆续发展到部分4～6层、高度大约在15～26米的砖混以及钢筋混凝土建筑，使得沿街建筑的整体的天际线也随着局部的上升而起伏。西安邮政大楼、解放商场、新华书店、华侨商店等建筑的建成，成为街道变化的前沿。这些大面宽、大体量的公共服务类建筑，使得沿街建筑的天际线形成一种新的节奏，它们的高度提升了整体建筑天际线的水平数值。经过建设和发展，东大街成为明城区内一条重要的商业街，与市民的物质生活和精神生活密切相连。在商业

图3-2 1959年的东大街
（图片来源：西安市设计院第一设计部）

空间变化方面。早期的东大街商业空间并不像现在这样类型丰富，而是以小规模商铺为主，整体上是一种"线状集散型结构"，这与传统商业空间的特征和民国初年东大街沿街建筑商业模式有关。

（2）解放路改造

随着西安市政治经济地位的提升，城市建设如火如荼地发展起来。城区内其他许多街道都开始了自己的商业建设，以离东大街最近的解放路来说，民生百货和解放百货大楼的建成，促成了解放路商业圈的建立。

解放路位于西安城内东北部。北起火车站广场，南至东大街大差市什字，长1900米。宽27.5米，水泥路面，是通火车站的交通要道。1952年市政府对解放路进行拓宽改造，解放路成为西安市第一条混凝土高级路面，车行道宽18米，人行道左右各宽6米。同年，解放路第一百货商店建起；1952年，解放门拆除，使解放路与西安市火车站广场直接相连。1954年，西北营业面积最大最豪华的商店——西安解放路百货大楼正式建成运营。经过1956年的社会主义改造，大批的小商小贩走上合作化的道路，解放路展现了崭新的面容，迅速成为西安最繁华的商业街区，成为西安的"名片"。并先后建起解放路第一百货商店（今妇女儿童用品商店）、解放百货大楼、民生百货大楼、解放路饺子馆等闻名全国的商业企业。解放路成为西安最繁华的商业街区（图3-3）。这些大型综合性商业建筑的出现，标志着西安再次确立了西北地区核心城市的地位。但从另一个方面，其他路段商业圈的出现，也影响到东大街原来的核心商业街的地位，原本集中的客流会被分散，商业人气也会下降。

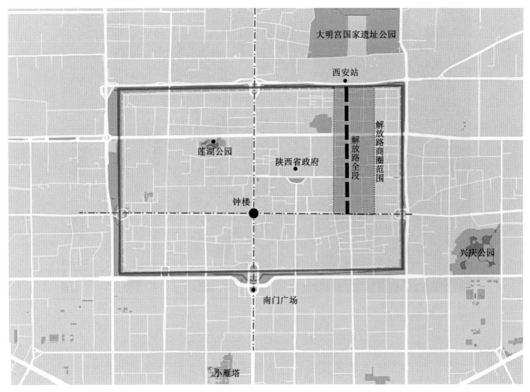

图3-3 解放路区位图

3.1.1.2 城市广场扩建

新中国成立后，西安改建了新城广场与火车站广场，作为政治、经济、文化等社会活动和交通活动集散地。新城广场位于城区中心，始建于民国16年（1927年），1952年第一次改建，拆除部分戏楼、城楼以及残存的炮台，新建长436米，宽17.5米的道路打通东新街与西新街，并以此标准将南新街延建长118米、宽15.5米的道路，与东、西新街相接，改建后的新城广场成了重大活动和节日集会的中心（图3-4）。火车站广场位于东北城外解放路北端，始建于民国23年（1934年）。新中国成立后，客货运量日益繁重，原广场不堪重负，1952年火车站广场改建工程启动，将解放门城门和护城河拱桥拆除并向南扩建，新建的火车站广场东西长130米，南北宽110米，面积13164平方米，成为西安市重要的交通集散中心和对外交通门户。

3.1.1.3 住房建设

1950年10月西安市人民政府房地局[①]成立后，人民政府亦同时着手解决贫苦市民的住宅困难：拨款建造劳动人民住宅工人新村，分配给无房户、棚户、拥挤户居住；1952年，房地部门建成劳动村、生产村、新民村、新兴村、长乐村、和平村、中兴村、安仁村、红星村和新建村等10个工人新村，作为新建厂职工的临时和过渡居所，建筑面积4.21万平方

---

① 1961年3月，撤销建设局，业务分别划归建筑工程局与公用事业局。

图3-4 新城广场旧照①
[图片来源：西安市地方志编纂委员会. 西安市志·第二卷·城市基础设施 [M]. 西安：西安出版社，2003]

米，安置1900余户，解决了部分搬运工人、铁路工人和散居在城墙洞和草屋棚房内的贫民住房困难。"一五"期间，西安进入全面工业化建设时期，工业生产所需工人数量增长迅猛。西安城市房屋建设大规模开展，建造了大量职工住宅。居民区与产业区在空间上同步形成，纺织城、西郊工业区、东郊工业区、南郊文教区等住宅区初具规模。"一五"期间，各单位自管房住宅标准一般为3层楼房，有的每单元每层两户，各有厨房。1958年至1962年时期以各大专院校建造住宅较多，一般为3层以上楼房，独门独户，有阳台。每个工业区城镇规划人口1万人。工厂区与居住区间以100米宽防护林带相隔。各街坊内按规划建修托儿所、幼儿园、食堂、理发室、浴室、储蓄所、俱乐部、医院、商店等公共建筑。这一时期，西安市住区主要呈现出"单位社会"与"苏联模式"的特征①。

　　"一五"计划期间，中央政策提出旧城重建时应当在建筑中尽可能地体现传统建筑风格，因而建筑设计中大屋顶、琉璃瓦、雕梁画栋等形式风行一时。这种现象的出现与1950年代深受苏联的设计概念影响是分不开的。当这种趋势由于"规模过大、占地过多、求新过急、标准过高"而受到中央政府批评的时候，城市建设又走向了另一个极端，那就是通过减少建筑用料和降低建设标准来追求尽可能地节约。

　　1958年至1960年期间，在"全民大炼钢铁"和"人民公社化"的高潮下，大批工业重点建设项目如庆华电器厂、红旗机械厂兴建，同时在"大跃进、大城市"的指导思想下盲目扩大基本建设规模，平均每年竣工房屋136.67万平方米，其中工业用房占房屋建设总量的32.76%，超过住宅建设占25.3%的比例。1961年因国民经济严重困难投资收缩，房屋建设的规模与速度大为下降，1961年至1962年建成房屋年均39万平方米，仅为1958年至1960年年均房屋建设总量的28.53%。在"大办街道工业"的口号下，在旧城居民稠密区域

　　① 浦敏. 实例剖析西安近50年城市住区肌理及其演变 [D]. 西安：西安建筑科技大学，2006.

建成大批污染环境干扰居民生活的街道企业，有的紧靠学校、医院，有的甚至占用道路或环城林带，给城市布局和环境保护造成不少隐患与后遗症。1961年实行的"调整、巩固、充实、提高"方针，提出非生产性建设除十分必要的职工宿舍、学校外一律停建。1958—1963年，陕西省房屋调整委员会调整出房屋49.2万平方米，大部分分配给机关、文教、卫生、工业、商业系统使用，城市规划一时停滞，城市基本建设投资减少，城市住房建设速度放慢。

1964年后，随着三线建设布点和工业布局调整，城市建设虽然有所恢复，但住房建设质量堪忧。由于片面强调发扬"干打垒"精神，建造了一批劣质住宅，或几户合用一个厕所，或几户共用上下水；或以土坯作墙体建楼房；或以加宽走廊作为户外厨房；有些楼房日照间距仅为楼房间距的0.9倍，住房质量整体较差。此时住宅设计标准再次降低，如何节约造价、降低成本成为住宅规划设计的核心问题。截至1965年末，西安市实有房屋建筑面积1693万平方米，比1962年增长9.93%，其中住宅建筑面积701万平方米，比1962年增长6.85%[1]。

"文化大革命"期间，住区建设规模急剧紧缩，基本上没有进行新的建设。当时所建住宅一般为原有住区的调整、充实，在已建住区中的填平补齐。1961~1977年共建造房屋927.8万平方米，平均每年建造房屋54.6万平方米，仅为前10年平均水平的48.75%。至1976年，全市房屋建筑总面积2199万平方米，年均增长仅0.41%，其中住宅建筑面积837万平方米，年均增长仅1.56%。在此期间，长期积累的体制性矛盾日益暴露：自1950年代以来开始形成住房由政府统包解决的模式积弊甚大，由于住房建设受建设资金制约，同时在实行无偿分配制和低租金政策情况下，住宅建设资金有去无回，无法形成资金良性循环，城市住房困难日积月累难以解决，成为城市建设中的"老、大、难"问题。至1976年末，住宅面积比1949年增长331%，但同期城市人口增长329%，两相抵销后人均居住面积仅增长0.02平方米。

1978年中共十一届三中全会后，城市住房建设重新焕发生机。通过拨乱反正，建立健全房地产管理制度，加强产籍产权管理，落实私房政策，推行多渠道集资建设住房和有偿分配住房制度，先后推出集资统建住房、有偿分配住房、出售商品房住宅、兴办房地产市场等措施发展房地产业，启动住房制度改革。1978年至1990年共建房屋2265.01万平方米，平均每年建房174.23万平方米，是1978年以前27年房屋建设的总和。1978年后建造的住宅标准较前普遍提高，一般多为5~6层楼房，独门独户单元结构，每户都有厨房、厕所、客厅、阳台、纱门、纱窗等设施，有的还配备供暖和管道输送的人工煤气。

1949~1980年，城市居民住宅被视为一项福利，采取无偿分配制，由房地部门负责新建直管公房分配，各单位负责单位自管房分配。长期实行的住房无偿分配制度导致积弊日深。住房由国家包建、包分、包租、包修、包管，不利于调动集体和个人的积极性；单纯

---

① 西安市地方志编纂委员会. 西安市志. 第二卷. 城市基础设施［M］. 西安出版社, 2000.

依靠国家投资建房的结果，各单位因为权力和经济差异导致住房数量和质量差异加剧。同时，将城市住宅视为福利事业，不按经济规律办事，实行低租金制的结果，致使住房租金价格严重背离价值，形成住房投资有去无回的恶性循环，并刺激居民设法多占住宅，出现住房越建越多而住房难的问题不仅没有缓解反而日趋严重的局面。1984年10月，西安市政府颁行《西安市公有住房补贴出售给个人的试行办法》，从国家和地方投资建设的住宅与企事业单位自建的住宅中，拿出一定比例的房屋，补贴出售给本单位职工，逐步将职工住房由低租金的分配制改为补贴出售给个人。房管部门开始实行住房制度改革，住房分配逐步由无偿分配向有偿分配转化。西安市单位以出售公房作为改革住房分配制度的突破口，根据《西安市公有住房出售试行办法》《西安市公有住房出售估价办法》和单位自身条件积极开展公房出售工作。

3.1.2 适应新功能的建设更新（1978 ～ 1992 年）

1978年改革开放至1992年社会主义市场经济体制建立十余年间，是我国经济转型时期恢复城市规划与进行城市改造体制改革的阶段，也是西安市城市更新的探索时期。期间我国旧城区的改造与建设的特征为："分批改造；加强立法，实行综合开发；对旧住房进行整治和修缮；多渠道集资"[1]。

1978年12月，党的十一届三中全会提出对国家的经济体制进行改革，人们逐渐认识到城市建设对国家经济发展的重要性，同时加强了对城市总体规划、近期规划与详细规划在城市建设中重要性的认识。旧城改造中，一些污染严重的工厂从居民区中被迁移出去。"六五计划"期间（1981 ～ 1985年），全国96%的大中城市与85%的乡镇依照地方总体规划，开始旧城区的更新改造。除了采用拆除与重建的办法，不少城市对可利用的旧住房进行整治与修缮，在拆除破败住区的基础上，重建多层与高层住宅楼，兴建居住小区以及相应配套市政基础设施与社会福利体系的建设[2]。此外，城市更新改造的集资方式也逐渐向多渠道发展，如：集资联合建房、企业代建、与企业合建、居民自建，以及商品房等多种形式[3]。1984年颁布的《城市规划条例》成为我国第一部有关城市规划、建设和管理的基本法规，法规明确指出："旧城区的改建，应当遵循加强维护、合理利用、适当调整、逐步改造的原则"，这对于当时还处于恢复阶段的城市规划及其更新工作的开展，具有重大指导意义。1989年实施的《城市规划法》，进一步细化了"城市旧区改建应当遵循加强维护、合理利用、调整布局、逐步改善的原则，统一规划，分期实施，并逐步改善居住和交通条件，加强基础设施和公共设施建设，提高城市的综合功能"的要求。

这一时期的西安城市建设是以物质空间建设为主，利用旧城原有建设基础，进行扩建和改建的旧区改造，建设的重点由生产性建设转向非生产性建设，基础设施及住宅建设成

① 翟斌庆, 伍美琴. 城市更新理念与中国城市现实 [J]. 城市规划学刊, 2009（02）: 75-82.
② XIE Y C, COSTA F J. Urban planning in socialist China: theory and practice [J]. Cities, 1993, 10（2）: 103-114.
③ 庄林德, 张京祥. 中国城市发展与建设史 [M]. 南京: 东南大学出版社, 2002.

为建设重点。同时，随着城市的迅猛发展，原有街道、场所、建筑等的城市功能产生新的需求，原有建设不能满足日新月异的城市新功能更新。为此，为适应新需求的建设在此期间同时展开，城市建筑与场所的功能、形态、模式和体量相较以往发生了巨大的变化。这一时期住宅建设速度逐年加快，房屋建设量逐年迅猛增加。但限于当时经济水平有限，城市发展仍是在旧城区基础上的团块状单中心发展，按照现代交通组织要求完善城市一、二、三环路网，同时解决了旧城区的交通拥挤问题。

　　1984年至1990年间，西安市城市建设基本遵循《西安市城市总体规划（1980~2000年）》及批复要求进行（图3-5、表3-2）。按照"保护与建设相结合"的方针，除实施维修明城墙、整治护城河、改造环城林、打通环城路的四位一体环城建设工程外，先后完成日客流容量7000人次的西安客站新建和开拓环城北路地下隧道、车站广场工程；新建环城东路，包括星火路和太华路两座立交桥；打通东关正街鸡市拐到兴庆路、劳动南路、丰庆路、西斜七路东段、丰镐路南段、三兆新路等交通干道；拓宽西华门、长安南路、兴庆路南段、华清路十里铺段等道路，使城市基础设施发生巨大变化。包括青少年宫、省科技馆、省历史博物馆、唐代艺术博物馆、市群众艺术馆、省电视塔、北方乐园、省肿瘤医院、西安医学院口腔医院及唐城百货大厦、西安百货大厦、民生百货大厦、小寨百货大厦等一批大型公共设施先后落成。在住宅建设上，按照统一规划、综合配套、集中修建的原则，先后兴建张家村、潘家村、兴庆、朝阳、太白等住宅小区；实施旧城内外的低洼区和危房改造工程，包括生产村、保吉巷、西五路、俭家坑、菜市西坑、涝巷、昌仁里等低洼地区的改造工程亦先后完工。

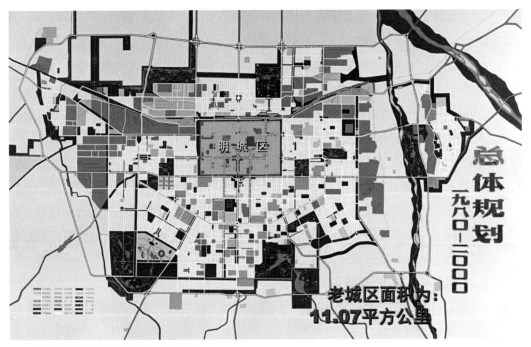

图3-5《西安市城市总体规划（1980~2000年）》
[图片来源：根据《西安市城市总体规划（1980~2000年）》绘制]

城市性质	以轻型精密机械制造和纺织为主的工业城市
城市性质	将西安建设成为一座保持古城风貌，以轻纺、机械工业为主、科研、文教、旅游事业发达的社会主义现代化城市
规划期限	近期自1980年至1985年，远期至2000年
城市规模	城市人口：近期人口160万人，远期人口180万人 用地规模：城市总用地162平方公里（其中，需要增加用地69.34平方公里）
中心区范围	根据城市总用地面积测算，中心市区范围控制在东至纺织城的苏家宫，南至吴家坟，西至三桥，北至龙首塬
发展方向	旧城东、西各去10公里，南、北各去3至7公里的范围内为新建区。调整改造现有工业，发展轻纺、电子仪表和为旅游等服务的工业，发展为城市人民生活服务的行业
旧城改造	必须按照"保护与改造"相结合的方针，保护古迹，改造旧城。对文物古建筑和有历史价值的民宅加以保护，对大多数旧居和布局不合理的予以改造，减少工业、仓库用地，减少居住人口，改善居住条件，增加公共福利设施和绿化、道路、广场等用地
道路系统	保持原总体规划的路网骨架、道路宽度、走向，结合唐长安城的外城墙遗址，沿唐城西墙，在金光门南段增加南北干道与唐城西墙遗址平行，并在新规划干道以西划分棋盘式街区
居住区	为合理组织居民的居住、生活、学习、休息，方便生活，保证安宁，将居住区按分区（区）、街区（街道办事处）、街坊（居委会）划分
园林系统	保护历史文物遗址，并充分利用自然地形，尽可能均匀布置；同时把小游园和居住小区结合起来布置
实施方针	充分利用旧城，基本上不进行改建；主要发展东、西、南三个近郊，保留东南郊、西南郊为发展备用地
建设成果	1953年以来，西安基本上是按照上述的规划方案进行城市建设的。至1972年城市人口发展到130.5万人，建成区面积为100平方公里，城市公用事业和市政设施都有相应的发展

资料来源：根据《西安市城市总体规划（1980～2000年）》编制。

3.1.2.1 新建城市街道

1979年至1990年，城市道路建设步入新的发展时期，先后新建环城东路南段、东关柿园路、劳动南路、丰庆路、三兆公墓路、朱雀大街、电子城区域内道路和科技开发东区、西区域内道路、南二环道路、环城北路、火车站环城北路隧道，完成了一环路工程，新建星火路和太华路立交桥，莲湖路、西五路与北大街人行天桥，解放路与东西五路十字环形人行天桥等工程，拓宽太华路、南大街、西华门、长安南路、万寿路、华清路、陵园路、环城西路南段、沣惠南路、昆明路、大兴路、红光路西段、兴庆路、韩森路、咸宁路。在一些住宅小区新建街巷街坊道路，西南郊新建西斜六、西斜七、西斜八等斜向和辐射状道路，基本上解决部分道路多年来卡口、堵头和道路失修的被动局面。至1990年，有大部为高级路面的道路820条，总长604.03公里，面积675.49万平方米。其中市区（不包括远郊工业区）道路785条，长562.78公里，面积595.3万平方米。

（1）南大街改造

南大街位于城市中轴线繁华地段，交通流量大。20世纪80年代初，南大街的沿街建筑和道路基本上没有多大改变，沿街建筑大部分为清末、民初修建的砖、木结构平房或两层铺面，街道的宽度约为20米，车行道仅8米。为了适应当时可预见的城市发展需要，西安市规划局首先正式提出了南大街改建实施方案，规划方案确定"南大街为城市主干道，文化、旅游、商业大街，沿街建筑以4~6层为主，建筑物采用中国建筑中'回廊'以及居民的'出挑''骑楼'。沿街建筑以不超过钟楼、南城墙二层沿口高度22米为基本高度，建筑物要充分体现西安古城风貌和推陈出新的时代精神。在规划中同时确定了南门广场为绿化广场，建筑沿南北轴线对称布局，从唐华塔至省博物馆，保持明、清建筑风格；钟楼广场为市中心广场……"①关于道路本次规划也确定了拓宽到60米，已经大大超过历史上南大街的宽度。1981—1985年南大街拓宽改建为三块板，路宽60米（后于快车道中增设隔离栅），沥青路面，其中，车行道宽14米，慢车道各宽7.5米，人行道各宽12米，隔车带各宽3.5米，内植云杉、月季，铺栽天鹅绒草，以桧柏作绿篱，围以护栏；行道树植银杏。1985年，南门盘道改建拓宽增建部分隔带与花坛，沥青路面，快车道宽9米，慢车道宽9米（图3-6）。

图3-6 1980年10月的西安南大街
（图片来源：陕西省档案局）

1980年代初南大街首先建成以豪华商店如西安百货大厦、古都大厦为代表的一系列建筑，基本完成了规划中的意图，但是改造之后的建筑在风格上不伦不类，既没有显示"唐风"，也没有展现明朝的建筑精髓，反而使得钟楼和南门在新旧建筑的对比中失去了原来的宏伟体量。②1980年代末，在吸取第一次改造经验教训的基础上，南大街又建成了以西安市建行南大街支行为代表的一批现代建筑，希望能使钟楼和南门在新的对比中得到突出，也使建筑单体本身能够适应现代人的生活节奏。虽然就"建行"单体设计而言，其造型简洁明快，无可厚非，然而，却难以融入原有的建筑格局，更无法改变钟楼和南门的尴尬处境。③

① 范俊. 西安市南大街改造规划笔谈会综述 [J]. 建筑学报，1982.
② 高茜. 西安南大街空间历史演进研究 [D]. 西安：西安建筑科技大学，2006.
③ 张琳，赵敬源. 走出古建保护的误区——对西安南大街发展现状的反思 [J]. 长安大学学报（建筑与环境科学版），2003（03）：28-30.

随着南大街拓宽改造，因考虑街两边行人过往方便，在南大街南北两端和钟楼北侧先后修建了人行地下通道。两处地道结构样式相同，各长39米，净宽5米，净高2.7米，东西两端设有出人口。地道内水磨石地面，侧墙及出入口挡墙大理石贴面，花岗岩条石台阶，钢管扶手，道顶、侧墙及出入口处均设有各种照明设施。南大街地下通道由南大街拓宽指挥部于1982年委托西安市建筑设计院设计，西安市第一市政工程公司施工，1985年元月开工，当年4月建成，交通状况明显得到改善。

（2）东大街改造

伴随城市发展的东大街，这一时期虽然在东大街沿街建筑的范围里并没有出现一些非常典型性、代表性的建筑，但从整个城市的建筑角度来说，东大街所浸染的建筑环境是存在的，其他地段出现的新型建筑的感染力也是存在的，这些因素都在慢慢影响和推进着东大街发展的轨迹。

虽然是城市建设的重点，但东大街的用地尺度变化并不大，整体道路的宽度，除了1953年部分道路的拓宽和1998年开元商城前地段的部分拓宽以外，基本与建设初期的道路宽度相符合，而商铺与街道边缘的进深尺寸，除了个别大开间铺面前留出的小广场空间外，也基本能够保持4米左右的平均数值。当时对于街道沿街建筑的建设红线有了相应的规定，而实际建设的情况也依此实施，如今在东大街街道的现状中，有超过半数沿街建筑的建设红线与当初的规划仍是吻合的。这说明，现状的沿街建筑很大一部分是由最初逐渐演变而来的，其基础就是1953年街道拓宽之后的东大街街道肌理。

但是，由于沿街建筑的更新而产生的街道纵向尺度的变化却是非常显著的。1980年代中期到1990年代中期，东大街沿街建筑经历了剧烈的变化，除了传统的小规模商铺，建筑物的面宽发展到平均40多米，高度则从之前的平均4~6层发展为10~15层，最高处将近50米。高度的变化极大影响着天际线的轮廓，而且实际的建筑高度在部分路段已不再真实地反映到天际线上，由于附属在建筑上的广告牌数量的激增，这些宣传物成为勾勒街道沿街轮廓的主要组成部分，从而使得东大街的沿街建筑天际线，变得参差不齐，不再起伏平缓。

3.1.2.2 火车站新建

随着城市发展扩张，城市用地范围不断扩大，西安铁路客运站，成为城市中心型的铁路客运站，客运量的增长使既有的单层站房建筑的局限性越来越明显，并且不能满足增长的客运需求，于是在1984年，中式的站房建筑被拆除，告别了历史的舞台。新火车站的改造，于第一代站房的原址上重建，将候车室扩大至原先的三倍，同时还专门分出了普通、母婴、软席等不同种类的12个候车室，可同时容纳7000人候车休息。1986年投入使用时候车总面积9300平方米，站场形成了5台9线的规模。1988年，西安站由一等站升格为特等站。1990年，随着车站东配楼售票厅和办公楼的竣工，西安站改造工程全部结束。新建的西安铁路客运站位于西安市大雁塔所在的重要轴线上，与大明宫国家遗址公园共同构成轴线上重要的节点（图3-7）。

1990 年代西安火车站

1950 年代西安火车站

图3-7 西安火车站旧照
[图片来源：西安市地方志编纂委员会．西安市志·第二卷·城市建设志 [M]．西安：西安出版社，2003]

3.1.2.3 市政公共设施建设

1979年12月，国家城市建设总局印发全国市政工程工作会议讨论通过的《关于加强市政工程工作的意见》，进一步提出"市政工程是城市生产和人民生活不可缺少的公共设施"，"应当成为城市各项基本建设的先行"。以"五五"时期第一年的1976年市政工程建设投资为基数，1977~1980年每年投资额分别是1976年的11倍、32倍、107倍和160倍。西安的市政工程建设开始走出低谷，进入新的发展阶段，政府对公用事业加大投资规模，同时深化企业改革，推行多种形式经营承包责任制，除公共交通、城市供水外，城市公用事业扩展到供气、集中供热等领域。城市物质条件逐年改善中，市民精神文化需求开始彰显，大批非生产性大型公共设施建成。至1990年末，西安市有公交营运车辆875辆，其中公共汽车700辆，无轨电车175辆，市区营运线路54条，总长703.55公里，年客运总量41556.67万人次，乘客周转量248562万人公里，客运收入4270.4万元；出租汽车3712辆；公用自来水厂6座，连同社会自备水源全市供水综合生产能力96.7万立方米/日，年供水总量34824万立方米，供水管道总长1074公里，城区供水普及率95.32%，水质综合合格率99.77%；年供应液化石油气14536吨、人工煤气8679万立方米，供气户数184044户，供气人口61万人，供气普及率10.1%；建成灞桥热电厂和南大街供热站两个集中供热系统；市公用局汽车修配厂除完成公共汽车、无轨电车的车辆大修外，每年可装配标准客车300辆。此外，青少年宫、省科技馆、省历史博物馆、唐代艺术博物馆、市群众艺术馆、省电视塔、北方乐园、省肿瘤医院、西安医学院口腔医院及唐城百货大厦、西安百货大厦、民生百货大厦、小寨百货大厦等先后落成，这些"高、大、新、精、尖"建筑项目，在结构、造型、选材、施工技术和工艺、功能、装饰、高度、面积以及建筑风格等方面，均为西安首例，也极大满足了市民的生活和文化需求。

3.1.2.4 商业网点空间格局

改革开放后，西安市贯彻执行"国营、集体、个体"一起上的方针，大力推进集体、个体商业的发展并通过调整商品流通体制、实行多种购销形式等措施逐步建立开放统一的商品流通市场，西安的市场供应逐渐转入正常化并繁荣起来。1980年，西安市将农副产品市场的设置和建设纳入城市建设和改造规划，对市场采取提高、撤销、迁并的措施：撤销了辛家庙、东关南街、永新街三个市场，迁移了2个市场，在小东门、老关庙什字、麻家什字、五味什字、红光大桥、南火巷增加了11个市场，建成全市第一个室内的固定市场——小寨农贸市场；同年，工商局在西羊市、土门、文艺路、尚勤路、小寨开放了工业小商品市场。1983年，《经济体制改革方案》出台，西安市进一步扩大工业商品流通渠道，放宽农副产品购销活动，放手发展个体、合作商业和城乡集贸市场，多种经济形式、多条流通渠道、多种经营方式的出现，使得计划经济体制下的商业流通模式受到冲击，城乡市场界限被打破。1984年，西安市扩建老商店，新建现代化的大型商厦，在城郊建设档次较高、规模较大的集贸市场：唐城百货大厦、朱雀贸易大厦、炭市街副食品市场、康复路工业品批发市场以及太华路、韩森寨、红庙坡农副产品交易市场先后建成开业；农副产品批发市场也相继出现：太华南路北段形成了家禽专业批发市场，在康复路形成了青干果、蔬菜和中药材批发市场。1985年，西安市对发展第三产业实行优惠政策，提出："商业、服务业以发展集体、个体为主，"全市初步形成了以城镇为中心、横向经济联系为主要形式的流通网络。1986—1988年，西安市相继建成胡家庙、小寨、土门3个大型蔬菜批发市场，新建扩建了太华路、华清路、阎良胜利路等批发市场，据统计，胡家庙、小寨、土门是当时规模最大的3个批发市场。1989年，西安逐步撤销马路市场，兴建了大规模、高档次、多功能、专业化的市场，同年底，全市共建成固定室内市场75个，城区46个集贸市场与饮食摊点安装了上下水设施。1991年，全市工业小商品市场发展到36个，市场设施逐步完善，其中康复路轻工批发市场和骡马市服装市场成为深受群众欢迎的知名市场。

1990年代，西安民生百货、唐城百货大厦与开元商城作为本土三大主力百货商场领军西安百货市场。民生百货商店位于解放路中段103号。国有大型商业零售企业，民国35年（1946年）在以经营旧货为主的民生市场上建立，时称民生市场，以经营小百货、小五金、针织服装等为主。1949年5月西安解放，民生市场经营日用工业品的规模扩大，在邻省和西北地区小有名气。1956年在对私营企业改造高潮中，民生市场的驻场小商贩自愿组成西安民生市场百货合作商店。至1958年，西安市人民政府投资，合作商店也投入部分积累，组建成西安市民生百货商店并于1959年10月开业。至1990年，民生百货商店营业面积扩至1.8万平万米，职工1070人，主营日用百货、五金交电、服装鞋帽、针纺织品、儿童玩具、自行车、缝纫机、外贸旅游商品等3.5万余种商品。1988年销售总额过亿元，实现利润709.8万元，1990年销售额11396.6万元，实现税利总额4662万元，其中利润195万元，是全国最大的100家零售商业企业之一。

唐城百货大厦位于东大街359号，距离西安钟楼不足百米，建筑面积1.8万平方米，营业面积约1.2万平方米，是在原西安日用工业品展销商店（新安市场）的基础上组建而成的。自1984年9月开业后，一直为西安市第一商业局直属企业。1990年营业面积24359平方米，职工1294人，下设15个专业零售兼批发商场，经营日用百货、鞋帽箱包、钟表工艺、首饰品、文化用品、音像器材、呢绒丝绸、棉布化纤、装饰用品、家用电器、五金化工、服装、车辆等3万多种商品。1988年为陕西省销售超亿元商店之一，日营业额稳定在百万元左右，最高达150多万元，日客流量约10万人次，最高达25万人次。1990年销售额14095万元，实现利税总额1018万元，其中利润600万元，是全国最大的100家零售商业企业之一。在西安开元商城一期工程完工前，唐城百货大厦一直是西安百货零售市场上的"老大"，自1990年以来连续10年跻身"中国百强店"之列。2005年，受经营业绩影响，唐城百货整体租赁给了永乐电器、国美电器，现变身为服装、通信等店铺。而当年那句经典广告词"唐城百货，在您心中，伴您生活"成为西安人记忆中的历史。

1996年在解放百货商场的基础上开元商城的一期工程竣工，整体工程直到2001年8月30日才全面竣工，20年来开元商城从始至终都是钟楼商圈的最核心商场。开元商城以"今日开元百货，引领时尚潮流"经营战略，大力倡导和实行"一站式"零距离服务理念，商城下属15个采供部、辖25个商场，共有员工4839人。主要经营化妆用品、珠宝首饰、钟表眼镜、电脑手机、居室电器、影视音响、针纺羊毛制品、男女服装、皮革制品、体育器具、烟酒食品、文化用品、照相器材、医药保健、家饰制品、儿童用品等，经营国内外知名品牌2000多个，经营品种近18万种，此后开元商城主营业务有了突飞猛进的发展，经营业绩稳步上升，取得了显著的经济效益和社会效益。

1998年5月18日，世纪金花购物中心全面竣工并正式启用，坐落在钟楼与鼓楼之间的世纪金花购物中心，是西安市政府与金花企业（集团）股份有限公司合作开发的一项大型城市公共服务和商业设施工程。这项工程融合城市地下空间开发与利用、城市改造、人防工程、文物保护、商贸流通等多种功能于一体，被西安市列为1996年"为市民办的十件好事"之一（图3-8）。

新开业的世纪金花引进了50多个世界顶级品牌和10余万种国内外名牌商品，成为精品的象征，当时的世纪金花在品牌数量、质量和品牌保障方面是国内一流的。当年最令世纪金花引以为傲的是店内引进的国际顶级品牌，如服装的纪梵希、巴黎世家等，化妆品的资生堂、欧珀莱、蒙迪爱尔，珠宝的谢瑞麟、周生生等。世纪金花定位于社会的中高层消费群体，立足西安，面向世界，首次引进世界顶级品牌，拥有雅诗兰黛、SK-Ⅱ、兰蔻、

图3-8 1997年，正在施工中的世纪金花商场

杰尼亚、登喜路等60余个世界顶级品牌专营权及15万余种商品，这些平时只进入星级品牌酒店商场的品牌大多是第一次进入西北，有的甚至是首次进入中国大陆。因而世纪金花的建成填补了西安乃至西北地区百货零售业没有以精品、经典为主，服务特色、综合功能齐全的跨世纪现代化商业场所的空白，世纪金花的品牌在当时创造了多项第一，给西安乃至西部商界带来强烈的冲击，同时带给西安消费者观念的改变和生活质量的提升，并拉近了西安与世界的距离。当时的市场调查得到这样一个结果：在世纪金花购物就是一种文化品位的象征，甚至把拥有世纪金花标记的手提袋作为拥有时尚的典范。2000年10月，在国家实施西部大开发战略之时，世纪金花率先通过了中国方圆标志认证委员会ISO9002质量体系审核，成为西部地区首家获得质量认证的商业零售企业，这标志着世纪金花的服务和管理水平已基本与国际接轨。

世纪金花的存在，不仅赢得了自身的经济发展，也为社会作出了应有的贡献。她突出的商业文化特色和对西安商界的良性冲击，有舆论认为至少将西安的商业业态形式和服务理念提高了5～10年；她的发展为历史悠久的西安开启了一扇了解外面世界的窗口，提升了古城的形象，并成为历史古城文物保护与商业开发和谐发展的典范。

这一时期，西安的城市中心摆脱了原先公共建筑围绕广场集聚的模式，逐步形成"中心区"的形态（东至解放路、西至洒金桥、南至南城墙、北至西五路），由于地域范围与商业中心基本吻合，使得城市中心与商业中心的概念开始模糊，商业职能开始成为西安城市中心的主要职能之一。此外，由于经济改革的推动，旧城内钟楼附近地域的商业规模进一步扩大，设施质量进一步提升：南大街形成了文化旅游商业街，东大街、西大街、解放路形成了以大型专业商店为主的商业街；炭市街副食品市场、城隍庙传统小商品市场、骡马市服装市场也形成了良好的商业氛围。这一时期，西安市城市建设以东、南、西向发展为主，城北方向延伸较慢，当时市场的建设也基本符合城市的发展方向，随着农副产品市场、小商品市场、综合批发市场的先后解禁与建设，在旧城东、西、南方向分别出现了胡家庙、土门、小寨三个规模较大的综合市场（表3-3）。

1992年西安市零售商业网点密集区   表3-3

东大街	西起钟楼、东至东门、与解放路正交	网点档次高、规模大，经营门类齐全。有唐城百货大厦、开元商城、华侨商店、华林商场等全国知名企业
西大街	西起西门、东至钟楼	网点以小商品经营为主，规模小、数量多，是著名的"风味街"，工艺品步行街
南大街	南起南门、北至钟楼	网点多为具有民族特色的仿古式大型商业设施，档次高，有西安百货大厦，西北豪华购物中心等
北大街	北起北门、南至钟楼	网点以饮食服务、小商品经营为主，规模小、数量多，以东方商厦、北大街百货商场为中心，沿街两侧则以饮食服务业和中、小型商店为主
解放路	北起火车站、南至五路口	网点以食品、水果和饮食经营为主，规模小、数量多
东新街	东新街与解放路交叉路口	网点主要以商业企业为主，有民乐园商场、民生股份有限公司、妇幼用品公司

资料来源：张鑫. 西安城市商业中心空间发展格局研究［D］. 西安：西安建筑科技大学，2011。

3.1.3 古城面貌整治保护更新（1949 ~ 1992 年）

　　1980年代前，西安市在取得一系列城市建设成就的同时，以旧城区为中心，新旧城混合发展的一元化单中心发展模式，使新城建设发展与旧城风貌保护的矛盾日益浮现且愈演愈烈。虽然第一版西安市总体规划中，已有保护历史建筑的内容和要求。如，将城墙列入中心保护项目，将明城墙之内确定为行政商业区，提出对旧城区的建设主要是拓宽道路，并对旧城区新建筑限高有严格要求，钟楼附近在没有正确的设计方案前，禁止修建[①]，但随着城市基础设施建设的大规模开展，历史文物古迹、遗址不断受到破坏，不仅严重损害了西安城的古都风貌，而且导致城市中心负荷过重，引起了旧城区交通条件恶化、居住环境建设进展缓慢等一系列城市问题[②]。期间西安城市建设过程中对于旧城的保护，以局部的"点"式单纯保护为主，重点保护历史街道、古建筑古遗迹等，只注重保护文物本体，而对文物遗址及古建筑周围环境协调不够。

① 西安市地方志编纂委员会编. 西安市志［M］. 西安：西安出版社，2002.
② 程安东. 内陆外向型城市——西安发展战略研究［M］. 西安：陕西人民出版社，1997：582-591.

1980年代后，西安市历史文化名城的保护，由之前局部点式单纯保护文物本体的做法，开始重视对文物遗址及古建筑周围环境的保护，保护范围已扩大到建筑群、风景区以至传统街区，与之相关的城市绿化、环境保护以及旅游事业亦开始得到重视与发展。1982年，西安市被首批确认为国家历史文化名城，《西安城市总体规划（1980～2000年）》中也突出体现了对历史文化名城的保护。规划确定了把保护、恢复、重新利用历史文化遗址、风景名胜和古建筑同发展现代城市的功能结合起来，提出"旧城区为保护改造区，对古城墙及历史文物、遗址、有价值的街坊加以保护、修整"，并确立了"保存、保护、复原、改建与新建开发密切结合，城市的各项建设与古城的传统特色和自然特色密切结合"的规划原则①。西安市名城保护规划与保护工作步入起步探索阶段，抢修并恢复了大量的历史名胜古迹。此后，西安城市风貌逐渐完善，但是相比之下，老城内的格局保护仍显得不足，历史文物利用也不够充分。

3.1.3.1 钟楼保护与修整

新中国成立后，西安市政府成立了专门的钟楼保护机构，并于1953年进行了一次大规模的全面修理：将钟楼台基座加固，更换了旧的楼梯地板和部分破损支柱，门窗全部新修并增加栏杆，内外多次油漆粉刷贴金彩绘，并按照原样装置了金顶并增设了避雷装置。经过几次修缮以后，昔日破旧的古代建筑逐日恢复了"原貌"②。

在西安城市现代化进程中，围绕钟鼓楼开辟市中心广场曾经有过三个主要的规划方案：1953年城市规划确定由钟楼和鼓楼分别组成两座相邻的广场。钟楼广场以钟楼为中心，用四座公共建筑向心围合，以后按此规划相继修建了邮电大楼和钟楼饭店。1983年城市规划将原规划的两个广场合而为一，拟在钟鼓楼之间开辟绿化休息广场，按此规划严格控制了该地段的建筑。这个方案保证了钟、鼓楼之间的通视，在市中心区为群众提供了休息场所，富有地方特色。但十几年来由于拆迁和建设的资金难以筹措，规划未能付诸实施。1995年城市规划的方案保持了1983年规划的基本格局，在广场北侧增加了步行商业街，并在广场下进行地下空间开发，从而强化了广场的现代化功能，提高了市中心繁华地区的土地利用率，使规划方案更趋经济合理、技术先进、利于操作③。

3.1.3.2 明城墙保护

西安城墙是国内现存最完整、历史最悠久、规模最宏伟的古代城垣。新中国建立后，百废待兴，西安的城市建设同全国其他城市一样加紧进行。历经战乱留存下来的西安明城墙，在一些人看来是优秀的中华文化古迹，需要予以特别保护；而另一些人却认为它是封建遗存，阻碍着西安的城市建设和社会发展，并提出要一律拆掉城墙。西安明城墙在"保存"与"拆除"问题上，走过了一段不平凡的历程。

① 和红星. 古城西安整体环境的协调与分析［J］. 建筑学报, 2002, (5): 49-51.
② 狄钟秀. 西安钟楼［J］. 文博, 1985 (06): 75+78+102.
③ 张锦秋. 晨钟暮鼓声闻于天——西安钟鼓楼广场城市设计［J］. 城市规划, 1996 (06): 36-39.

1950年初，西安市屡有拆城运砖破坏城墙的行为。3月25日，西安市政府向西北军政委员会呈送《拆除西安市旧城计划》提出："本市古城墙历时久远，年有损坏且下部普遍挖有防空洞，基层殆成空虚，墙顶大部掘有战沟以致墙顶凹凸不平"，"城墙已成废墙，要保存原状必须消耗大量工程费，似不值得"，"城墙的存在将现在的城区与将来的新兴地区隔断了，显然成为两个体系，互不关联，公私事业不能自然的融洽汇通"，"今后发展城市建设来说，这座古城的城墙有着许多的妨碍，成为落后的防御工事"，并提出：城墙拆除后（只保留四个城门楼），城砖可变废为宝，用于其他市政设施建设。利用城墙遗留基础及城壕边的空地，还可修建环城林荫大道、环城公园和环城河，既方便交通又美化环境，拆除城墙利大于弊，为此呈请西北军政委员会批准拆除旧城墙。3月26日，西北军政委员会以会厅秘字第59号回复批示："府密字第472号及500号两呈均悉。查无故拆毁城墙卸运砖石，业经中央人民政府政务院元月3日电令禁止，前陕甘宁边区政府已以通字193号通令转达各省、市、县人民政府遵照执行。现在既有拆运城砖情事发生，请即依据前令，分别制止。嗣后关于此类事件，应由你处主动地先行设法解决"。4月11日，西北军政委员会主席彭德怀、副主席习仲勋、张治中又以会厅秘字第85号批答西安市政府："西安城墙砖石可供建筑之用，但目前尚无此需要条件，一经拆开，不仅有碍观瞻，且墙砖难以保管，势必造成浪费和损失现象，故所拟计划，应缓予实施，如需修建地下水沟，可拆除敌伪所建碉堡与守望楼等砖石应用"。西安市接到西北军政委员会回复后，有关领导立即做出批示：市政府出布告禁止拆毁城墙；通知西安警备司令部、公安局、各区严查；已拆除之砖仍退回原处。新中国成立后，西安第一次拆除城墙的行动被迅速制止，并使西安城墙此后数年得到基本的维护保障，完整保持了古城墙的整体风貌和文物价值。

进入"一五"计划时期，西安的市政建设快速发展。苏联援助我国的156项重点工程建设项目有部分安排在西安。在进行城市总体规划时，规划组曾提出设想：保留老城格局，工业区避开汉唐遗址，放在东、西郊区，已知的名胜古迹遗迹将规划为绿地，城墙和护城河将作为"西安的一条绿色项链"进行保留。然而，这个方案令当时支援西安建设的苏联专家很不满意，他们认为多个大型军工企业将在西安建成，大量北京、东北和四川的军工技术人员和工人将迁入西安，居住和交通是个大问题。工业企业布局应该距离旧城更近，最好"拆掉城墙，发展更多的道路，解决当时的交通问题"。在一次时任国务院副总理李富春参加的研讨论证会上，大多数工业专家和仅有的两位规划专家的争论进入白热化。最终有几位老干部提出，在抗战时期西安城墙上就挖了不少防空洞躲避轰炸，说明"城墙有利于防原子弹，防地面冲击波，符合人防备战要求"。就这样，西安明城墙再次逃过一劫。

在1958年的"大跃进"运动中，拆之风席卷全国，南京、苏州、北京也都开始拆除城墙，西安的拆城之风又很快刮起。有人提出"拆掉西安城墙，填平护城河"，"拆除封建王朝的陈墙旧砖，矗起一个新社会新城市"。6月17日，西安市人民委员会召开会议，市政协、文化局、公安局、教育局在内近20个部门人员到会讨论城墙的拆与留问题。在会上形成两种截然不同的意见，但主张拆的人占据上风，他们认为：现在进入原子时代，城墙国防价值已经不大。如果要作为古迹长期保存，势必还需要大笔维修费用。反之，如将城墙拆除，不但可以节约大量资金，而且拆下的城砖、城土还可以利用。城墙拆除后还可以扩大建设用地，也可以清除城乡界限，便利交通。如果从保存文物古迹着想，把城楼留下来就行了。同年9月24日，西安市委向陕西省委报请"拆除城墙"，陕西省委回函"原则同意"。1959年重新编制的总体规划不再保留城墙，仅留4个城门和4个城角，该规划最终虽未经批准，但原规划被无形中放弃，部分污染工业慢慢侵至旧城近郊区，导致西安城墙墙体被挖断近400米。眼看城墙保不住，时任陕西省文化局副局长武伯纶联络王翰章、贺梓城、范绍武、王世昌等几名文物专家，用陕西省文物管理委员会的名义向国务院打电报，请求保护城墙。国务院副总理兼秘书长习仲勋看到电报后，认为这五位文物工作者的意见是正确的，保护西安明城墙意义重大，随后以国务院名义致电要求陕西省和西安市立即停止拆除城墙。之后，习仲勋又指示文化部研究保护西安明城墙的问题。1959年7月22日，国务院发出《关于保护西安城墙的通知》。9月26日，陕西省人民委员会要求西安市对明城墙妥为保护。12月28日，西安市人民委员会发布公告："自即日起严禁拆取城砖、挖取城土以及其他破坏城墙行为。"1961年3月4日，经国务院批准，西安明城墙被列为全国第一批重点文物保护单位。

"文化大革命"中，在全国性的破除旧思想、旧文化、旧风俗和旧习惯的"破四旧"大潮中，西安明城墙的存废，再次成为人们关注的焦点。当年曾经保护西安明城墙的习仲勋等老一辈革命家已经被打倒，当时有人揭发习仲勋八个问题，其中之一就是不许拆除西安城墙。在"文化大革命"中，陕西省老省长赵伯平被关进"牛棚"，武伯纶、王翰章等人被打成"反动学术权威"。西安城隍庙、鼓楼牌坊牌匾等许多文物古迹、名人故居、庙宇、古籍均遭到毁坏。西安城墙更是"满目疮痍"：城墙墙体被挖洞穴1000孔左右，外墙青砖及墙顶海墁被拆上万立方米，内侧170个溜水槽被拆除过半，80%以上墙体受到严重破坏[①]。因西安明城墙属于全国重点文物保护单位，再加上它的"块头"大，搬不走运不出，红卫兵无法轻易拆除，才使城墙侥幸保存下来。在1970年代"深挖洞、广积粮"的浪潮中，西安"城墙代表封建迷信""城墙挡住了城市发展的道路"等"罪名"又接踵而来，城墙存废争论又十分激烈。按照当时西安有关部门的工作方案，计划拆掉古城墙，修建环城地铁。当时的省委也批准了这项计划。在讨论拆城墙修地铁方案时，遭到时任西安市革委会基建办公室张景沸等人的明确反对。在一批主张保护城墙人士的共同抵制下，最后以"工程浩大、资金难以筹措"等为由，才使西安城墙又一次幸免于难。

1978年党的十一届三中全会以后，西安城市建设快速发展。此时又有人说城墙已经成为城市发展的交通阻碍，说陕西为什么经济发展步伐落后全国，就是因为其他省份都在开放，陕西人却故步自封、眼界狭窄、城墙思维严重。城墙早就该拆，而且必须拆，持这种观点的人还真不少。时任西安市市长张铁民曾说，老城墙没有毁于日军的轰炸，难道要毁于我们自己的铁锹吗？1981年，中共中央书记处书记习仲勋看到《我国唯一的一座完整的

① 李兵. 建国后西安明城墙的保护历程及其启示 [J]. 四川建筑, 2009, 29 (01): 10-12.

封建古城垣遭到严重破坏》的文章后，指示有关部门对西安城墙认真保护，及早维修。

　　1982年7月，陕西省委书记马文瑞倡议义务劳动建设西安"城墙公园"。随后市委、市政府提出"维修城墙，整治城河，改造环城林，打通环城北路的建设方案"。1982年，西安市被首批确认为国家历史文化名城，在张铁民市长的主持下市政府制定《西安历史名城保护规划》，对西安城墙及其环城绿化、护城河、环城路"四位一体"的环城工程建设作了具体规定，西安明城墙保护工作纳入规范化的发展轨道。1982年10月，16000名军民义务劳动修建环城公园。1983年4月1日开始的西安环城建设工程是对西安城墙的第三次全面整修，而且是三次大整修中规模最大的一次。环城建设工程的口号是"维修明城墙，整治护城河，改造打通环北路"，市里成立了环城建设委员会办公室（图3-9）。本次维修拆除了城墙里外5米直到城河沿的地方的违章建筑。拆掉了城墙外侧的96家工厂和1005户民居[①]。

图3-9　20世纪80年代西安环城建设委员会讨论环城建设方案
［图片来源：孙应平. 西安明城墙的保护修复［J］. 百年潮，2019（04）：53-63］

　　1983年城墙维修前已是千疮百孔，80%以上墙体受到严重破坏。另外，城河因城区排污严重污染，垃圾污物使河床变高变窄，雨季溢流成灾；环城林带多有违章搭建、杂草丛生；北环路因被火车站广场割断交通不畅；内环路被违章占用，大部分阻塞，环城环境已到非清理整治不可的地步。

　　环城建设工程自1983年4月1日正式实施，一直到1990年代初才完工，主要包括维修城

---

① 周娜. 西安市旧城历史街区整治改造发展策略研究［D］. 西安：长安大学，2011.

墙、整治城河、改造环城林、打通环城路四大项目,前后持续约10年,完成了城墙内部洞穴的封堵加固、墙体的整修、附属建筑的复原等工作,对城墙内外侧均包砖处理,近现代所开豁口处多建成城门洞以供车辆出入,对于原有四门则在原有门洞左右两侧各新开城门洞以供车辆和行人出入,券修城门门洞26孔。对毁坏的敌楼进行了部分(12座)重建,重修魁星楼,恢复东北、西北、东南三座角楼,而西南角楼的八角楼并未重建,按照原有样式复原排水槽等设施。1983年6月,东城门楼修复工程开工;1984年,西安东城门楼修复工程开工。1985年底,城墙东、南、西三面已经完全贯通,另外还重建了部分敌楼、角楼和一座魁星楼,西安明城墙,得以贯通。但是,此次修复只注重了明城墙本身,未能对城墙周边区域进行整体规划更新。1986～1990年,陆续完成环城北路火车站地下隧道工程、南门月城及闸楼吊桥复原、唐长安城含光门遗址保护主体工程,长乐门、安定门、文昌门、建国门等的券洞工程,含光门新建工程,墙顶12座敌楼和一座魁星楼复原工程(表3-4)。1992年,西安古城墙朝阳门豁口连接工程开工。

1983年开始的环城建设工程(即西安古城垣保护与治理工程),使这座数百年来屡遭风雨剥蚀、人为破坏的古城墙得到全面维修加固,并复原部分古建筑,同时实行城、河、林、路综合治理,形成一座具有民族特色和地方风格,蕴含丰富历史文化内涵的环城公园。

1949～1990年西安城墙门洞变化情况表 表3-4

时间	城墙体型	城墙内外通道(处)	城墙门洞			城墙豁口	备注
			合计	砖券门洞	其他门洞		
1950年代	分为10段	13	21	21	—	10	
1960年代	分为13段	16	21	21	—	13	
1970年代	仍为13段	16	21	21	—	13	
1980年代	合为4段	18	49	47	2	6	含光门为2个有立柱、过梁的门洞。东侧墙内有唐皇城含光门遗址

资料来源:西安市地方志编纂委员会. 西安市志·第二卷·城市基础设施[M]. 西安:西安出版社,2000:232。

3.1.3.3 护城河及其环境修缮

西安市环城建设了东西长约5公里,南北长约3公里,环城长度约16公里,面积161公顷,墙、河、林、路综合配套的环城公园。这座古朴、典雅、清洁、优美的环城公园,集历史、文化、景观于一体,体现了古都西安的历史内涵与地域特色。其中城墙维修遵循"不改变文物原状"、"修旧如旧"的原则,恢复了古城墙的整体轮廓和风貌,保持了明代城墙的完整性和历史感。城河经整治,蓄水量提高3倍多,达到排、蓄兼顾,完善了城市排水系统,并通过引水渠、排水渠把城河死水变成活水。环城林经过改造,淘汰了劣势树种,换植常青树、低矮树、地方树种,并修建10处"园中之园"及其他景点。此外,随着环城北路火车站地下隧道的开通,使环城路交通畅通无阻,缓解了城区街道的交通拥挤。环城建设管理部门采取"边建设、边管理、边经营、边受益"的方针,多次举办灯会、专项展览以及多种民间娱乐活动，增加服务设施，接待国内外游客，让历史古迹发挥现实功能，收到良好的社会效益、环境效益和经济效益。1991年8月，西安环城建设工程被国家环境保护局和建设部评为全国城市环境综合整治优秀项目第一名。

（1）护城河整治

城河原为建筑城墙时就近取土留下的壕堑，后注水成河，成为城墙防御的辅助设施。城河总长（中心线距）14.6公里，原平均底宽14米。新中国成立后，城河纳入城市排水系统，接纳市区约40平方公里范围内的雨水，是城区排洪的唯一渠道。

西安市第一版总体规划中拟利用古代建筑、文物遗址、破碎地形以及不适宜建设地带修建城市公园，以旧城周围环城林带、明城墙和护城河构成环城风景带，同时修筑城河退水渠，使护城河作为城市泄洪河道与调节库，纳入到城市排水系统，接纳市区约40平方公里范围内的雨水。1957年12月，西安城河改造工程开工，但是由于种种历史原因，实际建设中护城河保护非但没能落实，反遭受了极严重的破坏。由于城市污水管道系统没有完全形成，许多建设单位利用雨水管道乱排污水，造成护城河严重污染。1960年代初期，护城河内还有大量鱼虾存在，"文化大革命"以后，护城河内蚊虫滋生，臭气熏天，鱼虾全部灭绝。此外，由于垃圾污物的大量倾入城河，致使河床淤泥越积越高，河道越挤越窄，河道库容能力减少了一大半。截至1981年9月，相继接入护城河的雨污管道共计30余条，日排污水量8万立方米[①]，垃圾堆放量达153立方米。每逢雨汛，泄流不畅，外溢倒流，年年成灾。

1983年4月城河整治前，经沿城河分段全面测量，河道淤积平均厚度达1.9米，最严重的是由东门经城东北角至火车站地段，多处淤积达3.5米。清淤疏浚的河道整治工程于1983年4月开工，因受施工现场条件限制，不能全面使用机械设备，主要由人工镐挖、锹铲、肩挑、筐拾，配合卷扬机沿河坡以架子车上下拉运，南门以西及西北三路以西两段因淤泥过稀，使用大型机械拉铲机配合。清淤工程分两期进行。第一期工程自1983年4月1日至1984年3月完成南半部城河清淤，施工范围由东门以南经东南城角、和平门、南门、含光门、西南城角至西门以南，全长6.06公里，清除淤泥55.6万立方米，外运44.5万立方米。第二期北半部清淤工程自1984年7月至1985年5月（其中火车站广场段因受车站新建票房工程影响，延至1985年1月开工，1986年11月完成），施工范围由东门以北，经东北城角、北门、西北城角至西门，全长8.5公里，清除淤泥99万立方米，外运79.9万立方米。全部清淤工程历时近3年，共清除淤泥154.6万立方米，外运淤泥124.4万立方米。

城河拓修整形工程紧随清淤工程进行，拓修整形后，城河平均底宽由原14米增至18米左右，最宽处到22米；河面宽达38米，河道平均深度9～11米，最深处达到18米。城河总蓄水量达到118.48万立方米（其中常水量32.91万立方米，洪水量85.57万立方米），库容比整修前增加3.39倍。

① 姚广. 西安城河的整治［J］. 西安历史文化名城研究文集，1996. 08.

（2）环城园林建设

城墙与城河之间有宽约40米的空旷地带，加上城河外沿空地，总面积122.4公顷。环城建设工程将园林建设作为一项重要内容，更新林木，种植花卉，铺设道路，开辟景点，修建亭台屋榭等仿古建筑，形成环城园林新的风貌和格局。

环城建设开始后，拆迁环城林带内违章修建的96家工厂和1005户居民住户，清理和恢复城墙与城河之间的空旷地带，拆除废弃建筑物6631平方米，挖运土方58251立方米，清运垃圾48315吨。继而清理更新林木，对5276株长势较好的珍贵树木和30198株灌木进行移栽；保护观赏价值和经济价值较高的桃、侧柏、樱桃等树木。对原树种清理后，栽植优良树种，选择树种以低矮树、常青树为主，成树高度控制在城墙高度2/3以内，保证游人在城河外沿和环城路上能远眺古城风貌。

（3）环城开发利用

随着环城建设的成功开展，围绕城墙展开的大型活动、接待旅游和市民游憩活动从未间断，为这座古城垣在新的时代注入新的城市功能与活力。

自1985年起，每年在城墙上举办灯会，有关部门还利用城楼进行专项展览，使游客在观赏西安城墙的同时，进一步了解西安古今文化。安定门（西门）城楼有常设的西安城市建设规划展，永宁门（南门）城楼有常设的西安书法艺术博物馆，安远门（北门）城楼有古代钱币展。南城墙上的部分敌楼中有中国古代兵器展。其他不定期的本地或外地专门展览也经常举行。此外，每年元旦举办城墙越野赛跑，中秋举办登城赏月，重阳举办登高游览，这些活动，逐渐形成惯例，成为西安市民的新习俗。1984年环城公园开放以来，至1990年底累计接待中外游客500万人次，其中外宾约占1/10，包括加拿大民间艺术团登城赏月活动，美国东方财团鸡尾酒会，美国宾夕法尼亚铜管乐团的行进表演，日本鹿儿岛马拉松代表团的马拉松赛等。另外还接待过很多外国领导人和知名人士，如南斯拉夫议会主席、荷兰首相、丹麦大臣，日本名人冈崎嘉平太等。环城公园在西安城墙18个城门（或豁口）两侧，设有30多个出入口，每天上午8时前市民可以自由进出，进行晨练。环城林带早晨处处可见练长跑、练气功、做体操、打太极拳的市民，1990年代初环城林带每天接待晨练人数约2万人次。

3.1.4 单位制住区的建设更新

随着"一五"计划的成功，西安市几个较大的工业集中区如西郊"电工城"、东郊"纺织城"和机械工业区都初具规模，南郊以几所大专院校为基础的"文化城"及交通大学迁建工程也基本完成，与此相配套职工教师宿舍同步修建，形成纺织城、西郊工业区、东郊工业区、南郊文教区等区域。居民区与产业区在空间上同步形成，每个工业区城镇规划人口1万人。工厂区与居住区间以100米宽防护林带相隔。各街坊内按规划建修托儿所、幼儿园、食堂、理发室、浴室、储蓄所、俱乐部、医院、商店等公共建筑。

20世纪80年代前，西安市城市建设发展重点在工业区的建设，附属于工业建设的住区建设主要呈现出"单位社会"和"苏联模式"的特征①：城市新建住宅的投资90%以上来自国家，投资主体逐步趋向一元化；工作单位不再仅仅是城市社会中的一个经济单位，同时也成了一个基本自足的生活单位；住宅建设引进了苏联的建设标准、标准设计方法、周边式街坊的布局方式和工业化目标；"一五"后期，住宅建设领域出现了比功能主义更为实际的态度，美学形式成为住宅设计的次要问题；总的来说这个时期重点仍然是向苏联学习，但是已开始采取以一种摒弃苏联实践的落后面的有高度选择性的方式去学习。

大规模工业建设的同时，大量的企事业单位建立起来了并建设起基本能满足正常工作生活需要的大院，这样，城市住宅供给由国家包了下来，职工一律等着单位分房，这个制度一直延续至20世纪90年代，导致住房问题成为大多数单位最沉重的负担。在这个阶段的后期，虽然社会的结构已经由完全由公有制一种经济充分组成逐渐转变为多种经济成分并存，但真正的国有企业改革尚未展开，新建立的私有企业基本摆脱了传统单位制的模式，大量的原有公有制单位仍然在延续着单位制的作风。

单位制住区本身就是独立的一个生产单元，它诞生于倡导"先生产、后生活"的时代，其居住功能只不过是生产功能的辅助。通过大院的形式组织生产可以更有效利用有限的资源，提高生产效率，这在生产力水平不高的新中国成立初期是很有必要的。此外，单位制住区是按照单位进行组织的生活单元，它对单位以外城市居民具有排斥性，对单位内部职工具有吸引性。同一单位的职工和家属组织在一个住区中，一起工作一起生活，彼此熟悉，邻里关系密切，居民归属感强。

3.1.4.1 单位制住区的建设历程

单位制社区的建设过程可大致分为4个阶段②：

（1）萌芽期。1949年新中国成立初期，城市处于百废待兴的状态，城市不发达，很多单位在这样的情况下开始筹建。在这个阶段里，大量的企事业单位建立起来了，并建设起基本能满足正常工作生活需要的大院，城市的结构在这个时候逐渐形成。

（2）停滞期。1958～1976年，大多数单位的建设步伐缓慢甚至处于停滞状态。工厂仍然拥有较高的地位，在此期间仍有少量建设，但在"见缝插针""填空补齐"的政策倡导下，建设缺乏城市层面的考虑。而高校停止了高考，教学秩序混乱；科研单位是知识分子的群体，地位低下。由于这些单位正常的秩序被打乱，单位制住区的建设进入混乱状态。

（3）膨胀期。1978年改革开放后，国家的经济高速发展，城市经济活动高速增长，重新呈现出繁荣的景象，大多数单位在这个时期进入建设高潮。很多单位间彼此的攀比导致对土地资源的盲目争夺，致使土地资源利用率低下，浪费现象严重，城市快速蔓延。为迅速解决有房住的问题，国家限制住房标准不得过高，因此当时建设了一批低标准住宅，至

① 浦敏. 实例剖析西安近50年城市住区肌理及其演变 [D]. 西安：西安建筑科技大学，2006.
② 李洋. 西安市单位制住区与现代社区的比较研究 [D]. 西安：西安建筑科技大学，2008.

今多数已成危房或不能满足使用要求。

（4）转型期。1987年国企开始实行股份制改造，单位制的主体发生变革。1988年国家允许土地作为重要的生产资料参与市场行为，不再将国有土地无偿划拨给各个单位。至此，单位大院的土地和重要居住功能都发生了根本性变革。越来越多的单位不再在大院内给职工建住宅，取而代之的是购买大院以外的住宅或实行住房货币补贴。经历了半个多世纪，单位制住区从无到有，从简陋到完善，如今又在逐渐地走向分解，这个过程符合事物发展螺旋式上升的客观规律。单位制住区在特定的历史阶段扮演了重要角色，它的形成带有历史的必然性，而它的分解必将是一个漫长的过程，单位制住区还将在相当长的时间内存在并发挥影响。

3.1.4.2 单位制住区的分类

单位制住区原本就是依据不同的社会分工而形成的组织，由单位的性质不同带来了单位制住区的特征不同，不同的分类方式有助于从不同角度去认识单位大院，从而才能更深刻地揭示其问题和寻找解决的途径。

（1）按照单位职能分类

单位制住区按照单位职能分类可以分为企业型大院住区、机关型大院住区和事业单位型住区三大类。

1）企业单位中从事生产活动的大多有独立的单位制住区，而且由于生产的流程要求和避免污染干扰，生产区与生活区一般都相对独立（如西安纺织城一印住区，上海宝山钢铁公司友谊住区，北京京棉一厂住区等）。

2）机关和事业单位一般都有单位制住区，其工作部分仅需要办公用房，对生活干扰较小，所以这一类大院通常不如工厂之类的大院规模大，而且分区不十分明确，经常有各种功能混杂的现象（如西安建筑科技大学南院家属区）。

（2）按照封闭程度分类

基于单位制住区封闭、内向性的特点，对城市呈现拒绝的姿态。按照对城市的封闭程度可以分为军事单位、准军事单位、市直机关、科研院所、大学、工厂科营六类。依据拒单位制住区的开放程度分类有助于站在城市的立场上分析大院，理解单位制住区对于城市宏观层面的土地使用和空间格局的影响。

1）军事单位的大院住区是不允许城市规划参与它的任何活动，自我完善的居住系统也不需要依靠城市的设施运转。军事单位的大院自主建设、自行管理，不参与市场行为，其保密需要要求大院必须封闭，一般不允许外部人员进入，并享有特权（如西安空军医院家属院、西安第二炮兵家属院等）。

2）准军事单位是指那些非军队编制，但曾经是军事编制，或其工作涉及机要内容的单位，这些单位的大院住区也都门禁森严，其自主性和封闭性与军队大院十分类似，有持枪武警站岗，如西安庆华厂住区，西安朝阳公司住区，西安向阳公司住区等。

3）机关单位是政府的行政主管部门，也都享有一定的特权。这类单位的单位制住区不参与市场活动，但其用地内的功能与城市比较接近，与城市有一定联系，如北京公安部家属院，西安省委家属院等。

4）科研院所代表了一大类企、事业单位，它们共同的特点是基本没有什么特权。这类单位的住区一般可以接受城市的管理，门禁制度不严格，随着改革的进行逐步开始参与市场活动。如西安地质勘测设计院住区等。

5）高校住区是一个相当特殊的类型，它要对学生负担全部的保障和管理责任，因此这类大院的特点是设施相当完备，有浓厚的生活气息，与城市同构。随着教育体制的改革，大学已经走向社会化，比较容易融入城市，如西安建筑科技大学家属院等。

3.1.4.3 单位制住区的案例

西安是我国的重要工业基地和教育基地，聚集着大量的单位制住区。

1．西安纺织城住区：企业单位住区聚集区

（1）西安纺织城建设背景

西安纺织城位于西安老城区东部，西安市灞桥区政府所在地。面积4.8平方公里，总人口9.2万人。

1949年新中国成立后，中央纺织工业部遵照党和国家的战略部署，将陕西省列为纺织工业发展基地之一。西安市东郊，渭灞之滨的郭家滩地面宽广，村落较少，水源丰富，水质适宜，北临发电厂，距陇海铁路3公里，西通市区，附近各县盛产棉花，是建设棉纺厂的好地方。经过几十年的发展，逐步形成了以国棉三、四、五、六厂，西北一印等五座大型纺织印染企业为支柱，以西北电建四公司、纺织科研所等十余家大中型国有企业为主体的现代工业集群。曾被誉为西安市的小香港、粉黛城。"东有纺织城，西有电子城"，曾经是西安工业发达的标志，也是西安人心中的骄傲。

随着改革开放、市场经济的到来，国企在计划经济中占据的优势逐渐消退，设备更新缓慢，管理制度落后，人员冗杂，使得国有大厂改革的步伐跟不上时代的脚步。而与此同时，沿海地区抓住机遇，投入资金引进先进的管理模式，取得了飞跃式的发展。进入20世纪90年代中期后，这些改革滞后的国有企业，出现了连年亏损的局面，再通过"压锭、减员"等各项工作，2000年陕西省省属纺织行业虽然实现了扭亏为盈，但还是被沿海地区的同行拉开了差距。加入WTO后，沿海发达地区纺织业发展又进入了一个新的高峰期。就这样昔日的赢利大户到了连年亏损的境地，国营大厂在市场经济、WTO的冲击下由辉煌走到了衰落。

（2）纺织城街道住区调研

纺织城街道办事处共有居民27025户，9.2万城市人口。按照单位进行划分，组建了10个住区，其中7个单位制住区、3个混合型住区。

纺织城住区在产生初始就带有特定的社会制度的烙印，计划经济体制下的住区与整个社会间的维系必须通过单位为媒介，单位在很长一段时间内承担着经济与社会的双重职能，住区功能只不过是所属单位高度行政化功能的延伸。住区成员的自我发展和人际交往一直局限于单位内部范围，自治意识和参与意识的培育受到客观条件的限制。

随着改革开放和社会主义现代化建设的深入进行，纺织城地区国有棉纺企业纷纷改制，社会成员固定从属于某个社会组织的管理体制已经被打破，大量"单位人"转变成"社会人"，同时大量农村人口拥入城市，迫切需要一种新的居住空间建设模式，以缓和人民日益增长的物质文化需要和落后的大院制住区软硬件之间的矛盾。

纺织城单位制住区向现代社区转型尚处于起步阶段，还不能有效承接和充分满足由于社会结构转型造成的"单位"功能外移和社会发展对住区建设提出的要求。住区建设滞后不仅直接影响城市形象，制约城市自身的深入发展，而且影响了城市功能的发挥，减弱了其对于周边农村地区的辐射和带动作用，对整个地区社会发展都带来消极影响。通过加强住区建设，提升城市水平和档次，发挥城市功能已成为当务之急。

（3）纺织城住区存在的问题

1）硬件环境

纺织城大院制住区居民对住区内部硬件设施的配置满意率不高。住区沿城市发展主轴与其所属单位隔路对称布置。住区规模也是按照原有单位家属院规模划分，造成社区人口规模差异性很大（最大的比最小的大九倍），不利于住区的管理和设施的配置。

公共服务设施方面。住区景观单调重复，早期建设的部分工人村由于使用时间过长，年久失修，外观破败，影响社区形象，也给居民生活带来不便。普遍缺少文化馆、图书馆等文化活动场所以及商业设施，使街道文化氛围薄弱；体育设施、活动场地总量不足，分布不均，很多居民只能把小区道路作为活动场地，不安全也不利于社区居民的身心健康；缺少居民服务中心，使得居民有事习惯于找市政府机关部门、新闻媒体，造成政府机关的办事效率低下；青少年、老年人及残疾人等特殊人群的设施更是缺乏。住区配套行政管理、卫生所等公共设施，但办公用房严重不足，人员缺乏，成为住区管理和服务发展的桎梏。

道路交通系统方面。住区道路针对静态交通方面缺少考虑，近年来随着私家车的普及，居民多采用路边停车的方式停车，使道路通行效率降低。

绿化景观系统方面。住区内部绿化面积严重不足，并且缺少有效的规划设计，绿化种类单一，住区绿化景观欠佳，缺少高低疏密的组合，很难达到通过景观陶冶人的目的。

2）软质环境

住区服务方面、产业结构布局方面。住区内部商业服务主要为小商业、小服务，没有系统的管理，人们对住区服务挑选的余地小，缺少竞争，服务水平较低。

住区文化建设方面。目前住区内部没有合法的社团组织，但是有很多民间的带有社团性质的小团体，经常组织文体活动。通过数据调研显示，居民对住区文化建设比较满意。同时由于缺少文娱场所，住区文化活动的开展也存在实际问题。

管理制度方面。纺织城大部分住区管理上仍依靠所属工厂，管理人员由工厂统一任命，管理经费由工厂划拨，住区居民对单位过于依赖，自我监督的主动性不强。调研过程中当被问及是否愿意参加住区听证会时，55%的居民表示愿意，但同时担心没有对住区事务管理的决策权。住区福利制度、卫生健康保障制度以及基层民主制度都纳入到工厂管理制度的组成部分。在企业改制转型如火如荼进行的今天，工厂对住区的管理和服务已经捉襟见肘，迫切需要住区自治体系的建立和完善。

住区邻里关系方面。纺织城单位制住区中居民多是纺织企业的职工及其家属，人们按照血缘、业缘的关系聚集在一起，有着共同的价值取向和认同感。调研中发现居民之间非常熟悉，有着良好的邻里关系，邻里间有守望相助的传统，55%的居民对住区比较有认同感。

纺织城单位型居住社区是在"生产第一，生活第二"的时代背景下产生的，在产生和发育初始就带有特定的社会制度的烙印，计划经济体制下的社区与整个社会之间的维系必须通过单位为媒介，单位在很长一段时间内承担着经济与社会的双重职能，社区功能不过是所属单位高度行政化功能的延伸。

2．高等院校、单位制住区：西安建筑科技大学南院

（1）西安建筑科技大学南院范围

西安建筑科技大学家属区坐落于西安市南郊文教区，西安建筑科技大学南院。家属区北接西安建筑科技大学北院教学区，东接祭台村，南靠鲁家村，西与东新科贸电脑城隔路相对，交通便利，具有很强的区位优势。家属区始建于1955年，与西安建筑科技大学教学区同时建设。初始规模只有教职工宿舍15栋。同时建成了与之相配套的小学、幼儿园、浴室、合作社以及银行、医务所等服务设施。经过半个多世纪的发展，目前家属区占地201.084亩，建筑面积170487平方米。

（2）住区特点

西安建筑科技大学南院家属区是典型的单位制住区，具有很浓厚的单位制住区特征，表现出单位制的组织形式的优越性。主要表现在土地使用、公共服务设施、住区管理与服务以及住区情感等方面。

西安建筑科技大学南院家属区公共服务设施齐全。土地使用仍然呈现异质化倾向，除了居住用地外，还有警务室、市场、贾平凹艺术馆、医院、中小学、研究机构等设施。这是由于实用功能的多样化，方便了居民的使用，同时丰富了住区的住宅景观，57%的居民对住区配建的公共服务设施表示满意。部分居民认为住区商业规模比较小，购物不够方便。有些认为社区的离休办退休办设施简陋，娱乐项目不够齐全。另外，家属区的交往空间较少，现存的小广场缺少规划设计，使用效果不够好。住区规划没有考虑停车位，目前随着私家车的增加，车辆多沿街布置，降低了道路通行效率。单位对住区建设享有自主权，这也导致家属区中住宅建设过于密集，严重影响采光、防火的效果。

（3）住区文化

西安建筑科技大学南院家属区的住房所有权属于学校，教职工只有房屋的使用权，这也客观地阻止了家属区使用主体异质化进程。但实际上也有居民出租房屋的现象，这使住区中有不同阶层背景的居民居住。这导致这部分居民不能融入住区的集体生活，处于游离状态。由于业缘关系，住区大部分居民属于统一阶层，有共同的价值取向，邻里间关系融洽，守望相助，形成良好的归属感和认同感，但也不能否认，随着人们居住环境的改善，单元式的住房使居民日常接触较原来减少了。住区中民间的非正式组织很多，如夕阳红合唱团、太极团、京剧团协会等。他们是居民自发组织起来的，虽然没有到有关主管部门注册，但同样受到广大老年居民的拥护，同时也显现出参与群体单一，参与率不高的缺点。

（4）住区的管理与服务

家属区的管理和服务由学校后勤部门的物业服务公司承担，居民已经习惯了由单位对住区进行管理的模式，居民参与住区管理的主动性不强。住区成立了非官方自治组织，但这种组织职权有限，对住区事务没有决定权。住区管理者为了活跃住区文化氛围，增加居民接触机会，经常会组织丰富多彩的集体活动，如绿色环保周、书画比赛等。另外，学校为居民提供价格低廉的住区服务项目，并且利用学校的资源优势组织大学生家教等服务项目，实现住区与学校的和谐发展。住区给大学生提供很高的社会实践基地，同时大学生志愿者的到来也为住区建设输送了新鲜血液。在住区与学校社团的共同努力下，不但开展了有声有色的环保活动，还为住区家教、助老、助残工作做出了贡献。

3．大型军工企业单位制住区：向阳公司住区

西安向阳公司住区是位于城市郊区的大型军工住区，位于西安市灞桥区，明清西安城东部。向阳公司住区与其说是住区，不如说是缩微了的城市。几乎具有城市的所有功能和配套设施。住区共分为四个区域进行分区建设，建设规模大，居住人口多，由于企业的特殊性质，住区封闭性非常强，所以住区配套建设了包括供水、供电、供气等工程系统，以及银行、商业服务、学校等公共服务设施，配套非常齐全，而且服务质量很好，通过调研发现69%的居民普遍对公共服务设施很满意。

（1）住区管理

住区的管理由公司组织的物业公司承担，负责住区卫生、居民活动组织、住区养老等各个方面的管理工作。住区的管理和服务部门为家属解决了在住区中就近工作的问题，为职工解决了后顾之忧，实现了住区的和谐发展。但是，同很多单位制住区一样，由于管理上属于"自己人管自己人"，管理上比较松懈，服务质量难以提高。同时，单位负责居民的一切事务导致居民对于单位产生依赖心理，不愿参与住区的管理。

（2）住区文化

向阳公司住区居民的文化生活丰富，公司经常组织职工及家属参加职工运动会，新年联欢会等活动。丰富职工业余生活的同时，也增加了职工交往的机会，创造了良性发展的邻里关系。另外，向阳公司居民对住区具有强烈的认同感和自豪感，居民甚至以脖子上悬挂军工单位出入证为骄傲。

（3）住区空间环境设计

住区空间环境设计上显得呆板生硬。为了体现单位制的平均主义的特点，住宅设计比较单调，主要采用兵营式布局。建筑空间呆板，景观上缺乏变化。住区非常重视开放空间的设置，通常面积比较大，但是由于设计的先天不足，不能很好地开展居民活动。

3.1.4.4 单位制住区的特征

单位制住区是单位制的重要空间载体。早期的单位制住区的建设是基于居住小区的开发模式，并结合我国具体国情发展起来的。它的特点体现在以下几个方面：

（1）社会特征

居民稳定性强：以单位为基础的城市户籍管理制度限制了单位间的人员自由移动。同时单位为职工提供生老病死的全程福利政策和社会保障，职工对单位的依赖性非常强。因此，单位大院的人口变化幅度较小，人口数量和结构都相对稳定。

居民同质化：在"单位制"城市居住空间内，传统城市居住空间的社会阶级结构基本消失，城市内部基本不存在由经济地位或收入差异所导致的空间阶级分异现象，只存在着因社会分工不同的等级居住差异。[①]

居民归属感强：单位制住区的内向封闭的地域空间界限和管理模式，使得单位制住区居民同质性较强，居住隔离现象不明显，而且住区居民比较稳定，居住时间通常较长，所以彼此之间的交往频繁，人际关系融洽，容易形成住区安全性和地域归属。

（2）管理与服务特征

1）管理集权

单位制住区的管理采用以单位制为主，以街居制为辅的双轨制。住区管理与单位的管理组织紧密联系，是单位行政管理体系向下的延伸。单位对于住区事务管理具有决策权，这也就造成了职工对单位的依赖心理，不能主动地参与，只能被动地服从，造成住区自治难以推行。

2）服务低效

单位为单位制住区居民提供全方位的服务项目。尽管很多单位在后勤部门的基础上形成物业服务公司，可是由于责、权不清，又缺乏竞争机制的引进，导致服务质量不高，但作为一种福利，单位制住区的服务项目通常收费不高或者不收费。这种体制对居民心理影响很大，居民习惯了单位为其安排一切，失去了对住区服务进行监督的意识。而对于单位而言，住区服务大包大揽，服务设施规格不高，服务效率低下，形成恶性循环。

（3）空间组织特征

1）自我封闭单位制住区作为城市的一个相对独立的区块，追求自完整性，如自成体系的道路系统，尽可能完备的服务设施，以及对外相对封闭的住区边界等。各个单位的住区努力完善着各自圈定的范围，尽力维护着局部的利益，对城市整体性的考虑较少。

2）建设自主

单位制住区内的用地多是由行政划拨而来，单位对大院内的用地享有相当高的自主使

---

① 董傅年，郭兆平，武新. 社区环境建设与管理［M］. 北京：机械工业出版社，2004.

▶ **084** ◀　　　　　　　　　　　　　　　　　　　　　　　　　西安城市社区更新理论与实践

用权。由此产生的一些不合理布局，比如建筑布局不符合日照间距的要求，由于遮挡的是"自己"的房子，这种不合理的现象就得以存在下来。还有一种极端化现象是由于大院用地宽裕，在住宅建设时建筑间距过大，造成土地的浪费。

3）用地功能混合

大部分单位制住区可以在空间布局上区分出办公区和生活区，但有些单位制住区建设初始对规划考虑较少，而且随着单位的发展也没有注意布局规划，所以大院内的建筑常常各种功能高度混合。比如西安建筑科技大学的大院住区，除了居住功能外，还有行政办公职能（行政楼）、展览功能（贾平凹艺术馆）、科研设计职能（西安建筑科技大学建筑设计研究院）、医疗功能（西安建筑科技大学医院）等，用地功能高度混合。

3.1.4.5 单位制住区优缺点

（1）单位制住区的优点

西安市单位制住区居民在社区内的交往互动明显高于现代社区，单位制住区经历50多年，在许多方面存在着有生命力的东西，尽管目前很多单位制住区出现衰退的现象，但是单位制住区并不是过时的居住形式，它有很多优越性，可以指导西安市现代社区的建设。

1）邻里关系融洽

西安单位制住区将居民业缘与地缘相结合，根据对西安市的调研发现，67%的单位制住区内居民已经在住区中生活5年以上。居民之间大多相互认识，交往较为频繁，有69%的居民对单位制住区的邻里关系表示满意。非单位制住区内的居民在居住社区内的交往质量明显低于单位制住区。另外，目前以"单位"为中心的住区组织与居民已建立了相互信赖关系，与商品型社区的物业公司等社区组织相比居民更信赖单位的住区组织。

2）管理有针对性

西安单位制住区内部统筹安排，统一管理。单位制住区建立起来之后，基本每个单位都成立了后勤保障部门，负责社区的日常运转管理，较之城市里相应的各职能部门，单位大院里的一个部门管理了全部问题，减少了部门之间配合协调的问题，可以做到较为快速的反应。而且管理者对于使用者的数量、情况都比较清楚，能够做到较为准确的统筹安排。

3）有利于住区精神培育

西安单位制住区可将地缘、业缘甚至血缘紧密结合，增强了社区凝聚力，形成独特的社区文化。居民共同工作、居住在单位地域空间，自然而然增加人们交往机会，提高交往的质量，建立社区社会网络。相同的生产、生活方式，有利于形成独特的社区文化，增强社区的认同感、归属感。社区的管理界域、空间界域明晰而统一，有利于形成结构社会、空间秩序等等。

（2）单位制住区的不足

西安市单位制住区是在特定的历史背景下产生和发展起来的。随着时代的变迁，单位制住区的历史局限性逐渐显现出来。目前对单位制住区的不足可以概括为如下几个方面：

1）建筑景观单调

在计划经济和福利分房制度下，导致了各个单位制住区千篇一律的形象特征。福利建筑强调平均：建造的平均，朝向的平均，套型的平均。平均导致了平行。平行空间并非中国独有，但在20世纪50年代到80年代初期却在中国成为城市建设的主流。另外，单位制住区在建筑密度方面出现两极化倾向：有的单位用地紧张，住宅间距严重不足，甚至建设大量东西向住宅，导致部分住户采光不足，舒适度降低（如西安建筑科技大学家属区）。而有的单位用地宽裕，在住宅建设时间距过大，造成不必要的土地浪费。

2）户外空间环境缺乏设计

以往多数居民的居住观念都认为，住宅只要自己家的户型结构、通风、采光等较好就可以了。这就导致规划设计人员对社区的户外空间环境都没有精心的规划设计，仅留够住宅间距就可以了。这样的规划设计思想使得大部分社区缺乏户外活动空间。

3）企业负担大

单位制住区中，单位对职工生、老、病、死的全包式照顾，增加了单位的负担。通过组建自己的物业公司为居民提供服务，物业费用低廉（有的甚至免费服务），但由于缺乏竞争机制，导致物业服务态度差、服务水平不高、服务效率低下等。居民对于住区服务只能被动接受，不能主动选择。

3.1.5 本阶段更新特征总结

3.1.5.1 城市发展与建设的特征

通过对城市建设与改造时期（1949～1992年）建设历程的回顾可以发现，在这一阶段的城市更新是在政府主导下重在物质空间环境建设与改造。西安解放初至改革开放的城市建设工作是在政府主导下以城市基础设施建设、居住生活条件改善和城市环境卫生治理为主的建设更新，期间大规模的城市建设以低成本的功能延续和基础设施恢复重建为主，建设重点在解决最基本的卫生、安全、合理分居问题，主要有城市道路修建、住房建设、城市广场扩建等。改革开放后至1990年代的城市改造与更新探索，随着国民经济的日渐复苏以及市场融资的支持，大部分城市开始发生急剧而持续的变化，城市更新日益成为当时城市建设的关键问题和人们关注的热点。城市建设是以物质空间建设为主，建设的重点由生产性建设转向非生产性建设，城市功能更新日新月异，城市建筑与场所的功能、形态、模式和体量相较以往发生了巨大的变革，市民的生活和文化需求开始得到重视和满足。

3.1.5.2 古城保护与更新的历程

1980年代以前，西安市城市建设过程中对于旧城的保护，以局部的"点"式单纯保护为主，重点保护历史街道、古建筑、古遗迹等，只注重保护文物本体，而对文物遗址及古建筑周围环境协调不够。1980年代至1990年代，西安市历史文化名城的保护，开始重视对文物遗址及古建筑周围环境的保护，保护范围已扩大到建筑群、风景区以至传统街区，与之相关的城市绿化、环境保护以及旅游事业亦开始得到重视与发展。把保护、恢复、重新利用历史文化遗址、风景名胜和古建筑同发展现代城市的功能结合起来，提出"旧城区为保护改造区，对古城墙及历史文物、遗址、有价值的街坊加以保护、修整"，并确立了"保存、保护、复原、改建与新建开发密切结合，城市的各项建设与古城的传统特色和自然特色密切结合"的规划原则。

3.1.5.3 计划经济时期建设反思

计划经济时期，受国家基本建设投资所限，城市建设资金主要用于发展生产和新工业区的建设，由于缺乏经验，压缩城市非生产性建设，致使城市住宅和市政公用公共设施不得不采取降低质量和临时处理的办法来节省投资，居住区住宅造价低，住房建设质量堪忧，基础设施布局分散且很不完整，乱拆乱建和随意侵占的事件频发，市政设施建设出现分化现象。单位制社区单元的配套设施相对完善，而城市整体的市政设施发展却相对缓慢，这些都为后来的城市布局、环境保护和城市改造留下了隐患。此外，新旧城混合发展的一元化单中心发展模式，使新城建设发展与旧城风貌保护的矛盾日益浮现且愈演愈烈，旧城改造项目协调不足，保护城市环境和历史文化遗产的观念淡漠，随着城市基础设施建设的大规模开展，历史文物古迹、遗址不断受到破坏，不仅严重损害了西安城的古都风貌，而且导致城市中心负荷过重，引起了旧城区交通条件恶化、居住环境建设进展缓慢等一系列城市问题。改革开放后城市建设与发展得到极大发展，但是受经济制度和水平、单位体制各自为政和财政力量十分有限的制约，城市发展仍是在旧城区基础上的团块状单中心发展，城市风貌虽然逐渐完善，但是相比之下，老城内的格局保护仍显得不足，历史文物利用也不够充分。

3.2
历史环境的更新探索实践（1993 ～ 2008 年）

> 进入1990年代以后，一方面城市化发展与城市经济发展速度加快，技术进步推动城市功能不断增加与扩充。城市更新不再是简单的物质更新，还对城市产业结构与生产布局的调整、优化和提高等诸多方面产生了重要作用；另一方面，人民生活水平的提高与城市生活需求多样化的趋势，共同推进西安城市更新实践朝向更具有市

场潜力与商业活力的方向前行；此外，城市的包容性与对外性进一步加强，城市更新实践也开始由单纯的物质环境的改善向城市社会环境的整体性提升转变。通过回顾这一时期全国性的城市发展变革事件，西安城市的规划及政策文件等，可以看到该阶段西安更新实践的变化集中体现在以下四个方面。

其一，旧城区的整治与提升得到进一步发展。1984年公布了第一部有关城市规划、建设和管理的基本法规《城市规划条例》，提出"旧城区的改建，应当遵循加强维护、合理利用、适当调整、逐步改造"。这一核心转折性的发展理念在1990年代得到了进一步的加强，围绕西安老城区内的拆迁整治以及保护提升工作等在这一阶段不断推进，并有了质的飞跃。

其二，城市闲暇时代的来临。在城市经济体制的转变，社会主义市场经济的实施以及节假日放假方式的变更，使得城市三次产业的比重、人均的收入水平，人们的消费观念等方面发生了深刻变化。其中，1995年5月1日，开始有双休，带动第三产业的发展，促进人民的消费。1999年开始实施五一长假，2000年实施"十一"旅游黄金周政策，假日经济的发展刺激了市场需求、增加了就业、繁荣了城市经济。这一阶段，西安开始出现以万达模式为代表的城市商业综合体以及商业街区等城市消费空间形式；此外，改革开放以来，西安市委、市政府非常重视旅游业的发展，旅游业成为对外开放的窗口。"七五"期间西安市把旅游业作为西安经济发展的先导，旅游资源得到较大规模的开发，也丰富了闲暇时代人们的生活方式。

其三，文化产业振兴及西安模式的本土化尝试。20世纪末以来，文化战略在世界范围内兴起，国家与城市的文化实力是其独特性与国际影响力的证明。文化产业已逐步替代传统产业，成为许多国家的一项重要产业，为经济的发展和人口就业作出了重要的贡献。2003年的"文化体制改革试点中支持文化产业发展和经营性文化事业转制为企业的两个规定"以及党的十七大报告中都明确指出："要激发全民族的文化创造力，积极主动推动文化的发展与繁荣。为加快和振兴文化产业的发展，充分发挥文化产业的重要作用。"西安作为世界的著名古都，中国西部地区的文化中心，长期以来始终存在着"守着金饭碗要饭"的问题。西安拥有其他城市无法比拟的历史遗产，但文化产业的发展并没有使西安市成为与其文化资源相匹配的文化强市。因此在这一阶段内，以《西安宣言》为契机，使得西安在处理文化资源及其周边环境的保护与文化资源及其空间的改造利用等方面，做出了领先全国的突破性实践。

其四，城市文化特色的保护与提升。西安共进行了四次城市总体规划：1950年代，西安以发展轻型精密机械制造和纺织为主，全市大搞工业建设，旧城逐步进行改造。1980年代的第二轮城市总体规划着重解决了第一次规划中出现的诸多问题，并且将文物的保护与开发提上日程，更符合西安城市特点与建设。改革开放促进经济建设和文化建设迅猛发展，1990年代对西安城市发展又提出了新的规划，提出发展城市特色，将城市发展与保护有机结合，为西安的再发展提供了广阔的空间。2008年国务院批复同意修订的第四轮城市总体规划，要求西安建设成富有历史文化特色的现代化城市。四次规划对文物保护、开发与挖掘城市特色的要求呈递进状加强，建设城市就是建设城市文化。

3.2.1 更新理念经济发展与文脉保护对抗中的城市品质提升

1980年代，有着深厚历史文化积淀的古都西安，同其他历史文化名城一样，进入了发展瓶颈期。面对现代化与市场化浪潮的冲击，如何在其历史文化的保护、继承与开发、利益中取舍，是其城市更新实践过程中亟待解决的问题。因此，该阶段的更新理念主要围绕促进西安城市的产业升级转型、促进社会民生发展、提升公共空间品质以及优化城市整体功能结构等方面，并且同步在城市更新自身的制度建设与体系完善等方面也取得了一定成果。

笔者认为更新探索与协调阶段的特点主要表现为由开发为主，向保护与开发与利用的变迁过程，也是实现由经济导向的开发建设与文脉导向下的发展相互对抗平衡的过程。具体主要分为城市道路与街巷的风貌改造、城市文化建筑空间建设更新、城市开放空间整体环境提升、历史环境的保护与利用更新、城市商业综合体的建设提升以及文化导向下的经营管理更新等六个方面。

3.2.2 城市道路与街巷的风貌改造（1992 ～ 1997 年）

改革开放以后，西安经济发展速度提升，集中体现在城市的重要街道风貌与功能的更新。与上一阶段重点关注于道路红线以内的城市街道更新不同，1990年代则更加关注于街道整体环境品质，以及城市街道所承担的城市经济社会与文化功能，并试图通过保留历史符号、增添新式空间功能等手段来提升城市街道的整体风貌。

3.2.2.1 彰显城市公共形象的北大街提升（1992 年至今）

北大街位于西安市市中心，北起城墙北门南至钟楼，介于新城区与莲湖区之间。北大街是由钟楼辐射而出的四条街道之一。几十年来，它随着时代的脚步向前，见证着周围的发展变迁。北大街南段原为隋唐长安皇城安上门街（承天门街）的北段，五代韩建新城时期，由于新开的玄武门位置偏西，北门大街随之西移；而原来的安上门街北段在北宋、金、元时逐渐为民居坊所占用；直到明初扩改建西安城，才又重新开通北门大街；清代满城西城墙侵占了部分路面，民国初拆毁满城后，才恢复了北大街的全貌（图3-10）。

现如今北大街区域拥有众多主要的近现代保护建筑：新城黄楼、易俗社剧场、华峰面粉厂、西安人民大厦、西安人民剧院、邮政大楼、西安市报话大楼、陕西省建筑工程总公司办公楼。在一个区域内拥有如此集中的历史建筑群是十分幸运和罕见的现象，因此应在统一的

图3-10 西安北大街空间位置示意图

保护与规划部署下，让历史建筑之间相互呼应，对于历史记忆进行完整再现，形成整体魅力。

（1）改造历程

北大街的改造开始于1990年代中期。随着西安市地铁1号线、2号线的建成，北大街的交通枢纽地位以及配套商圈逐渐形成。现今的北大街南起钟楼，北至安远门，和南大街共同构成城市南北中轴线，是重要的交通干道；东西向的西五路与莲湖路东西向通过，使得北大街的交通十分繁忙。沿街建筑功能性质多样化，主要集中有电信业、大型电器连锁、金融业、娱乐业等；由于部分街道段落高端公寓、银行等机构密布，北大街又被称为金融机构一条街。[①]

（2）改造内容

以钟楼为整条街的龙头，通过对西华门广场、莲湖路口广场、北门绿化广场和已有的建筑平面外轮廓线的分析，规范每幢建筑平面与道路红线之间的关系，使设计后的北大街建筑平面收放自如，疏密有序，形成强烈的城市节奏感。在西华门至钟楼一段，建筑平面多以平直为主，通过钟鼓楼广场、西华门广场调节建筑的空间结构；在西华门到北门一段，通过每幢建筑后退红线的不一致，组成整段的平面韵律。建筑布局强调空间秩序，建筑风格突出民族传统和地方特色，以传统与现代相结合为重点。在总体布局中统一处理建筑的色彩、体量和高度，按照干道、广场的空间变化，采取干道两侧建筑轮廓线统一高度，水平发展；广场

---

① 管玥. 西安东西南北四条大街空间形态解析 [J]. 城市建设理论研究（电子版），2012，（15）.

周边的建筑其高度可超出干道两侧的高度，同时建筑轮廓线应有传统特征。

北大街沿街立面采取传统三段式，水平应分为基座、墙身和屋顶三部分，强调每一段干道区间的完整性和统一性。全段均以点线面的形式相结合，形成绿化体系。完善街区基础设施，设计合理的公交系统。钟楼、西华门广场、北门广场是街区的重要节点，按照其地位、作用进行重点设计，精心安排处理小品的位置、造型、体量、色彩。

通过一系列的改造，现如今的北大街，全段长度约为1850米，其中南段为80米宽，北段则仅有50米。北大街南段采用三块板铺设路面，具体布局为双向快车道占据了12米的宽度，公交车道以及其他慢车道宽各7米，还有4米的绿化带以及17米的人行道区域，其中部分人行通道还会在其中划出4米的公交车站以及3米宽的绿化隔离带。

此外，北大街的规划控制高度采用分级控制，分为四级。[①]在视觉形态上主要属于有围合形式但没有建筑压迫感，典型的主街道视觉形态。[②]从建筑间距与视觉感受上来看，北大街与沿街的近现代历史建筑之间的1.5 < D/H < 2.5，在视觉上无建筑压抑感，空间流动性强（表3-5）。

西安北大街四级高度控制表   表 3-5

地段	高度控制
钟楼至西一路沿线	24米以下
西一路至莲湖路以北70米范围内	36米以下 （主要节点如西华门十字、莲湖路十字可放宽到60米以下）
莲湖路以北70米以内，至西七路、塘坊街以北100米沿线范围内	24米以下
距城墙以南100米范围内	9米以下
距城墙以南150米范围内	15米以下

资料来源：梁源. 城市遗产视角下的西安德福巷研究 [D]. 西安：西安建筑科技大学，2015。

（3）更新成果

北大街的改造理念为：保护原有文化内涵，坚持可持续发展；丰富街道空间，提高建筑品位；树立良好城市公共空间形象；提高小品与细部设计水平；确立城市高度分区；加强街区综合交通治理。北大街的改造，保持了城市原有的历史文脉，也对历史建筑进行了应有的保护与改造，改善了旧城的城市景观，丰富了街道空间环境。同时，相关广场的建设也改善了城市公共空间形象，使得城市交通的压力得到一定缓解，提高了城市品位。

3.2.2.2 顺应休闲消费形式的德福巷更新（1993 ~ 1997 年）

德福巷位于西安市碑林区南门湘子庙街北侧，东临南大街，北望鼓楼和钟楼（图3-11）。

---

① 王胜利. 视线分析与高度控制 [D]. 北京：中国艺术研究院，2010：78.
② 徐晓晨. 西安老城区近现代历史建筑周边环境保护与更新研究 [D]. 西安：西安建筑科技大学，2016：70.

图3-11 西安德福巷空间位置示意图

隋唐时期其曾是皇城的一部分，有着深厚的历史渊源。1990年代初，西安市政府为了改善德福巷整体面貌，并提升住户生活水平，决定对德福巷进行一系列的改建举措，使其从完整的老居民区向茶馆、咖啡馆和酒吧街转变，逐渐兴起并走向繁荣。[①]

（1）改造历程

1993年，为改善居民居住环境，丰富西安地区的古城风貌，发展旅游事业，西安市政府开始对德福巷全面实施拆迁改建。8月，德福巷地区低洼地改造工程动迁开始，历经三年。这其中，1995年4月22日，西安市政府对碑林区拟定的《关于建设德福巷旅游商业街控规条件的报告》提出审定意见，同意将原规划的德福巷传统民居保护区设为旅游商业街，并提出该街建筑以明清风格为主，突出西安古建的特色。一系列原有的老旧传统建筑基本被全部拆除，改造后的德福巷沿街两侧多为仿古两至三层建筑，原址居民就地安置，在德福巷东侧建设了德福巷小区，为多层砖混建筑。1999年7月，以咖啡厅为主的商铺相继进驻德福巷，后期大量酒吧茶社入驻，至2000年初已有20多家，德福巷成为咖啡厅、茶社、酒吧等休闲类消费一条街。原先政府拟定的明清风格建筑多被商家装修改建为欧式、美式混合中式的建筑风格。据统计，该改造工程总占地面积为5600.28平方米，拆迁居民1339户，共建楼房30栋，安置居民1350户。最终，在该阶段内德福巷内的居住功能逐渐取代为以福

---

① 梁源. 城市遗产视角下的西安德福巷研究［D］. 西安：西安建筑科技大学，2015.

宝阁、德福楼为代表的一系列商业功能建筑，德福巷也被改建为旅游文化一条街，逐渐形成当代西安老城内具有特色的休闲类消费场所（表3-6）。

德福巷一条街北端经竹笆市和北院门相连，其东部经湘子庙、石牌坊与书院门一条街遥相呼应。这样从南城门到钟楼、鼓楼串通了一条供游人欣赏古城风貌的视觉通道，使城市空间与街道空间形成了延续的脉络。这也是西安市城市规划部门当年执行的重点举措之一。

西安德福巷改造过程时间线 　　　　　　　　　　　　　　　　　　　　　　　　　　　　表 3-6

时间	内容
1993年8月	德福巷地区低洼地改造工程动迁开始
1995年4月22日	西安市政府对碑林区拟定的《关于建设德福巷旅游商业街控规条件的报告》提出审定意见
1995年至1997年	原址居民回迁工作陆续完成
1999年7月	以咖啡厅为主的商铺相继进驻德福巷

资料来源：根据《城市遗产视角下的西安德福巷研究》整理。

（2）改造内容

德福巷片区的改造工程内容主要包含了土地利用性质调整、建筑及其院落的物质空间更新与街道更新等内容。首先，通过比对拆改前后西安德福巷土地利用性质变化情况可以发现，经过1990年代末期的拆改，德福巷传统街区民居聚落的业态构成情况和其所对应的土地利用范围皆有较为明显的变化。德福巷整体用地性质已由原先统一的居住用地，变为了如今的商住混合用地（图3-12、表3-7）。

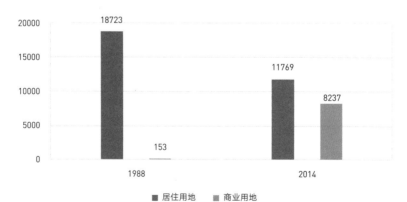

图3-12 西安德福巷1988年至2014年居住、商业业态面积变化情况统计图
[图片来源：梁源. 城市遗产视角下的西安德福巷研究 [D]. 西安：西安建筑科技大学，2015]

项目	1988年		2014年	
	居住用地	商业用地	居住用地	商业用地
用地面积（平方米）	18723	153	11796	8237（对外8012，对内185）
在街区总用地面积中的比率（%）	99.1	0.8	48.9	30.2
用地面积增减（平方米）	居住用地：–6927			
	商业用地：8084			
增加的面积比率（%）	居住用地：–50.2			
	商业用地：29.4			
用地面积增幅（%）	居住用地：–37.0			
	商业用地：97.3			

资料来源：梁源. 城市遗产视角下的西安德福巷研究［D］. 西安：西安建筑科技大学，2015。

注：1. 在街区总用地面积中的比率=用地面积/总用地面积。

    2. 街区总用地面积不包括道路用地和开放空间用地面积，仅包括居住用地、商业服务业用地、办公用地、教育用地、市政设施用地和医疗用地的面积总和。

    3. 增加的面积比率=2014年用地面积在街区总用地面积中的比率–1988年用地面积在街区总用地面积中的比率。

    4. 用地面积增幅=（2014年用地面积–1988年用地面积）/2003年用地面积。

    根据《碑林区志》和相关研究论文可知，德福巷在拆改前，沿街均为传统民居，街巷内部仅有两家商业，均为杂货铺，并且是由传统民居加建而成，主要服务对象为街区内部居民，并无明显的对外服务商业。而经过拆改后的德福巷沿街均为单层或多层商业，居民原址安置为多层住宅，使得居住面积更加集中化，占地面积相对更少。同时，商业面积的显著增加，主要体现为对外商业面积的增加，对内商业面积并无明显增幅。

    其次，建筑及其院落的物质空间更新主要体现在建筑及其院落平面肌理的变化、建筑结构及其高度的变化等。1988年德福巷的建筑肌理中，除东北方向的原西安市第一人民医院地址为较大尺度建筑外，基本都是小尺度民居的肌理。大尺度异质化的尺度较少。到了2014年，原有的小尺度肌理已不复存在，民居的传统空间格局也逐渐消失，这是1995年后街区内陆续将全部传统院落拆除所导致的。此外，在原有的街巷空间的缝隙中还插入了很多无序的、异质化的多层建筑，形成了无序化与异质化并存的发展趋势。

    对比改造前后开放空间肌理图可以看到（图3-13、图3-14），传统院落深窄的庭院空

图3-13 2014年与1988年建筑肌理（左）开放空间肌理（右）对比图
[图片来源：梁源. 城市遗产视角下的西安德福巷研究[D]. 西安：西安建筑科技大学，2015]

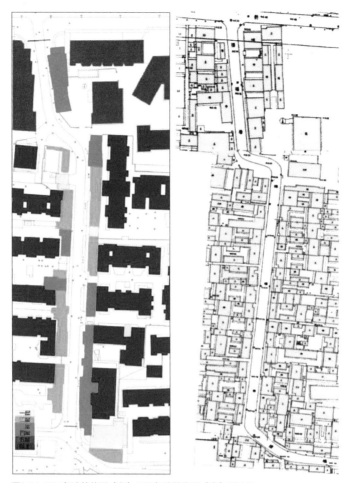

图3-14 2014年建筑体型（左）1988年建筑体型（右）对比图
[图片来源：梁源. 城市遗产视角下的西安德福巷研究 [D]. 西安：西安建筑科技大学，2015]

间随着改造的进行消失殆尽，改造后则多是现代多层建筑严格按照日照间距形成的庭院空间，且多为破碎异形的半开放型院落，原有的私密空间不复存在，多家多户共享一个院落空间。另外，根据《碑林区志》记载，德福巷整体街区街道均宽7米，但根据对1988年测绘图进行详细比对后发现，这里的7米应该指的是车行道，连同人行道应均宽10米左右，和当前德福巷街巷宽度并未发生明显变化。总体而言该区域内除湘子庙的建筑、开放空间肌理依然保持原有风貌未发生变化以外，其余空间形态均发生突变（表3-8）。

西安德福巷街区空间信息对比统计表

表3-8

年份	院落数量	院落尺度	街道宽度	建筑平面尺度
1988	43	1.2～3.6米	均宽7米	1.2～15米，2.5米居多
2014	13	3.4～10米	均宽7米	6～35米，商铺以小尺度为主，住宅以较大尺度为主

资料来源：梁源. 城市遗产视角下的西安德福巷研究 [D]. 西安建筑科技大学，2015。

经过拆改之后，德福巷建筑高度也呈现出巨大的变化。拆改前的德福巷以单层民居为主，街巷两侧的所有建筑均为单层。拆改后德福巷整体开发强度有所提升，建筑密度有所降低。街巷两侧建筑基本为2~3层，局部为5层或以上（福宝阁），也有极个别的单层建筑，主要为杂货铺和烟酒商店门面房。其东侧的德福巷小区与西侧的省新闻出版局家属院为以6层、7层为主的多层住宅楼（表3-9）。

西安德福巷建筑高度信息对比统计表 表3-9

年份	单层比例	2层比例	3层比例	4层比例	5层比例	5层以上比例
1988	100%	0	0	0	0	0
2014	9%	26%	29%	0	13%	23%

资料来源：梁源.城市遗产视角下的西安德福巷研究［D］.西安：西安建筑科技大学，2015。

其中街道东边建筑檐口高度在6米与10米之间，其中8米以上的占绝大多数。街道西面建筑檐口也在6米与10米之间，但8米以上的建筑占建筑总数量的一半左右；而在建筑面宽方面，西侧面宽6.7~17米，东侧6~30米。

经对比发现，改造后德福巷沿街主体建筑为咖啡厅、酒吧、茶社为主的休闲类消费场所，而服务于居民区的建筑类别相对较少且较单一，主要为小卖部、小餐饮等，且集中于德福巷东北侧与粉巷交接口，东西侧两个小区入口处各有一家杂货铺。多个干面粉室、车库、杂货店集中于此处，且多为民居改建（图3-15、图3-16、表3-10）。

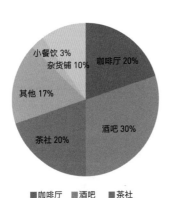

图3-15 西安德福巷建筑类型比例饼状图　　　图3-16 西安德福巷建筑功能构成示意图

建筑功能	对外服务				对内服务		总计
	咖啡厅	酒吧	茶社	其他	小餐饮	杂货铺	
数量（个）	6	9	6	5	1	3	30
比例	20%	30%	20%	17%	3%	10%	100%
总计	87%				13%		

资料来源：梁源. 城市遗产视角下的西安德福巷研究［D］. 西安：西安建筑科技大学，2015。

　　建筑结构方面。1993年，德福巷街区以关中民居占主导，绝大多数建筑为传统民居建筑结构，即少量砖石结合夯土的结构体系（后简称土），少数为砖石结构（后简称砖），极个别为混合结构，框架结构的新式建筑几乎不存在。经过拆改后，早期德福巷安置小区，即德福巷小区德福巷21号，为三栋砖混结构住宅，位于德福巷西侧。东侧为省新闻出版局家属院，即现德福巷22号，为框架结构住宅。整体德福巷街道两侧商铺主体为砖混结构，为1993年后陆续建造。位于德福巷与湘子庙街交会处的三角形地带的湘子庙，主体结构为砖木结构。但依据1988年测绘图所示，为生土建筑。又依据《碑林区志》显示，湘子庙保留部分原有建筑构件，如门、雕梁、立柱等，主体结构为砖木结构，其围墙为夯土墙（图3-17、表3-11）。

图3-17 1988年建筑结构分布（左）2014年建筑结构分布（右）对比图
［图片来源：梁源. 城市遗产视角下的西安德福巷研究［D］. 西安：西安建筑科技大学，2015］

年份	条目	土	砖	砖混	框架	合计
1988年	数量	202	30	11	0	243
	比例	83%	12%	5%	0	100%
2014年	数量	1	0	35	15	51
	比例	2%	0	69%	29%	100%

资料来源：梁源. 城市遗产视角下的西安德福巷研究［D］. 西安：西安建筑科技大学，2015。

（3）更新成果

西安德福巷改造作为该阶段内西安城内诸多街巷改造实践中的一例，具有时代特色且具有一定的代表性。从西安城市经济的发展角度讲，德福巷的改造实践有其显著的"示范"作用。虽然其物质空间可能并非完全符合传统城市遗产经济的价值判断，却因其所体现的多样化文化属性而在当时的西安显得弥足珍贵。因此，德福巷更多是承担着城市文化的功能属性，也是城市社区中生活场景的空间载体；从城市功能角度讲，德福巷提供的商业模式在当时西安是绝无仅有的，其存在经过数十年的发展已经具有了相对成熟的体系，并且在建筑风格上保持了仿古，一定程度上呼应了原有的城市街道风格。

就长远而言，德福巷改造还存在一定弊端。主要体现在急功近利的当代市场经济思维对于其传统街区的格局所造成的颠覆性的破坏，其所形成的商业氛围，一方面并未满足所需的空间品质要求，另一方面也未能达到实际的经济预期。从传统城市遗产保护的真实性原则角度讲，改造过程中对于原有传统居住区是具有破坏性的改造，且其效果是不可逆和不可持续的。

3.2.2.3 风格"拼贴式"的南大街改造（1996 ~ 2000 年）

南大街是始于明清西安城从钟楼至南城门永宁门之间的南北向街道，以直通府城南门而得名。街道原为隋唐长安皇城安上门街，是皇城内南北主干道之一。唐朝末年封闭了南城墙的朱雀门，北宋哲宗元祐年间又封闭了南城墙偏西的含光门，这样南城墙就只保留了偏东的安上门，这条街道就成为城内出南城墙的唯一街道，仍旧被称为"安上街"，这种格局一直被金、元所沿用。明初修筑西安城，改"安上门"为"永宁门"，"安上街"也改称"南门大街"。民国时期"南门大街"改称"南大街"，并且在1924年和1932年两次拓宽。1966年改名"反修路"，1972年复名为"南大街"。南大街南面尽头连接著名的书院门，是古代城内通往书院门文化区的重要道路（图3-18）。

而今，南大街不仅是钟楼广场的延伸，且是沟通南北交通的主要干线，更是与北大街一起体现着西安城市中轴线的重要地位与作用，因此作为西安旧城四条大街中最早进行改造发展的街道之一，集中体现了那个年代西安最为宝贵的理念尝试与先进的改造技术。[1]

（1）改造历程

西安南大街主要经历了三次改造与发展。20世纪八九十年代，西安在历史文化名城与

---

① 张毅. 西安明城段中轴线南北大街街道表皮特质初探［D］. 西安：西安建筑科技大学，2005.

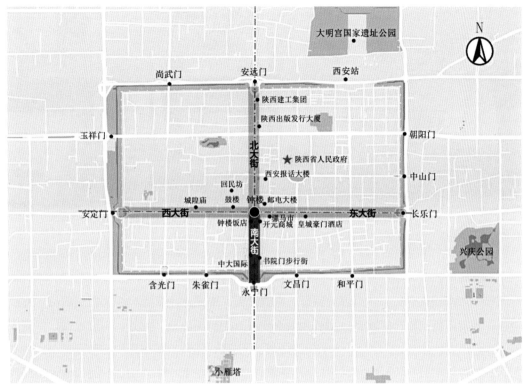

图3-18 西安南大街空间位置示意图

文化古都这一城市性质的约束下，西安城市的社会主义现代化建设需要提高对于保护唐长安城与明代城墙遗迹的认识，需要将西安的发展与历史遗址保护相结合。[1]在这样的理念支持下，1980年代初为了适应当时城市发展的需要，西安市规划局首先正式提出了南大街拓宽改造实施方案，并建成了一系列运用传统建筑符号、建筑形式与建筑外部组合手法的现代建筑。1980年代末，西安南大街又建成了以西安建设银行南大街支行为代表的一批现代建筑，这些建筑本身的设计无可厚非，但是简洁的现代主义风格对于古城的强硬介入，既无法融入原有的建筑风格，又使得本已势单力薄的钟楼、南门城楼更显得无所适从。再到1990年代初，在前两次改造的基础上，南大街又进行了第三次以建筑风貌更新为主的改造实践。[2]

（2）改造内容

相比于1980年代南大街朝向商业街方向的飞速发展，与"国"字号的旗舰型商企在西安的集中领跑地位，进入1990年代以后，随着市场经济的逐步深入，深受体制之弊的南大街老牌国企开始逐步衰退，南大街的商业功能开始衰落。古都大厦被转让，百货大厦、福康服装大厦和西北二轻产品展销中心等商业服务企业因体制等因素的制约，纷纷以租赁门店为主营业务（图3-19）。

① 佟裕哲. 运用系统工程学探讨西安南大街规划方案——历史传统与现代化街道（区）规划的理论、方法 [J]. 建筑学报, 1982（02）: 27-31+26.
② 张亚婷. 文化的表达与继承 [D]. 西安: 西安建筑科技大学, 2008.

图3-19 西安南大街建筑风貌改造实景图（图片来源：网络）

与此同时，南大街尽显其商业战略地位，在该时期开始兴起了一些新兴产业。中国工商银行、中国建设银行、中国农业银行、中国银行、中国光大银行、中国民生银行、招商银行、西安市商业银行等诸多金融机构纷纷在南大街抢滩登陆。此外，中国人保、中国人寿、中国平安、华夏证券公司、华宏证券公司、陕西省国际信托投资股份有限公司、西安市国际信托投资公司等一大批非银行金融机构也随之纷纷落户南大街。一时间南大街成为进行资产交易的集中地，初步形成了西安金融"华尔街"的雏形。在这样的商业氛围的带动下，南大街的餐饮娱乐业成为日益壮大的行业，受经济全球化的影响，这里不仅出现了麦当劳、肯德基等多种形式的国外快餐店铺，同时又有王子饭店、波特曼等餐饮企业。在这样的背景下，1990年代南大街的更新改造工程顺应时代形式，先后建成了以工商银行和建设银行等为代表的一批现代建筑，使钟楼和南门在新的对比中得到突出，也使建筑单体本身能够适应现代人的生活需求与节奏。1990年代中后期，随着"欧陆风"在全国的蔓延，以中大国际为代表的、具有典型欧陆风格的建筑开始在南大街出现。

（3）更新成果

总体而言，南大街1980年代末到1990年代初的两次改造过程还存在一定问题，在这个时间段上，南大街的建筑风格变化虽然较少，但古城保护的矛盾表现得比较集中。主要体现在其本身建设追求现代城市风貌的盲目性，以及与周边城市环境的协调失序性等方面。表现为缺乏统一明确的指导思想，建筑造型各行其是造成了街道整体风格迥异的局面；过分追求改造的经济性，而忽视了新建建筑的限高控制以及新老建筑之间的体量差距；改造仅注重建筑表面形式与周边环境（如钟楼以及南门）的协调统一，却忽视了与周边历史空间外部环境之间的整体关联，从而在一定程度上带来了对钟楼以及南门历史环境保护的"建设性破坏"。

3.2.2.4 保护传承西安文脉的西大街更新（2001 ~ 2005 年）

西大街位于明西安城东西轴线上，西端为明城墙西门，东端为明朝兴建的钟鼓楼及明

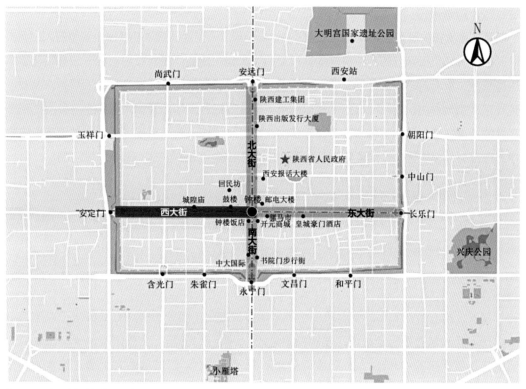

图3-20 西安西大街空间位置示意图

西安城主轴线长安路南北大街。同时唐主轴线朱雀路广济街从其中段穿过，其北侧为具有浓郁而独特的文化氛围的北院门历史文化街区，城隍庙也位于此，南侧则是竹笆市、德福巷、湘子庙历史风貌区。它作为联系西安明城内重要历史遗存的重要街区，依托明清建筑群，连接北院门、北广济街、大学习巷、大麦市街、贡院门街、牌楼巷、北马道巷、竹芭市、正学街、南广济街、琉璃庙街、南梓口、夏家什字、顺城巷等众多老城西部的重要历史街巷。总的说来，西大街周边区域历史文化积淀深厚，历史遗迹较多，且整体商业气氛浓厚（图3-20）。

（1）改造历程

2001～2005年，西安市斥35亿元巨资，于西大街新建商业面积70余万平方米，拥有大小9处广场，将钟楼与西门2088米的距离连为一体，历时4年之久打造"西部第一金街"——西安西大街。改建后的西大街从原来不足20米拓宽到了30米，为双向四车道，设有两条双向公交车专用道，并大幅增宽人行道，道路宽阔，交通畅达，极大地改善了老城内的"行车难"。新的西大街充分挖掘利用了建筑之间的空地，分别在鼓楼西、市委北侧等区域建设了三个广场和若干个街头绿地。街道两旁的人行道全部采用上等石材铺就，图案传统古典，色彩沉稳朴实，特别是精心铺设的盲道，更显古城的人文关怀。整个改造工程延续了传统历史文脉，对沿街原有和新建建筑都进行了以唐风为主的中国传统建筑形式的改造，恢复了具有600多年历史的城隍庙前牌坊，大大增强了古城的历史特色。

（2）改造内容

西安西大街的改造主要体现在建筑形式、街道尺度、景观风貌以及环境色彩等四大方面。

首先，西大街两侧的商业建筑的建设量有了大幅度增加，将原有沿街的一二层临建建筑进行拆除，取而代之为限高36米的大型商业建筑。同时对地块内部进行了大面积拆除整改，使街区两侧地块内部建筑密度整体得以降低。与此同时开发强度及绿地率得到了提高，带来了区域内外环境质量的整体改变。在建筑的立面处理方面，主要采用了低透性的玻璃和仿古木石砖瓦材料，使整体风貌柔亮而不失沉稳，透射出现代质感与古城风味（表3-12）。

西大街改造前后对比   表3-12

类型	地块面积（公顷）	建筑面积（平方米）	建筑密度（%）	容积率	绿地率（%）
改造前	32.7	341200	34	1.0	15
改造后	32.7	586000	29	1.8	33

资料来源：席侃. 西安西大街街道空间形态的形成与演进［D］. 西安：西安建筑科技大学，2008。

其次，改造后西大街的街道尺度也有了明显的变化。西大街道路红线50米，以道路中心线两侧各50米的景观走廊内，建筑后退红线1.5米，限高9米，全段限高36米。西大街的宽度增加至原来的约3倍以上，高度的变化则在5倍以上[①]。改造后西大街街道整体的高宽比（*D/H*）值范围为2～5.6，但通过两侧行道树空间进行布局设计，界定了人行道和非机动车道的空间，使得人行道的7.5米与主体建筑的9米的比例形成接近1：1的感觉，加强了人们走在西大街上的内聚感和安全感，由此削弱了街道原有的空旷感。此外，非机动车道也为7.5米与主体建筑的9米，在行走在非机动车道上的人们看来*D/H*值介于1和2之间，从而使整体空间内聚而又不感到压抑（图3-21、图3-22）。

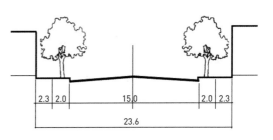

图3-21 改造前西安西大街道路剖面图（单位：米）

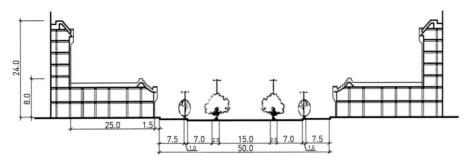

图3-22 改造后西安西大街道路剖面图
［图片来源：毛成功. 历史文化名城商业用地空间形态研究［D］. 西安：西安建筑科技大学，2008］

① 毛成功. 历史文化名城商业用地空间形态研究［D］. 西安：西安建筑科技大学，2008.

　　　　　　　　　　　　　　　　　　　　　　　　　西安城市社区更新理论与实践

此外，西大街景观由街道空间和一系列各具特色的广场空间组成，如钟鼓楼广场、西门内北广场、鼓楼西广场、市委北广场等。每一个区域的设计均围绕着地域独特的景观形象展开。重要节点以西大街整体风貌为特征设计牌坊、雕塑等城市景观，体现民族特色。经改造后，西大街的景观风貌呈现出新颖、现代、亲切而又传承历史文脉的时代特点，同时与周边建筑和环境相协调，综合考虑其夜间照明效果，以传统民俗风貌为基调，展现西安古城特色。

最后，西大街的环境色彩设计也强调古城整体与自然及地域环境相协调。西大街沿街建筑风格以唐风为主，兼具明清，因此色彩选择方面多采用朱、白、灰、褐、木色等，并将这些色彩具体应用于西大街建筑细部装饰、铺装等方面，增进西大街空间氛围的整体性。

（3）更新成果

西大街的更新改造是多种可能性综合创作思考后的成果，其改造过程中的指导思想和技术方法获得了西安市政府和开发商的支持和肯定，从目前来看，基本达到了设计预先期望的效果。总的来看，基于文脉的西安西大街的设计所带来的社会价值是值得肯定的，对它的研究也是有意义的。改造后的西大街，整体尺度较为适宜，环境品质得以提升。同样的，西安西大街的设计与管理也都出于可持续性发展的考虑，是对西安城市文脉能够得到很好保护与延续的尝试，尤其是在针对文脉保护与传承和城市现代商业空间设计的良性互动方面积累了经验。

3.2.2.5 保留可步行性环境的东大街改造（2008 ～ 2012 年）

西安东大街距今已有600余年历史。明朝初年重修长安城，钟楼东移，并以此为中心，形成东、西、南、北四条大街。新中国成立后特别是改革开放以来，东大街更以其历史积淀深厚、名店名品云集、经营品类齐全、人流物流集中，成为西安乃至西北地区最繁华的商业街，素有"西安第一金街"之称。

西安东大街空间范围为钟楼以西至东门长乐门一段，全长2.2公里（图3-23）。其在长期历史变迁中，逐渐形成了自己既统一协调又富有变化的独特的商业空间形态。从街道到建筑、店面，不同时代的历史信息覆盖、重叠或糅合在一起，共同构成了东大街商业街区丰富的景观和意象。据《西安市城市总体规划（1995～2010年）》中所确定"健全和扩大商贸体系加快调整和改造东大街、解放路两大原有的市级商业中心，建设成高水平、高档次、现代化的商业文化服务中心。"另一方面，在关于历史名城保护的部分中规定"东大街成为历史文化保护的重要地段。"可以充分说明，西安东大街自民国初年成为城市商业中心以来，其在现在乃至将来的城市发展中，始终占据重要的市级商业中心的地位，是不应当被随意变更的。并且东大街作为钟楼至东门的景观通视走廊，在历史文化保护方面得到重视。

（1）改造历程

作为西安城内重要的主轴线大街和西安商业文化的承载地，西安东大街一直是西安城

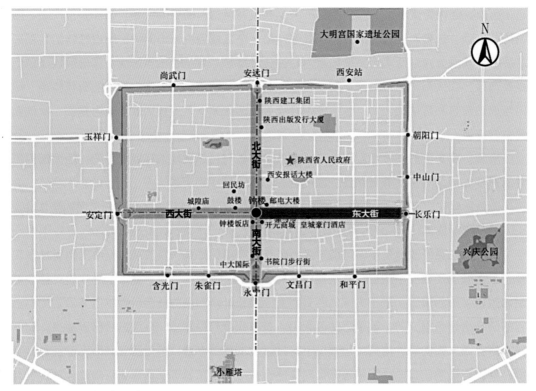

图3-23 西安东大街空间位置示意图

市建设的重点，不断进行着项目的拆除和新建。自清末民初东大街的商业空间形成以来，大规模的改造与小规模的局部更新从未间断。今天东大街的面目已经很难和"传统风貌"联系起来，但其明显不同于南、北大街或者其他现代都市商业地段而独具魅力。总体而言，西安东大街的更新改造实践在1990年代以后的更新实践主要表现为街道的综合整治以及商业建筑的更新改造。

（2）改造内容

1990年代以来，西安的经济、文化与城市建设伴随着改革开放的推进而不断加快步伐，商业形态也随之发生巨大变化。西方现代商业模式进入西安古城之中，改变了明城区内其他三条轴线大街的街道肌理与建筑模式。相较而言，西安东大街的改造虽然也有现代大体量建筑形式的引入，但主要以点状分布为主，剩余大部分的街道肌理和沿街建筑模式依然受到传统商业形态的控制。加上东大街是以步行为主的商业环境，能够使整条街道都与人们发生直接的交流，从而进一步形成东大街自身的空间特色。

随着西安城内南、北、西三条大街改造的完成，东大街基础设施老化，商业布局不合理，交通拥堵，发展潜能减弱等问题，日益成为影响该地段商业发展的瓶颈。为进一步延续和提升东大街的商业氛围，改善其整体环境，充分发挥其商贸竞争优势，2008年初，西安市委、市政府决定对东大街进行综合整治改造，由碑林区政府具体组织实施。为此，碑林区将东大街综合改造纳入2008年8个重大项目之一，推进西安的商贸行业进一步发展。

西安东大街综合整治改造范围东起东门，西至钟楼，全长约2400米，规划宽度为50米，整治改造范围达42.7万平方米。新建22个重点项目，以东门商贸中心为重点，总建筑面积约10万平方米，人行过街地下通道5处，地面停车位279个，地下停车位3059个，规划公交港湾9处，绿地广场16个约1.3万平方米，以及其他公共服务设施等。由于东大街综合整治改造涉及面广、拆迁量大、情况复杂，因此将按照"政府主导、社会参与、统一规划、分批实施"的原则，先易后难，以点带面，整体推进的步骤分步分批实施。在拆除老旧破危建筑的基础上，将有重点地保留不同时期、不同年代历史风貌的特色建筑。

从2008年开始到2012年，在整治改造建设的4年期间，沿街的绝大多数商铺将照常营业，市民的交通出行也不受影响。通过整体规划改造、拆建整治，将把东大街建设成为文化底蕴深厚、建设风格独特、商业布局合理、基础设施完备的历史文化商业街区，成为西安商业航母的龙头。此次东大街改造是近几十年来时间最长、力度最大、拆迁面积最广的一次，是史上最大规模的整建。西安东大街焕然一新，成为西安一条极具特色的新型商务休闲街，成为现代城市中最具活力、最具魅力、最具人气的经济细胞聚合体。[①]

（3）更新成果

东大街的城市改造是渐变、逐步完成的，它的演变也是相对平和、内在的。东大街不同于真正意义上的传统商业街区，其传统氛围更多地存在于某些传统建筑符号之外。由于社会的发展进步与人们生活方式的改变，商业在经济利益驱动下，自身一定会以收益最大的方式存在，然而东大街依然基本上保持了某些历史城市的商业特质，即小店面、小尺度、均质连续，尽管这种"保护"并非刻意。

与现代大型购物中心的高效、集中相对的，东大街展现的是都市生活的另一种方式，与小尺度商业空间对应的是更多、更为丰富的都市体验，人们在"逛街"的过程中感受城市景观形象的序列变化效果，体验公共空间的魅力。历史文化名城保护工作的对象可以不仅仅只是具体的建筑层面，由保护商业空间形态到保护一种行为方式继而保护传统文化氛围，使具有特殊历史文化魅力的商业空间成为城市重要的一部分——这是东大街带给我们的启示。

3.2.3 城市文化建筑空间建设更新（1990 ～ 2009 年）

城市公共文化建筑自古以来都是人们社会活动的主要场所，具有公共性，聚集性，在这些场所中所产生的丰富的人类活动，能极大地增加城市的活力和吸引力，尤其伴随我国城市化水平的突飞猛进，城市的可持续发展竞争日趋激烈，公共文化建筑的城市景观展示和形象塑造功能地位的愈加突出，它的建设已经成为增强城市软实力，彰显城市品牌形象和提升城市综合竞争力的重要途径。

---

① 东大街：西安东大街东门段综合改造开工斥资30亿新建22个项目打造西安商业航母. http://www.beilin.gov.cn/xwzx/blxw/5dcfb69d65cbd81235c26555.html.

延续了1980年代的新唐风建筑设计特点，1990年代至21世纪初期，在经济、文化全球化作用下，西安的公共文化功能建筑的设计也加速迈进全球的步伐，呈现出本土性实践的多元化发展趋势。就当时的西安而言，"皇城复兴计划"为西安城市的特色化发展和当代西安建筑走"和谐建筑"的路子提供了法律与政策依据，也对建筑本土性探索起到一定控制和引导作用，在这时期的建筑实践当中更加注重历史传统与现代气息的融合，建筑本土化探索朝向密切关联城市历史风貌和传统文化的方向发展。到2007年，西安文化产业增加值108.2亿元，占全市GDP总量的6.1%，文化产业成为西安的五大支柱产业之一。从经济发展层面带动了西安快速发展的步伐，也为西安文化公共建筑风格的"特色化"奠定了产业基础。

3.2.3.1 典型"新唐风"建筑实践（1980 ~ 1999 年）

（1）建设历程

由于意识形态的解禁，这一时期西安当代建筑本土化探索逐步走向正轨，呈现多元化的探索趋势。建筑创作作品数量之多，功能之全，质量之优，超过了以往任何一个时期。据统计，20世纪80年代在西安完成的各类建筑工程中，省、部级优秀项目达到50多个，而其中有许多都是具有本土建筑特色的建筑实践作品。从建筑本土性特征表现来看，这一时期西安典型建筑明显呈现出借鉴唐代建筑造型并结合现代建筑结构的"新唐风"建筑和借鉴传统建筑符号的两种主要本土风格趋向。其中借鉴唐代建筑造型的当代建筑包括：阿倍仲麻吕纪念碑（1979年）、青龙寺重建工程（1982年）、三唐工程（1988年）、法门寺博物馆（1988年）、陕西历史博物馆（1991年）、凯爱大厦（1997年）等（表3-13）。

20 世纪八九十年代城市文化功能建筑工程优秀设计项目（部分）一览表　　　　　　表 3-13

建筑名称	获奖类别
阿倍仲麻吕纪念碑	1981年中国建筑工程总局优秀工程奖
临潼华清宾馆	1981年国家建委70年代全国优秀设计表扬奖
西安"三唐工程"	1985年中国建筑工程总公司优秀方案设计二等奖
陕西历史博物馆	1985年中国建筑工程总公司优秀方案设计一等奖

资料来源：根据胡恬. 西安当代建筑本土性研究［D］. 西安：西安建筑科技大学，2015整理。

1990 ~ 2000 年西安典型文化功能建筑一览表　　　　　　表 3-14

建筑名称	建成时间（年）	建筑面积（平方米）	建筑结构	主创建筑师（方案）	主要风格（本土性）特征
钟楼饭店	1982	3.2万	框剪	—	传统建筑装饰符号为主
唐乐宫	1988	18837	框剪	（美）刘国昭	传统建筑装饰符号为主
建国饭店	1989	4万	框剪	（美）陈宜远建筑事务所	传统建筑檐口、红瓦、土黄色建筑色彩
古都大酒店	1989	4.32万	现浇混凝土框架剪力墙结构	（香港）伍振民建筑事务所	传统建筑装饰语言的局部应用
三唐工程	1988	2.73万	混凝土框架	张锦秋	唐代建筑整体风格
青龙寺空海纪念碑	1982	—	混凝土	张锦秋	唐代建筑整体风格

建筑名称	建成时间（年）	建筑面积（平方米）	建筑结构	主创建筑师（方案）	主要风格（本土性）特征
城堡大酒店	1993	5.9	混凝土框架	——	传统建筑大屋顶为主
陕西省历史博物馆	1991	4.6	混凝土框架	张锦秋	唐代建筑风格为主
陕西省图书馆	1999（设计）	1.8	混凝土框架	张锦秋、赵元超	传统建筑符号抽象运用
西安曲江国际会议中心	2011	7.6	混凝土框架	张锦秋	传统建筑符号抽象运用

资料来源：根据胡恬. 西安当代建筑本土性研究［D］. 西安：西安建筑科技大学，2015整理。

（2）典型实例

这个时期西安建筑本土性探索第一次出现了有境外建筑师参与的情况。受到当时国外"后现代建筑风格"影响，这些建筑师在西安的本土实践作品也在一定程度上表现出后现代主义特有的建筑风格。典型本土性建筑实践有：唐乐宫（1988年）、建国饭店（1989年）、古都大酒店等（1989年）等。境外建筑师在西安的本土性实践，不仅带来了优秀的建筑本土性实践作品，也带来了最新的设计理念、工作方法和建筑技术，在一定程度上也推动了西安建筑本土性实践与国际接轨的步伐（表3-14）。

1）西安博物院

位于西安市南郊，西临城市干道朱雀大街，南临荐福寺南路，东临荐福寺中轴前院。该馆由著名建筑设计大师张锦秋设计，整体格局体现出中国传统思想中经典的世界观——"天圆地方"理念，突出体现中国传统文化思想。

该院中方形为博物院主要的展示、办公空间，方形所围合的圆形体为博物院的中庭。类似于这种建筑格局是从各个方向上中轴对称，且这种对称格局又正好地体现出中国传统建筑的布局思想，使得建筑显得沉稳大气，与十三朝帝都威严雄伟的形象是一脉相承的。

因博物院坐落在唐代小雁塔所在的荐福寺内，小雁塔为全国重点文物保护单位，所以新建博物院应尽量远离唐塔，将其放置于全院西南角处，从总体布局上处理好博物院与小雁塔、寺庙建筑群的关系。博物院北面又以湖水作界，与小雁塔互为景观对视。小雁塔与博物院之间又设有足够多的绿化空间，从而形成了通透的视线走廊，这种做法既保证了小雁塔的视觉中心，又彰显出博物院的建筑形象。

从造型上来看，平缓的屋面、笔直的屋脊和简约的构件都源于传统建筑特征。建筑坐落在高台上，且四面都有御路踏步通向建筑内部。在传统形象的基础上，除了屋顶深灰色的瓦当之外，其他的构件都被简化，博物院内均以石材幕墙为主，除入口和屋顶处结合少量玻璃幕墙布置。

同时，建筑大师张锦秋摆脱材质对建筑的拘束，让古典形态和现代材质融合在同一建筑上。通过对尺度和肌理的着意处理，博物院的外墙用石材构件，使整座建筑形态看上去厚重古朴。中庭圆形玻璃大厅从底座拔起，明亮通透，整体构成体现出"天圆地方"的传统理念，隐喻新的历史萌生于厚重的历史积淀之中。西安博物院的设计较多的是通过传统建筑中典型的要素特征，经模仿与简化，重新赋予在新的建筑形体中，并在现代建筑中凸显建筑的传统形象。可以说，西安博物院不仅仅是一座博物馆，更多的是凸显其在城市中的文化地标地位。

2）唐华宾馆

唐华宾馆、唐代歌舞餐厅、唐代艺术陈列馆三组公建项目称之为"三唐工程"，该项目坐落于西安市南郊的曲江风景旅游区，西临大雁塔，用地中部距大雁塔308米处有一处唐慈恩寺东界墙遗迹。按国务院对西安市总体规划的批复中所指出："古建筑、古建筑遗址周围地区内，建筑物的体量、高度、造型、风格必须与之相协调"。

该项目建筑师张锦秋大师根据周边环境条件的要求，结合三个项目的不同特点进行布置。首先将向中外游人全面开放的唐代艺术陈列馆布置在场地的西边，唐代歌舞餐厅布置在陈列馆的东南角，这两组公建项目均布置在大雁塔文物保护环境协调区之内。唐华宾馆由于客房套数多，其规模较大，客运与货运流线较为复杂，因此，从环境保护还是功能关系来看，唐华宾馆的设计不应设置在大雁塔近旁，因此将它远离大雁塔，布置在慈恩寺东界墙遗址以外的环境影响区之内。

"三唐工程"的规划和设计主要考虑到以大雁塔为空间构图中心，与现有的寺庙相协调，将新建建筑的轴线与既有的传统建筑轴线对位，从而将新建筑组织到古建筑的整体环境之中。近邻大雁塔的陈列馆为延续空间结构采用了规整的三重四合院布局方式，平面纵轴线与慈恩寺纵轴相平行，主要庭院与大雁塔是同在一条东西横轴线上，唐代歌舞餐厅也有明确的中轴线与慈恩寺位置相互平行。远离环境协调区的唐华宾馆在考虑功能分区的基础上，通过化整为零的手法，与庭园相结合，为传统建筑造型处理提供了有利的体型和空间。但是客房单元、庭院空间的布置均与大雁塔保持视线联系。

可见，这三组公建项目的建设是建筑师张锦秋大师在深入理解环境条件和要求的基础上，通过传统形式与现代功能的有机结合，进而以由内而外的控制，由内而外的结合方式来取得适当的空间布局效果，并确定这组建筑创作风格为唐风，并依据与大雁塔之间的远近关系，三组公建项目的唐韵味渐淡。

3）唐乐宫

传统建筑符号组合的典型本土建筑为唐乐宫，该建筑建成于1989年，由美国AM.PARTNERSINC设计事务所建筑师刘国昭创作，中国建筑西北设计研究院施工图设计。作品位于西安当代城市中轴线——长安北路东侧，总建筑面积约为16000平方米，是20世纪80年代西安建筑本土性设计的优秀案例。

唐乐宫创作于20世纪80年代末，这个时期西安的建筑领域同中国许多城市一样，受到中国社会转型加速变化的影响，西方的各种建筑思潮涌入中国。而其中的后现代主义建筑思潮由于其对历史传统尊重的创作方式，很快与西安的本土文化相结合，产生了具有西安本土特色的后现代主义风格作品。唐乐宫就是西安当代建筑对于如何继承传统，如何吸收现代的一种努力和实践尝试。

唐乐宫主体建筑由两栋高层办公公寓及一组裙房建筑组成，整体建筑采用现代高层公寓式建筑的典型体量，以现代材质钢筋混凝土作为支撑结构。建筑本土性的主要体现在匠心独具的细部设计。在剧院裙房设计中，中国传统建筑叠涩造型符号源自大雁塔，并暴露梁枋图案来表达西安传统建筑的神韵和色彩；高层公寓屋顶的斜坡比例也与大雁塔的坡顶相呼应，造型作为户型分隔和立面竖向构图，体现出该建筑的传统韵味和挺拔的形态；靠近城市主干道长安北路一侧立面用马赛克面砖构成唐代飞天仕女图，在活跃城市景观的同时，呼应唐乐宫的文化主题；这些本土元素使该建筑成为一座具有传统特色的现代化建筑。此外，该建筑在尺度上与街道具有良好的关系，很好融入了整个城市，对西安当代建筑的创作具有良好的示范作用。

值得一提的是，由美籍华裔建筑师刘国昭提供的首次方案为对称大屋顶设有牌楼，该方案采用的大屋顶反映出朝代特性，但西安市规划局的意图应是现代建筑为主调。第二轮方案由西安本土建筑师龙志启提出了北入口非对称方案，后由刘国昭吸收了龙志启北入口特点设计成了具现代建筑格调的实施方案。

（3）建设总结

受到改革开放之后思想意识解禁，经济快速发展以及重新引入中国的西方建筑理论影响，结合西安地区历史人文语境特点，这个时期的西安建筑本土性探索呈现多元化的发展趋势。其中既有外来文化的影响，又有本土文化的传承，同时还包含文化交融后所产生的新思想与新观念的支撑，建筑本土性探索再次焕发生机，这一时期属于建筑本土性探索的快速发展阶段。

3.2.3.2 多元化的建筑本土性探索及反思阶段（2000 ~ 2009 年）

（1）建设历程

这一时期西安建筑本土性实践突破了之前以传统建筑具象形式为本土原型的局限，更加注重传统建筑内涵与现代建筑技术、材料的结合，走向了更加多元化、内涵化的探索领域。张锦秋认为："（建筑）文化复兴并不是要全城一律回归传统，而是更彰显的多元特色"。这个时期建筑作品中的本土性表现具有多元化的特征，主要包括四种类型：一是特定文化主题的仿传统建筑，如大唐芙蓉园（2005年建成）、唐大明宫丹凤门遗址博物馆（2010年建成）、大唐不夜城文化交流广场（2010年建成）等。二是简化的传统符号建筑，包括：曲江宾馆（2001年建成）、陕西省图书馆·美术馆（2001年建成）、群贤庄住宅小区（2002年建成）等。三是融合自然及传统要素的建筑，包括父亲的住宅（2003年建成）、富平陶艺博物馆（2008年建成）等。四是传统文化的意象与隐喻的建筑，包括贾平凹文学艺术馆（2006年建成）、大唐西市博物馆（2009年建成）等。

（2）典型实例

1）大唐不夜城文化交流广场建筑群

大唐不夜城文化交流广场建筑群建成于2010年，由西安音乐厅、西安美术馆、电影城和歌剧院四组文化建筑组成。建筑方案设计单位为上海秉仁建筑师事务所，施工图设计单位为中国建筑西北设计研究院。建筑群的中心位于大雁塔南向中轴线上，毗邻唐城墙南段遗址。

不夜城建筑群采用具象的设计手法，其本土性特征集中体现在以下几个方面：一是几组具象的唐代大屋顶，出檐深远而舒展，与历史地段的意蕴以及唐代大雁塔的形态取得相似性协调，以唐代大屋顶统领几组文化建筑，整体上和谐统一；二是将盛唐流行的高台建筑形式巧妙运用，将现代文化建筑功能与高台、大屋顶等传统建筑符号相结合，不夜城的高台采用现代材料，以铝合金格栅将高台外侧围合，从而达到本土性与现代性的完美融合；三是传统木结构建筑比例与尺度的借鉴与回应，大屋顶建筑的墙身部分采用传统建筑中的侧脚，增强建筑的稳定感，建筑开间采用三、五、七间，符合传统木结构建筑模式尺度，开窗方式借鉴传统建筑格栅窗形式；四是建筑与各种本土性景观元素的交相呼应，如唐代名人雕塑、仿唐宫灯等，从而全面展示出盛唐的文化意象。

2）陕西省图书馆

简化的本土符号本土建筑以陕西省图书馆为典型，它是陕西省筹办文化教育、科技信息的中心。该建筑位于西安市草场坡，现代西安城市中轴线的西侧，建成于2001年，总面积约为41250平方米。

该项目是建筑师张锦秋大师从城市设计的视角出发且在建筑艺术上追求典雅、现代和文化气息。其建设基地是隋唐长安的"六爻"，是现存不多的唐代长安城内六道高坡之一，高出城市道路4～5米。为尊重历史地貌、寻找传统与现代的结合点、创造有西安本土特色的建筑环境，设计师保留唐代历史地貌遗存，将图书馆置于坡顶，美术馆置于坡上。两馆之间形成错落有致的总体布局。为顺应地势在基地西北角营造出一处隆起的山林并与体育场建筑隔离。

陕西省图书馆的总建筑面积有35000平方米，基地占地2.03公顷，主体地上5层，地下1层，书库部分地上10层，地下2层，以中庭为读者流线枢纽，向外延伸出三个平行的单元，临街的东南主入口处结合地形设计了一个半开敞灰空间。该馆立面以竖向线条为主，楼梯间和书库屋顶形式以一种起翘的檐部作为建筑轮廓的形象特征，营造出一种飘逸、大方、充满活力的建筑形制。

陕西省美术馆的总建筑面积近10000平方米，基地占地1.2公顷，地上3层，地下1层，平面为直径60米的圆形，中间设有直径24米的共享空间，美术馆立面以大片实墙面为主，入口处设有两层通高的玻璃幕墙，首层周围的拱形窗形式能让人们产生陕西窑洞的建筑联想。

图书馆的现代性主要体现在柱网、层高、荷载的三者统一上，以及馆内借书、阅览、藏书、展览四项功能的开放性；美术馆的现代化功能体现在馆内收藏、研究、展示、交流、购品、休息空间的设计上。这种传统空间序列的适当运用，使两馆的空间形态呈现于人们眼前的是一种现代化的建筑形式。两者在建筑形式上也是力求简洁和现代，着意表达城市特定区域中历史所遗存的信息，通过对传统形式的抽象、变异方式来表达建筑文化的精神。两馆之间通过图书馆弧形的入口门廊、报告厅的弧形外墙、立面拱形窗形式相互呼应。所以，无论是从总体看还是从建筑的某个局部看，两馆虽形态各异但却是自然而然的相结合在一起。可以说，这类建筑的建成对于塑造西安城市的地域文化也将会起到不可估量的作用。

3）大唐西市博物馆

大唐西市博物馆位于西安市劳动路西侧，唐代西市"十字街"遗址之上，于2009年建成。博物馆主要用于展示唐代长安城西市的建筑遗迹，以及在此或其他地方出土的有关西市的文物与艺术品，并能提供举办文化艺术相关活动的场所。

大唐西市博物馆规划是在唐长安城西市遗址上重建的以盛唐文化、丝绸文化为主题的国际商旅文化产业项目，在西安当代城市发展的过程中起着连接老城与新城的纽带作用。由于该区域曾经是盛唐时期世界上最大的国际贸易中心，所以创作出在格局具有唐代里坊特征，又符合现代生活理念的大唐旅游商贸园区。西市博物馆所处位置正是唐代长安城西市遗址之上，是西市"九宫格"规划重要的组成部分，虽然建筑周边已被现代建筑环绕，但昪唐代西市十字街遗址尚存。于唐西市遗址上建造的现代建筑，自然而然的与唐文化有着一种文脉上的传承关系。同时，建筑需要满足现代博物馆的种种功能要求，并能与周边的现代建筑和谐共生，为基地环境添光加彩，这些因素共同构成西安博物馆创作的文化语境。

该建筑创造性地保护和展示了隋唐西市十字街遗址以及十字街原有道路格局，运用新的建筑本土性语言解读大唐西市的历史，衬托和展示文物与遗址环境。整体建筑具有一种"神似"的本土特征。从建筑整体造型来看，屋顶斜向线条的穿插组合，并在局部施以蓝灰色的钢结构与玻璃材质，使人在心理层面感受到关中传统民居"半坡屋顶"的形态与色彩意象。建筑立面采用土黄色石材贴面，石材表面打磨出水平向横纹，既是对传统夯土建筑色彩的呼应，又可以看作是对城墙肌理的隐喻。建筑的本土特征在一种"似是而非"的心理感受中表现出来。

4）贾平凹文学艺术馆

贾平凹文学艺术馆位于西安市建设东路西安建筑科技大学南院内，于2006年建成，总建筑面积为2000平方米，建筑师为刘克成。该馆是在原建大印刷厂的建筑上改造而成，印刷厂是一栋朴素的2层小楼（局部3层），砖混结构，局部框架。表面清水砖墙，外刷灰色涂料，内部分隔1~3间不等，最大空间为建筑首层的印刷车间。

由于该建筑本身是一个更新改造项目，其文化语境需要从老印刷厂建筑说起。老印刷厂本身是一座有故事的建筑，于20世纪70年代"文化大革命"期间主要由工农兵学员建造，后又历经多次拆建风波幸免于难，最终于2006年作为贾平凹文化艺术馆改造完成，使老建筑焕发了新的生命。所以，该建筑在改建创作时，首先考虑的是对原有场地和老工业建筑文脉的传承，保持现代与历史的一种对话关系。其次，作为以贾平凹文化艺术展示为主要功能定位的场所，所以贾平凹的性格极其文化作品特征成为限制建筑创作的又一语境要素。

贾平凹文学艺术馆以一种隐喻的并置语言表现本土性。首先，从建筑语汇本身而言，设计师保留了原有老建筑的清水砖墙和涂料基底，并加入了混凝土、玻璃、钢架三种现代建筑材料，建筑语汇本身就可以产生一种新老交融的视觉和心理感受。其次，从建造逻辑来看，设计师采用竹条这种建筑本土性材料作为模板浇筑混凝土，形成粗糙又富有肌理的墙体表面，与原有建筑的清水砖墙产生一种并置的对话效果。此外，钢架分为主框架、次框架和装饰性框架三种，统一到相似的折叠面的形式逻辑中，使建筑随着时间产生连续不同的光影变化。这与传统中国建筑当中的格栅窗类似，人们会很自然地联想到这些传统建筑特征要素，从而赋予建筑以传统的本土性价值。这种将传统与现代建筑语汇创新性结合的方式产生了一种奇妙的建筑感受，既可以意象性表现作家家乡的山水村落景观，又似乎具有一种关中农村"干打垒"的墙体效果。文学家木南这样评价对贾平凹文学艺术馆的感受："这座建筑给我很亲切的感觉。它运用了很多关中民居的元素，如凹凸的墙体给人土墙的感觉、房子靠一边盖等等。但这又是一个很现代的建筑。"事实上，不同的人对该建筑的感受也许不尽相同，但大部分人都会有一种亲切、平实的本土感受。似乎说不清、道不明，但建筑的本土性特征却实实在在存在着，而这正是隐喻性建筑本土性创作给人的感受。根据设计师的创作描述，其创作初衷并非是传统建筑的坡屋顶造型，而是在勘查场地时偶见的建筑材料和感受到的光影变化。当钢结构格栅与玻璃一同演绎传统与现代的光影变化时，建筑在偶然、灵感，光影、格栅，传统、现代中似乎找到一种微妙的平衡，在似与不似、是与非之间寻找意向中的本土感受。

（3）建设总结

总体而言，这一时期西安建筑本土性文化建筑探索也呈现出多元发展的态势，无论从数量还是风格上都较上一个时期有了进一步的发展，建筑本土性风格多样，其本土特色与典型性也逐渐凸显。建筑本土性探索的多元化成为这一阶段西安建筑发展的主旋律，其特殊性主要表现在自然生态响应弱化，经济、技术与政策响应强化，历史人文响应持续以及建筑风格表现多元化四个方面。

3.2.4 城市开放空间整体环境提升（1995 ~ 2008 年）

公共空间是城市空间的重要组成部分，也是紧凑且高密度的旧城核心所在。1990年代末至21世纪初期，城市发展关注经济发展的同时，对于历史人文资源的合理利用所能产生的永续性回馈也有所考量。此外，这一阶段人们的公共生活日益丰富，城市公共空间的公共性与多元性得到加强，城市更新实践不仅注重地方历史文脉特色于城市形象的展示，并且适应了人群活动的多方面空间细节性需求等。

3.2.4.1 钟鼓楼广场（1995 ~ 1998 年）

20世纪90年代初，随着旧城更新改造的发展，位于市中心的钟鼓楼广场工程于1995年11月破土动工。这项工程在传统与现代、保护与更新、规划与设计的综合上进行了有益的探索。钟鼓楼在西安旧城（明西安府城）中心，是西安古城的标志。鼓楼始建于1380年，钟楼始建于1384年。两楼造型宏伟，遥遥相望。晨钟暮鼓是古代管理与当地民风民俗的重要一环，在钟鼓楼的周围是传统商业区和市民活动的聚集地，商业繁华，交通繁忙。虽然在钟鼓楼之间原有建筑都是近代所建，档次低、密度大，但这里的名牌老店不但有很高的营业额，而且产品蜚声传统市场。故此钟鼓楼广场的建设，必须考虑古都保护与更新中的众多条件和因素（图3-24）。

（1）改造历程

在西安城市现代化进程中，围绕钟鼓楼开辟市中心广场曾经有过三个主要的规划方案：1953年城市规划确定由钟楼和鼓楼分别组成两座相邻的广场。钟楼广场以钟楼为中心，用四座公共建筑向心围合，以后按此规划相继修建了邮电大楼和钟楼饭店。1983年城市规划将原规划的两个广场合而为一，拟在钟鼓楼之间开辟绿化休息广场，按此规划严格控

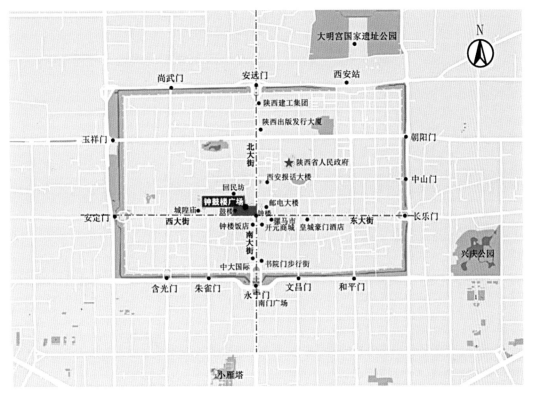

图3-24 西安钟鼓楼广场空间位置示意图

制了该地段的建筑。这个方案保证了钟、鼓楼之间的通视，在市中心区为群众提供了休息场所，富有地方特色。但十几年来由于拆迁和建设的资金难以筹措，规划未能付诸实施。1995年城市规划的方案保持了1983年规划的基本格局，在广场北侧增加了步行商业街，并在广场下进行地下空间开发，从而强化了广场的现代化功能，提高了市中心繁华地区的土地利用率，使规划方案更趋经济合理、技术先进、利于操作。

（2）改造内容

西安钟鼓楼广场的总体布局方面，确定其实施方案为以下五部分内容。其一，广场的主体是9425平方米的绿化广场，东西144米长，南北约64米宽；其二，广场在接近钟楼盘道的准三角地段设计为6274平方米的下沉式广场，有58米宽的大台阶与钟楼盘道西北侧的人行道直接相通，并有两个地下通道口分别与北大街、西大街的地下通道相连；其三，广场北侧沿鼓楼东西轴线设置一条10米宽、144米长的下沉式步行商业街，其东端与下沉式广场相连接，西端有可供消防车行驶的坡道与鼓楼盘道相通；其四，在下沉式街道的北侧是一排3～4层、总面积12957平方米的关中传统风格的商业建筑；其五，绿化广场以西、鼓楼东南侧是一个小型地面停车场，设有通往地下车库的坡道和广场管理机构的办公用房[①]（图3-25）。

在这2.18公顷的场地内，除小型停车场范围内没有地下建筑外，在下沉式街道和下沉式广场地坪以下布置了1层地下商业建筑，绿化广场地坪以下和传统商业建筑地面层以下均有2层地下商业建筑。地下商业建筑总面积为31386平方米。

具体在空间设计方面，钟鼓楼广场的城市设计认真考量了建筑周围以及建筑与其他城市要素之间所形成的空间，以"多层次、多功能、多景观、多情趣"的"多元"空间理念

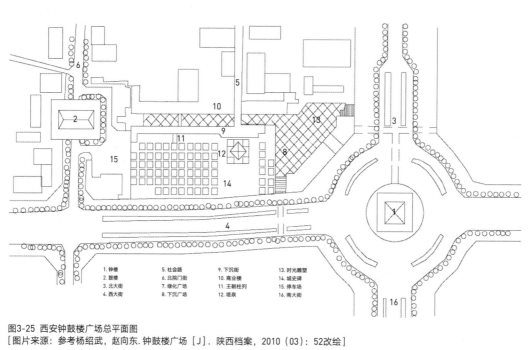

图3-25 西安钟鼓楼广场总平面图
[图片来源：参考杨绍武，赵向东.钟鼓楼广场 [J].陕西档案，2010（03）：52改绘]

1.钟楼　　5.社会路　　9.下沉街　　13.时光雕塑
2.鼓楼　　6.北院门街　10.商业楼　　14.城史碑
3.北大街　7.绿化广场　11.王朝柱列　15.停车场
4.西大街　8.下沉广场　12.塔泉　　　16.南大街

----

① 杨绍武，赵向东.钟鼓楼广场 [J].陕西档案，2010（03）：52.

贯穿于钟鼓楼广场的五部分空间。设计过程力图运用规划的、建筑的、环境艺术的、园林绿化的多种手段为市民提供多种物质功能与多种精神感受的空间环境，从而增加钟鼓楼广场作为"城市客厅"的吸引力和包容性。[1][2]

其中，绿化广场是广场最大的空间单元，平坦、开阔，可接纳众多游人漫步其间，这片绿化广场就包含了"多元"空间，其主入口至塔泉一带是硬质铺地，在此人们既可纵览整个钟鼓楼广场，也可进行健身和文娱活动。草坪间方格路网的每个"田"字中心处设一块3米×3米的方形铺地，其四角各设一个石凳，为人们提供了可以坐憩赏景的场所；在草坪北侧8米宽的范围内标高略微下降，在成排的石柱与石栏板之间形成带状休息平台。由于高差的跌落和列柱的空间分隔作用，造成了相对安静的环境，是一个摆设露天茶座的好场所（图3-26、图3-27）。

下沉式广场本是一个交通广场，是人们从钟楼盘道进入地下商城和下沉式商业街的必经之地。把这里的上下通路设计成通长的大台阶，在于加强这一下沉空间的开放性，既为市民提供席地休息的条件，同时也考虑在必要时把台阶作为看台，以观赏下沉式广场中举行的群众性文化活动；下沉式商业街的店面采用4米的开间，强调了小街的步行尺度，以增加小街的亲切感；地下商城是下沉式广场和下沉式商业街的围合，地下商城首层完全消失了地下的封闭感，顾客出入其间形同地上无异。地下商城内以现代化营业大厅为主，也有室内商业街式的带形空间。营业大厅中设有两层通高的中庭，并结合广场上塔泉的设计为地下取得自然顶光，这是地下商城建筑艺术处理的高潮所在；传统商业建筑是适合名牌老

图3-26 西安钟鼓楼广场整体实景图

① 张锦秋. 晨钟暮鼓声闻于天——西安钟鼓楼广场城市设计 [J]. 城市规划, 1996 (06): 36-39.
② 杨青. 基于环境心理学的城市景观色彩设计研究 [D]. 西安: 西安建筑科技大学, 2018.

图3-27 西安钟鼓楼广场整体实景图（续）
（图片来源：https://www.meipian.cn/22ky4bjv）

图3-28 西安钟鼓楼下沉商业街实景图
（图片来源：https://youimg1.cctrip.com/
target/100f12000000s8o7v8C30.jpg）

店经营的个性化商业空间组合，亮点在于地面层南侧设计了通长的骑楼，一方面解决交通
疏散的问题，同时给建筑增加了半开敞空间，为商店的顾客提供了观赏广场和城市景观的
良好场所（图3-28）。

此外，在西安钟鼓楼广场的流线设计方面，以钟鼓楼广场中的运动流线为基础（观光流线、购物餐饮流线、员工流线、货运流线、消防疏散及扑救流线、残疾人流线等），通过划分主次流线（观光与购物、餐饮流线是公众流线，因而是主流线）来强调空间的导向性、灵活性与趣味性。[1][2]

广场主题特征设计方面，钟鼓楼广场强调保持旧的与建设新的同样是衡量一个时代成就的尺度。西安钟楼、鼓楼交相辉映的都市特色为人们提供了超越时空的连续感。因而在从规划到施工图设计的全过程中都始终把充分展现和突出这两座历史建筑的形象放在首位，使它们的历史内涵和地方特色的能量得以充分释放。匀质的、程式化的绿化与铺地，关中传统风格的商业建筑都是为了衬托这两座标志性建筑。环境艺术设计上力求围绕"暮鼓晨钟"这一历史意味浓郁的主题，向古与今双向延伸。

广场环境设计方面，以体现地域传统为基调。具体地，地面建筑外形以关中传统风格为主调；大片绿化广场以"田"字格网隐喻中国古代城市的基本格局；塔泉的不锈钢构架具有中国传统屋顶的轮廓线，与钟楼攒尖顶有所呼应；王朝柱造型简洁，其雕刻具有传统风韵；地下商城的主入口是现代的，但有抽象的坡顶和城墙垛口式的点缀。其他如石栏、石凳、花池、庭院灯、环境艺术照明、道路及广场铺装等也在基调统一和谐的前提下赋予一定新意，以创造一个完整的、富有历史内涵而又面向未来的城市空间[3]。

（3）更新成果

西安钟鼓楼广场位于西安旧城东西南北四条大街交叉口的西北部，这是一项古迹保护与旧城更新的综合性工程。包括：绿化广场、下沉式广场、下沉式商业街、地下商城、商业楼。设计力求突出两座14世纪的古建形象。环境艺术设计沿着"晨钟暮鼓"这一主题向古今双向延伸。在空间处理上吸取中国传统空间组景经验与现代城市外部空间的理论相结合，通过下沉式广场和下沉式商业街的设置，科学而生动地组织了地上、地下、室内、室外融为一体的立体混合城市空间。特别由于在此保留并更新了两家百年名牌餐馆，使这一兼具观光、休息、购物、餐饮等多功能的城市公共空间成为名副其实的市民广场，为古城西安提供了一个地方特色浓郁的"城市客厅"。

3.2.4.2 环城公园（2004～2007年）

西安环城公园位于西安城市核心区，其环绕西安明城墙一周，由明代城墙、护城河、环城林带、环城路和顺城巷组成"五位一体"立体化城市历史文物性的公园，全长14.7公里。跨越4个城区，由17个小游园串联而成。明城墙和护城河之间宽约40米的环城林带，总面积60多公顷，其中59.3公顷环城林带郁郁葱葱，是西安市区面积较大的生态绿地。作为西安市民日常生活的重要载体，环城公园是市民品质生活质量提升的基础和具体展现，在西安市民日常生活中起着重要作用（图3-29）。

① 李静岩. 城市休闲广场设计中的地域性表达——以西安钟鼓楼广场为例［J］. 遗产与保护研究, 2017, 2（02）: 119-124.
② 张锦秋. 晨钟暮鼓声闻于天——西安钟鼓楼广场城市设计［J］. 城市规划, 1996（06）: 36-39.
③ 刘俊厚. 城市公共开放空间的研究——西安市钟鼓楼广场调研报告与分析［J］. 建筑知识, 2011, 31（12）: 143.

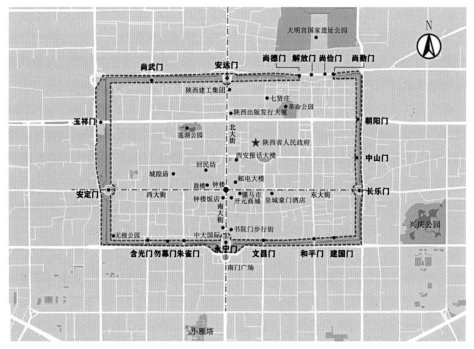

图3-29 环城公园空间范围示意图
[图片来源：根据王子邦. 西安市环城公园植物景观营造研究［D］. 西安：长安大学，2019改绘]

（1）改造历程

环城公园改造前，存在雨污水排入、倾倒、抛撒垃圾、淤积严重等卫生污染问题。此外，护城河两岸土坡杂草丛生，周边环境缺乏统一规划。环城林带绿化不足，局部黄土裸露，植物布局杂乱，缺乏梳理，便民服务设施不足。这些问题严重影响了西安市的整体形象，与西安现代化城市的发展目标相悖，更与AAAA级旅游景区不相协调。因此，为增加城市功能，改善城市形象，也为了改善人居环境，促进城市可持续发展，于2004年11月开始分区域段落进行环城公园的综合改造工程①（表3-15）。

环城公园改造工程时间线整理   表3-15

项目	起止范围	起止时间	规模	性质	单位
西安市护城河及环城公园综合改造工程	东门至建国门段	2004年11月～2006年4月	1.3公里	改建项目	西安市城墙管理委员会
	建国门至朱雀门段	2013年1月～2014年7月	2.4公里		
	朱雀门—西门—北门—东门段	2016年10月至今	10.7公里		
	朱雀门—西门段完工	2017年12月			

资料来源：根据《西安市护城河及环城公园综合改造工程项目报告书》《朱雀门—西门段开园，西门—东门段开工》与《护城河未来五年改造计划正式发布，再现碧水绕长安》整理绘制。②

---

① 西安市护城河及环城公园综合改造工程项目报告书[EB/OL]. https://max.book118.com/html/2017/0222/92975903.shtm.
② 西安市护城河及环城公园综合改造工程项目报告书[EB/OL]. https://max.book118.com/html/2017/0222/92975903.shtm, 2016-10-03；朱雀门—西门开园、西门—东门段开工[EB/OL]. http://www.sanqin.com/2017/1210/331442.shtml, 2017-12-10；护城河未来五年改造计划正式发布，再现碧水绕长安[EB/OL]. http://www.justxa.com/forum.php?mod=viewthread&tid=263030, 2017-4-11.

（2）改造内容

本项目主要对护城河内、外岸景观和河道内景观进行新的平面布置，改造后的护城河内、外岸将添加与各个门相协调的点景式主题景观元素，河道内景观主要对护城河的坡面、亲水平台，溢流坝进行景观设计。在内岸景观带临主要干道处均设有公园入口；道路以蜿蜒的曲线在林间流动，与动态的护城河相呼应：道路周围均以景观树和花草灵动搭配（图3-30、图3-31）。

图3-30 环城公园东南方向鸟瞰图
[图片来源：护城河未来五年改造计划正式发布再现碧水绕长安[EB/OL]. http://www.justxa.com/forum.php?mod=viewthread&tid=263030，2017-4-11]

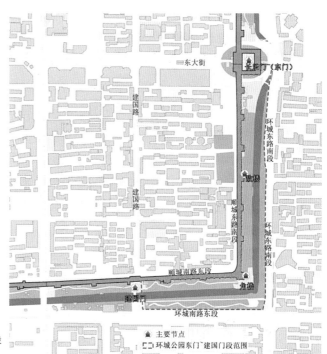

图3-31 环城公园东门至建国门段
范围示意图

（3）更新成果

升级改造后的西安环城公园，基本解决了以往存在的问题，也满足了受众的使用需要，例如新建了松园、榴园等建筑。其中，护城河水位平均抬高3米，河面宽度由从前的15米延伸至平均河宽28米，修建了多处亲水平台和8处停泊游船的码头，并设置秦、汉、唐三朝古画舫的码头。秦船和汉船是小型游船，能让游客自主驾驶，唐船则是大型舫船，可以停靠在某个水域进行表演使用。

西安环城公园在设计上融入老西安文化和城墙文化故事。比如内岸，将西安府的相关故事放在公园入口处，如二虎守长安、辛亥革命、西安事变、张载关学等；公园中间布置与老西安人生活习俗相关的雕塑；为纪念这位中日文化友好使者——吉备真备。在外岸，设立下沉亲水入口，设置浮雕，集中反映老西安的商业文化、饮食文化、戏曲文化和民俗文化，让游人走到护城河就对西安的生活、文化有概念，切实感受西安古城味道[1]。

3.2.4.3 顺城巷（2004 ~ 2008 年）

西安顺城巷是西安明城墙内侧100米至150米范围内的区域，该区域是明城墙保护体系的重要组成部分。按照西安行政范围划分顺城巷，可分为新城区、莲湖区以及碑林区三个片区，西安顺城巷内侧各段主要街道为：城墙东北角至东南城角，为顺城东路；东南城角至和平门，为顺城南路；和平门至文昌门，为下马陵；至南门，为三学街及顺城南路；南门至西南城角，为顺城南路；西南城角至西门，为南马道巷；西门至玉祥门，为北马道巷；玉祥门至西北城角，为联盟巷；西北城角至东北城角，为顺城北路。

（1）改造历程

2004年，碑林区顺城巷及周边环境整治改造工程开始实施。该项目从小南门（勿幕门）—大南门（永宁门）—建国门—东门（长乐门），全长4130米，纵深20~300米。以顺城巷道路为纽带，把沿线的湘子庙、书院门、三学街、碑林博物馆、卧龙寺、长乐门等文物景点和历史街区纵横连接，形成旅游、文化、购物、休闲、餐饮、娱乐等功能齐全的黄金旅游地带。并依此划分为商住区、文化旅游区、综合服务区、传统民宅区、商务区的"一带五区"。

其中，南门至文昌门为最先启动改造路段，其范围由大南门至文昌门，及北部西安碑林博物馆周边、三学街和书院门。新建庭院式仿明清古建筑8000平方米，建筑层数以二三层为主，总体布局错落有致。改造后的顺城巷，路宽15米，其中车行道宽7米，双向两车道，两边人行道宽3~5米。[2]

2005年，西安市城乡建设委员会进行顺城巷环境综合整治工程。南门至文昌门段的道路、广场和明清式"六坊五巷"建筑格局落成。全年完成投资2.016亿元，完成全年目标任务的126%。顺城巷道路实现全线贯通，完成地下雨污水等管道施工和部分路段立面改造，

① 韩凝玉，张哲. 城市公共园林环境空间的初步研究——以西安为例 [J]. 西北大学学报（自然科学版），2015，45（5）：831-836.
② 西安市碑林区地方志编纂委员会. 碑林区志（1994—2008）[M]. 西安：三秦出版社，2004：358-359.

其中南门至文昌门已建成开街。[①]

2006年，西安市顺城巷建设实现新的突破，实际完成投资1.04亿元，超额30%完成年度目标任务；累计完成投资6.9亿元，拆迁各类房屋19万平方米，外迁城内人口1.2万余人。按照"错落有致、进出有序"的精神，完成顺城巷中山门永兴坊广场、建国一巷到建国五巷民俗广场的前期准备工作，完成南门到文昌门棚户区改造，东岳庙改造项目正在实施；鼓励沿线单位自行改造，批准自行改造项目4个。完成东二路到东五路和红星巷拆迁，与兰州军区和平门干休所达成拆迁协议。顺城巷全线道路贯通，拓宽建设西门到西举院巷、南门到朱雀门、东二路到朝阳门的道路；完成全线路灯、人行道、管网等配套设施建设；完成碑林东、西广场，中汇广场，广仁寺广场，玉祥门到西门西侧景观建设，新增绿地超过1万平方米。沿线建筑物屋面、立面改造工作全面启动，全年改造4万平方米。完成南门到西南城角段改造，西门到城墙西北角改造正在实施，基本完成火车站广场2栋建筑改造设计。加大顺城巷招商引资工作，先后参加"西洽会"和"港洽会"，向国内外投资商推介顺城巷改造项目。存在的问题：顺城巷拆迁收尾工作遇到困难，主要是个别单位不配合拆迁工作，拆迁补偿要价过高；还有个别进入司法程序的钉子户，影响工程进展。[②]

2007年，西安市顺城巷环境综合整治工程进度加快。以城墙西南角一小南门、小南门一朱雀门、建国门一文昌门等为重点改造地段。完成沿线屋面立面改造9.6万平方米，超额完成37%；完成投资5280万元，超额完成32%。中山门永兴坊广场正在进行建设前的准备工作，东门长宁苑广场建设项目进入规划设计阶段，顺城巷已逐步成为西安城墙景观系统的重要标志和城市文化的载体。[③]2008年，西安市城乡建设委员会完成顺城北巷沿线建设物屋面立面改造8.2万平方米；完成顺城北巷绿地增补种植及东门长宁苑临时绿化工作，增加绿地面积1.3万平方米。完成北门—北新街拆迁整治工作，完成红星巷棚户区改造建设，启动城墙东北角、朝阳门至小东门棚户区拆迁改造工程。[④]虽然2004～2008年顺城巷的改造已经完成，但在当时该段街区并没有形成富有活力环境，和"以顺城巷周边建设吸引人流，降低皇城压力"的定位相去甚远。[⑤]

（2）改造内容

顺城巷改造工程，是西安市唐皇城复兴计划的开篇之作，位于老城区举世闻名的明城墙内侧，全长13.7公里，规划红线宽度10～20米。建设项目包括道路、雨污水、照明工程及沿街建筑立面改造。改造工程的主要目标是保持顺城巷传统的街巷空间格局，保护、恢复传统城市肌理和传统建筑风格，"棋盘式"的路网格局和空间尺度。恢复传统文化、弘扬历史人文，充分体现古城墙及历史街区的文化内涵，完善老城保护体系，同时完善、美化古城墙内外周边环境。[⑥]

---

① 西安市地方志办公室. 西安年鉴2006 [M]. 西安：西安出版社，2006：236.
② 西安市地方志办公室. 西安年鉴2007 [M]. 西安：西安出版社，2007：254.
③ 西安市地方志办公室. 西安年鉴2008 [M]. 西安：西安出版社，2008：286.
④ 西安市地方志办公室. 西安年鉴2009 [M]. 西安：西安出版社，2009：164.
⑤ 周娜. 西安市旧城历史街区整治改造策略研究——以顺城巷为例 [J]. 企业导报，2014（11）：98+103.
⑥ 周娜. 西安市旧城历史街区整治改造发展策略研究 [D]. 西安：长安大学，2011.

顺城巷改造工程主要完成了4个方面的系统工程，一是实施了道路拆迁拓宽改造，共拆迁各类房屋19万平方米，外迁城内人口1.2万余人，城外安置居民1200余户，2004年就实现了全线道路贯通；二是加快沿线环境、绿地、广场、基础设施建设，完成了碑林东、西广场，中汇广场、火车站站前广场和西门至玉祥门景观绿地建设，广仁寺广场和方信小区东侧小绿地，使老城区内新增绿地1万多平方米；三是实施了顺城巷沿线建筑物屋面及立面改造，南门里两个设计院、中汇商厦、南门至小南门等重点地段已完成改造；四是实施了顺城巷周边棚户区整体拆迁改造项目的建设，棚户区整体拆迁改造采用的模式主要是通过政府修建道路和改善环境，吸引投资客商来承担项目改造建设。①

整体风貌保护方面，地区的整体风貌应保持老城区传统的空间格局，保护和恢复传统城市肌理，保持传统建筑风格、"棋盘式"路网格局和空间尺度。恢复传统文化、张扬历史人文，充分体现古城墙及历史街区的文化内涵，完善老城区保护体系。通过对建筑的第五立面进行种种组合，使建筑的形体和轮廓线变得更加丰富②。完善、美化古城墙内外周边环境，充分展现以古城墙为大背景的、彰显古城个性、传统文化和旅游资源的景观长廊及城墙上下、内外一体的环城旅游体系③。本着保护历史文化名城的原则，结合现状情况，疏解人口、降低建筑密度，多拆少建，适当调整用地功能。对无保留价值，建筑质量差、影响老城区风貌的区域进行改造；其余区域具体情况具体对待，提出不同的规划整治要求。依据历史街区的现状环境特色及该地区传统风貌保护特色，在规划研究中结合考虑建筑风貌、建筑质量等因素，提出了保存、保护、整饬、暂留、更新五种系统保护更新方法。

1）莲湖区段顺城巷改造

作为西安顺城巷改造中的重要部分，莲湖区承担着顺城巷北门至小南门之间6500米长的整治和改造任务。莲湖区把顺城巷的拓宽改造作为重点，其区域内的两个亮点是打造西门里北安定广场和广仁寺周边区域开发建设。

莲湖区城墙内环境综合治理分三部分：一是玉祥门至小北门、城墙西南角至含光门的道路打通及其他部分的拓宽改造；二是临城墙沿线建筑立面改造；三是临城墙区域环境综合改造。在道路拓宽改造方面，莲湖区范围内顺城巷内侧涉及拆迁总面积达5万余平方米。莲湖区将本着分段改造、逐步实施的原则，依次进行并抓好玉祥门至小北门段、玉祥门至西门和北门至小北门段、西门至小南门段的道路拓宽拆迁工作。为保障顺城巷改造，莲湖区将拆除所有的临时建筑，突出城墙特色，使改造后的临城墙建筑立面能够与城墙融为一体，协调一致，凸现古城墙的厚重和历史文化特色。

广仁寺整体风貌保护方面。按照西安市有关部门对文物古迹及传统民居保护区域加以保护，并对其周边环境进行控制的要求，顺城巷文物保护单位内区域的建设项目，其体量、造型和色彩按照所在保护区的规划要求协调统一整体环境，体现传统建筑风格和特色，体现传统的古城风貌。为了很好地保护、开发和建设改造区内市级文物保护单位——

① 周娜. 西安市旧城历史街区整治改造发展策略研究 [D]. 西安: 长安大学, 2011.
② 王景慧. 中国历史文化名城的保护概念 [J]. 城市规划汇刊, 1994, 000 (004): 12-17.
③ 巨荩蓬. 西安老城区历史街区保护与更新规划构想 [D]. 西安: 西安建筑科技大学, 2005.

广仁寺，莲湖区将首先打通广仁寺东侧道路以及习武园至城墙段道路，使其与广仁寺沿城墙道路形成环行路网，避免出现因为道路施工而破坏广仁寺整体风貌。①

2）碑林区段顺城巷改造

从小南门—东门—建国路北口，全长4130米，纵深20~300米，按功能划分为"一带五区"，占地面积约353亩，其中道路、广场、停车场、绿化占地约129.4亩，项目占地223.6亩。"一带"以顺城巷道路为纽带，把沿线的湘子庙、书院门、学街、碑林博物馆、卧龙寺、长乐门（东门）等文物景点和历史街区，纵横连接，形成旅游、文化、购物、休闲、餐饮、娱乐等功能齐全的黄金旅游地带。②

3）新城区段顺城巷改造

新城区结合顺城巷拓宽改造，重点对周边地区"一线六点"进行改造，拟建设休闲广场、不夜城、商务会馆、商务中心、观光夜市、演艺城等系列旅游观光项目。建成后的这个区域将成为一个集旅游、餐饮、休闲、娱乐、购物为一体的仿古商业街区。改造范围为古城墙顺城巷北门（安远门）至东门（长乐门）段，西连北大街，南接东大街，中穿越尚德门、火车站广场、朝阳门、中山门，改造深度20~216米不等。本项目以西安火车站、解放路商业街、东岳庙古迹为依托，与城墙、环城林带、护城河相呼应，形成以城墙、内环路、仿古商业街三位一体的城市景观。③

（3）更新成果

改造后的顺城巷区域已显现出巨大的文化价值、经济价值和现实作用。作为国家级重点文物保护单位的西安明城墙沿线的主要组成部分，将来极有可能成为整体入选的世界文化遗产。以城墙、顺城巷、环城公园三条立体大环线为主体的环城旅游体系已显现出巨大的旅游价值，是目前国内外游客来西安旅游的必到之处。2007年的五一黄金周，西安市碑林区专门举行了为期一周的顺城巷旅游文化周活动，取得了巨大的成功，获得了巨大的经济效益和良好的宣传效果。从现实意义上来说，改造不仅对原有建筑外立面进行清洗，更换外墙饰面、屋顶材料，增加坡屋顶、保温层，有利于节能；而且重做了防水层，增加上下水、污水处理设施，重新布置供电设施。改造后的顺城巷改变了该地区以前脏、乱、差的现状，给当地居民一个整洁美观的生存环境。大大改善了原有建筑条件，延长了建筑寿命，受到居民的普遍欢迎。

历史街区的保护与更新是延续历史文脉，保持文物遗产活力的重要举措，对提升城市整体水平，塑造特色面貌影响深远。西安顺城巷改造正是从城市整体面貌营造出发，立足经济可行的改造技术，改建与新建相结合，使城墙沿线顺城巷的面貌恢复了传统的街巷空间格局、空间尺度和建筑风格。顺城巷的改造成功，对于明城墙风光带的营造和城墙文化价值、旅游价值的提升都有巨大的促进作用。

---

① 西门里将建休闲广场 顺城巷改造将分三部分进行 [EB/OL]. http://news.hsw.cn/gb/news/2004-08/14/content_1191283.htm, 2004-08-14.
② 核心报道：西安顺城巷今日全线贯通 [EB/OL]. http://news.sina.com.cn/s/2005-12-20/05387749742s.shtml, 2005-12-20.
③ 核心报道：西安顺城巷今日全线贯通 [EB/OL]. http://news.sina.com.cn/s/2005-12-20/05387749742s.shtml, 2005-12-20.

3.2.5 历史环境的保护与利用更新（2003 ～ 2008 年）

2005年10月，在西安召开的国际古遗址理事会（ICOMOS）第十五次大会通过的国际性文件——《西安宣言》第一次以中国城市——西安命名而被载入世界文化遗产保护史册[①]。《西安宣言》承认了周边环境对古迹遗址重要性和独特性的贡献。为保证城市环境与文物古迹本身相协调，从这一阶段开始的更新实践活动都更加注重历史地区遗迹本身的保护及其周边社会经济的一体化发展。此外，文化产业、文化旅游也相继崛起，也为历史地段整改、开发与提升改造带来了新动力。

3.2.5.1 书院门三学街保护更新工程（2003 ～ 2004 年）

三学街—碑林片区指的就是三学街历史文化街区，三学街历史文化街区是《2008—2020西安城市总体规划》《西安市三学街历史文化街区保护规划》中公布的西安老城区的三大历史文化街区之一，西至南大街，东到开通巷，北邻东木头市，南依顺城巷，占地36.5公顷。其核心保护区域是一个完整街坊，由木头市、柏树林、安居巷和三学街四条街道围合起来，占地面积11.65公顷（图3-32）。

三学街地段更新进程在这个时期可分为三个阶段：20世纪七八十年代的居民小规模自主更新，20世纪90年代市场经济为导向的改造更新，以及2000年至今的自上而下与自下而上的并行式更新。

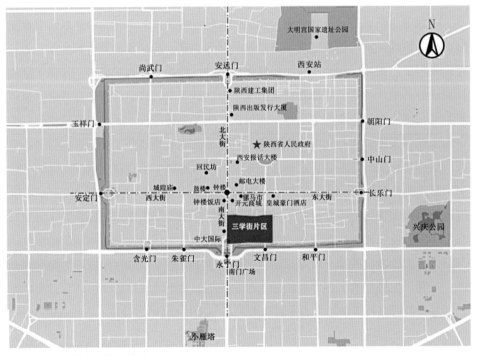

图3-32 西安三学街历史街区区位图

---
① 罗佳明.《西安宣言》的解析与操作 [J]. 考古与文物, 2007（05）: 43-46+52.

（1）居民小规模自主更新

自1960年代开始，西安城市人口急剧增长，住房需求也不断加大。自1950年代以来开始形成的住房由政府统包解决的运行模式下，实行无偿分配制以及低租金政策，住房资金受限，无法良性循环，住房困难逐渐积累。1978年之后，通过拨乱反正，建立健全房地产管理制度，落实私房策略，推行集资建房、有偿分配住房、出售商品房、兴办房地产市场等推动住房制度改革。

在这个时期内，第二轮西安市总体规划明确提出了对西安内城的保护，大面积的旧城改造启动，但三学街地段当时未成为改造的重点，没有发生大面积的拆改建。因为人口数量增加，基于对居住空间面积的需求，三学街地段的居民大量拆建和增建，侵占院落内的空地，传统四合院变成大杂院。这个时期，三学街地段的街巷结构得以保留，但因为不同规模自主加建和拆建使得院落单体空间格局逐渐发生改变，三学街地段的整体风貌也在发生变化。在这个时间段，三学街地段的自发性建造较为活跃，是自发性建造的一个小高潮。

（2）市场经济为导向的改造更新

随着经济体制的转换和房地产业的兴起，在碑林区改造低洼地的更新进程中，旧城改造成为房地产投资"热点"，独具特色的传统街巷和传统院落成为开发的重点。1990年代以来，传统居住片区被拆除重建成商业区，现代商业的渗入影响了居民的观念。三学街地段有很多户主利用地段的优势自发改扩建经营商业，地段内部也有大量的院落发生出租行为，大面积的正式和非正式的商业活动对三学街地段社会结构和居住生活产生影响，并反映到居住空间形态上。

（3）自上而下和自下而上并行式更新

当下的三学街地段在以往自上而下的开发过程中，文化空间生产和商业空间生产远远超过了定居空间生产，甚至排挤和侵占定居空间。三学街地段最大量的聚居空间长期处于无人问津的状态，但随着外界的变化以及自身需求的变化，内部聚居空间也在逐渐发生变化以适应新的社会环境，也正是这种自发的适应性造就了当下三学街地段内部聚居空间的复杂性。

在2000年之后，三学街地段社会构成发生变化，以居住为目的外来人口的涌入，刺激了三学街地段的租住产业的兴起，大量居民通过自发性建造扩展居住空间，为追求经济收入将房屋出租。非居住性的外来人口流入为三学街地段带来新的元素，影响了当地居民的生活逻辑和业态结构，促使居民学习和模仿，利用自身居住空间改造自主经营商业。此外三学街地段的基础设施无法满足当地居民生活所需，居民通过院内自发性建造弥补基础设施的缺乏。但政府对三学街地段更新改造一直未停，先后开展城市建设以及环境整治活动，2000年柏树林街的拓宽以及商业街改造，2003年年末至2004年5月，西安市碑林区政府对书院门历史街区进行了新一轮旧城改造。改造范围为大南门以东，文昌门以西，书院门建成部分及三学街以南，沿线整治改造全长370米，纵深15～70米不等，总改造面积17000多平方米。按照规划设计，该地段将重构历史街区形象，采用陕西传统民居形式，以街巷、低层合院作为住宅的主要空间组织模式，沿主要街道的建筑为下店上宅的空间组织模式。在大吉巷西侧的传统四合院，系为西安市书画名家量身定做，以此强化该地段的文化底蕴。

整个书院门街巷的路面皆以青石板铺设，中间设置一排整齐的商业摊位，行人分两边走，街道宽3～5米不等。老街建筑保留了明清时期的风格，雕花斗栱以及建筑朴素的色彩成为具有辨识度的元素。从街头唐塔开始，到房前的门墩，街角的拴马桩，很多细节处体现文化的符号。步行街与居民小巷分开，周边古朴的建筑营造出祥和温馨的邻里氛围。路旁栽种槐树形成树下空间，成为居民聚集场所，而作为学校象征的槐荫学的槐树，也时刻传达出历史中的文化感。[①]

2008年碑林博物馆的维修与扩建征用了部分民居院落，进行三学街历史街区的保护与开发的更新工程，例如2017年开展的书院门—三学街街区提升工程，是作为2017年西安碑林区重点建设工程之一。因此，在2000年后，三学街地段政府主导的更新建设活动与居民自发营建活动并存，政府的干预目前停止在街区表面和外侧空间，而居民的自发营建一直以一种小规模的活动持续发生在街区内部。

3.2.5.2 北院门回民街文化商业提升（2005 年）

北院门历史文化街区位于莲湖区，在城墙内左侧中间段，紧邻城墙，属于以前皇城的一部分，具有悠久的历史。作为西安城区内现存最大的传统街区，其面积约200公顷（图3-33）。随着名气的大增，来回民街区旅游观光的游客不断递增，许多游客都是因饮食

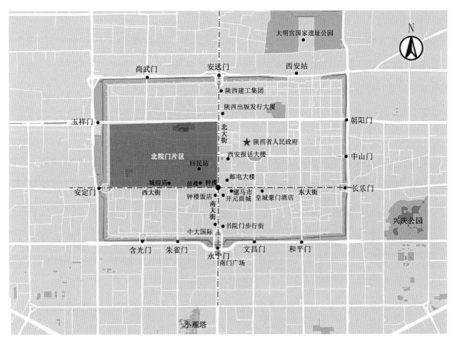

图3-33 西安北院门历史街区区位图

① 刘恺希，黄磊. 景观文化形态引导下的西安城市景观空间演进——以书院门文化街区为例［J］. 建筑与文化，2015（05）：41-44.

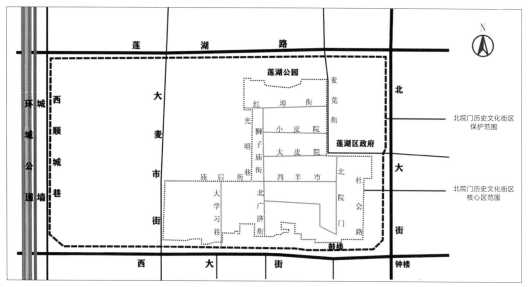

图3-34 西安北院门历史文化街区保护区划示意图

[图片来源: 根据崔明芳. 西安北院门历史文化街区空间形态演变研究［D］. 西安: 西安建筑科技大学, 2016改绘]

文化而慕名前来, 因此其内部及周边的商业得到巨大发展。

西安市的第四次《西安市城市总体规划 (2008～2020年)》中公布的北院门历史文化街区的保护范围为"东至社会路, 西至洒金桥, 南临西大街, 北至莲湖路, 含钟鼓楼广场、莲湖公园, 规划用地约73.4公顷"; 其建设控制地带范围为"东至北大街, 西至西安城墙, 南至西大街, 北到莲湖路, 规划用地约224公顷"(图3-34)。

(1) 更新历程

自1990年代以来, 对北院门历史文化街区的保护工作一直在积极进行中, 先后实施了北院门街保护与更新工程[①]、钟鼓楼东西广场工程以及城隍庙保护工程, 对传统民居进行修缮并挂牌保护。其中, 北院门旅游景点及周边环境提升改造规划项目[②]是北院门历史文化街区保护规划重点实施的项目, 以街区整体保护详细规划为基础, 以重点地段保护建设规划为切入点, 分期分批推进。北院门街道办事处提供的资料显示, 1992年, 莲湖区人民政府对北院门实施了大规模的改造, 恢复了这里的明清民居建筑风格。原沥青路街道改铺为青石板, 铺面9020.6平方米。两侧按明清风格建2层楼房。街北口建白花岗石大型牌楼, 与街南端横跨街上的鼓楼遥遥相望。牌楼四角有大型石狮两对, 街西侧及牌楼四脚设石雕路灯24盏。1993年9月正式开通, 称为仿古文化旅游街。2005年3月, 西安市人民政府再次对"北院门回坊文化风情街"进行提升。今天, 北院门已经形成以经营古玩和回族风味小吃为主的步行商业街 (图3-35)。

---

① 西安市城市规划设计研究院. 北院门街保护与更新工程［Z］. 1995.

② 西安市城市规划设计研究院. 北院门旅游景点及周边环境提升改造规划［Z］. 2008.

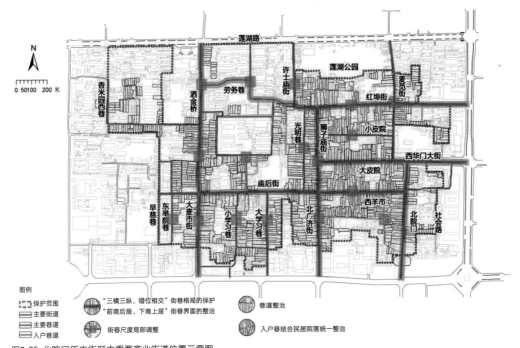

图3-35 北院门历史街区内重要商业街道位置示意图

[图片来源：李冉. 基于场所记忆的北院门历史文化街区更新研究［D］. 西安：长安大学，2016]

（2）更新内容

北院门回坊文化风情街是西安市委、市政府确定的西安历史文化散步道项目五条主题线路之一。该项目由化觉巷、北院门一条街、西羊市东段组成，整个形成一个环状。总的目标要达到环境优美亮丽，建筑保护完整，人文特色鲜明，历史文化氛围浓厚，旅游景点突出。改造工作从以下7个方面展开：其一，沿街门头牌匾和建筑立面整治。2005年8月30日前集中近一周时间全部拆除不规范的旧门头牌匾，8月31日至9月20日进行沿街建筑立面、门头牌匾和化觉巷清真寺雨棚整修等工程施工。其二，市容环境整治。组织相关部门进行强制性联合执法，取缔出店占道经营和流动摊贩，拆除违章建筑。其三，环境卫生和公厕修建。9月20日前完成化觉巷翻修和建设两座公厕，配置风情街果皮箱等环卫设施。其四，"六小"行业整顿。对风情街范围内经营户进行集中整顿，9月20日前要全部达标，对于不符合经营条件的小门店坚决取缔或责令其停业转行。其五，油烟烧烤治理。组织有关部门开展联合执法行动，取缔油烟烧烤，同时实施天然气入户工程，清理整顿周边区域内的燃煤及液化气供应点。其六，文化标识设置。统一设计街口和街中各处的文化标识牌，文字说明要体现出鲜明的民族特色和悠久的历史文化。其七，市政设施改造。改造后北院门风情街的道路将全由青石铺设，另外还包括天然气铺设、化觉巷清真寺排水管道铺设和鼓楼环形道路建设等。

此外，北院门、西羊市、庙后街、北广济街、大莲花池街等是该街区中的主要商业街道，在这些街道上的特色商贸习俗：特色招牌、特色商品、老字号甚至是特色吆喝声等都是更新保护的对象[①]（表3-16）。

----

① 李冉. 基于场所记忆的北院门历史文化街区更新研究［D］. 西安：长安大学，2016.

老字号名称	创始时间	经营商品	位置	经营状况
德发长	1935年	饺子	西大街钟鼓楼广场	良好
德懋恭	1872年	水晶饼	大学习巷与西大街交叉	一般
贾三灌汤包	不详	包子	西羊市	良好
同盛祥	1920年	牛羊肉泡馍	钟鼓楼广场	良好
贾永信	1928年	腊牛羊肉	北院门	良好
铁志坚黄桂柿子饼	不详	柿子饼	北院门	一般
东南亚甑糕	不详	甑糕	西羊市	非常好
老米家泡馍	不详	泡馍	北院门	良好
刘纪孝腊牛羊肉店	不详	腊牛羊肉	西羊市	非常好
老孙家黄桂柿子饼	不详	黄桂柿子饼	西羊市	一般
老孙家羊肉泡馍	不详	羊肉泡馍	庙后街、大麦市街	一般
教场门饸饹馆	1932年	饸饹	红埠街	一般
一真楼	不详	清真食品	北院门与大皮院交叉口	良好
马家粉蒸肉	不详	粉蒸肉	大皮院	良好
马老虎水盆羊肉	不详	水盆羊肉	西羊市	一般
老安家传统糕点	不详	糕点	北广济街	较差
梵家肉夹馍	不详	肉夹馍	北广济街	良好
孙家肉丸胡辣汤	不详	胡辣汤	北院门街	良好

资料来源：根据李冉．基于场所记忆的北院门历史文化街区更新研究［D］．西安：长安大学，2016改绘。

（3）更新总结

西安北院门传统地段保护与更新规划在吸取书院门改造的成功经验的同时，将北院门街道两侧的建筑最大限度地保留下来，使整个传统街区在改造市政基础设施、整治街道容貌的同时，延续既有的生活方式，保留了真实的历史遗存，成为真正意义上保护与更新规划的成功典范。

保护规划在明确定位北院门街为具有浓郁关中特色的旅游商业街的前提下，从整体上采取保护、更新、恢复和保持的方法，延续北院门街的历史传统风貌，避免大拆大建。对一些年代久远、危漏房屋予以更新重建，保持原有空间尺度和比例，维护其传统风格增加和完善现代化市政生活服务设施，改善环境质量，较好地处理了规划实施后的经济效益、社会效益和环境效益，满足城市文化生活和经济活动的双重要求。为了避免一条街、两层皮的做法，保持其完整性，规划范围包括了街道两侧共计公顷用地面积。对现状建筑作了质量评价及分析，对临街商铺、宅院提出保护、维修、更新三类处理办法，以保持和恢复原有建筑风格和传统街区氛围。经过改造，北院门沿街两侧建筑均完整保留了下来，局部进行了改造、维修，保持了整体风貌，按传统关中建筑风格新建了房屋。整个街道铺装了石材路面，保持了原有的街道尺度，保留了原有行道树木，增添了石灯、石牌坊，新修了小广场，街道面貌整饬一新。所有的商肆、店面不仅全部保留，还扩大了经营面积，商业活动更为繁荣，整个街区成功地实现了保护与更新的目标。

3.2.5.3 传统文化空间商业提升改造（2001 ～ 2007 年）

（1）骡马市（2001 ～ 2007年）

骡马市街位于西安市东大街东段南侧，北起东大街，南至东木头市（图3-36），拥有400多年的历史，源于唐而得名于明，明清时期这里就辉煌一时。骡马市作为西安传统的商贸集市，在西北乃至全国颇负盛名，1990年前后曾一度成为领导西北服装潮流的前线。但

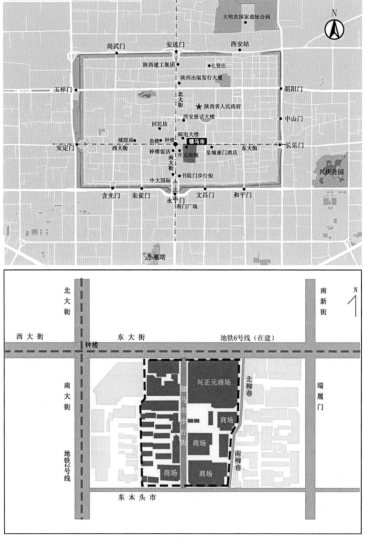

图3-36 西安骡马市区位图

随着城市现代化的发展，粗疏简陋的经营模式已不适应现代商业发展的需求。1990年代的骡马市服装街，铺位繁多，街道拥挤无序，很多硬件设施不够，街道空间压抑、局促。如今的骡马市经过近年的设计改造，面貌已与往日大为不同。

1）更新历程

2000年，随着西安市经济发展和居民生活水平的提高，对骡马市商业街进行改造注定成为大势所趋。2000年11月，西安市计委、城建开发办正式对骡马市改造项目批复立项，古城建设开发公司受命开发骡马市商业步行街，由此也拉开了骡马市改造的序幕。2001年5月14日起，碑林区政府正式对骡马市地区进行拆迁，期间1237个单位、住户迁出。2002年6月8日，以"改造中心城区的商业环境，建设外向型现代化大城市"为目标的骡马市旧城改造工程正式开工建设。同年，来自福建的福州兴博实业公司与西安古城建设开发有限公司正式展开合作。2005年初，一个总投资达23亿元、面积26万平方米、西北第一条真正意义上的城市步行街开始逐渐浮出水面。随着过去的市场被彻底拆除，一个新的商业步行街在原址上开始悄然崛起。2007年12月21日，历经长达6年时间的漫长改造，经过一段时间的试运行，被誉为中国优秀景观规划商业街区、西安市民心中十大标志性建筑之一的骡马市商业步行街终于迎来了它的全面开街，再次续写着其新的商业神话。

2）更新内容

新建成的骡马市商业街，为现代化的步行街和购物中心。总投资23亿元，建筑面积26万平方米，占地68亩。北区为大空间的百货商场，中区为演艺中心及民俗博物馆，南区为小空间的商业精品屋以及配套休闲、娱乐项目。

百货商场地下一层为精品服装及大型超市、餐饮，地下二层为地下商业街及大型停车场。购物中心把不同的建筑空间、不同的商业模式和各种设施结合起来，使商业街业态丰富多样、配套齐全。骡马市商业步行街的室外空间由两条长360米的纵向内、外街及北区景观广场、中区梨园广场、南区文化广场和连接内、外街的横向步行街构成。整个商业区的景观环境由景观绿化、水景、照明、小品雕塑、信息展示、色彩、各种城市家具、铺地等有机地组成。

骡马市商业步行街是一种新的商业模式，它对于整个西安乃至整个西部来说都具有标杆作用。优越的地理位置、全新的改造理念、超前的管理模式，引入沃尔玛、星巴克、必胜客、奥斯卡长安国际五星级电影城等，都成为拉动区域经济增长的有力支撑。

在更新建设过程中，碑林区政府根据场地周边现状，以及城市总体规划控制的要求，采取"化整为零""以线代面""街、场、店"结合的手法，布置成五组建筑群，把商业区分为若干块，以呼应城市肌理，扩大商业临街面积。并以骡马市步行街及与之平行的内街、地下步行街、贯通三区的二层水平环廊为线，以北区、中区、南区的三个广场为面，串联起形态各异的各个商业空间点，实现街、场、点的有机结合。近3万平方米的地下停车场，为繁荣的东大街缓解了停车难问题（图3-37）。

图3-37 西安骡马市更新前后空间肌理对比图

[图片来源：据郭生智. 体验经济下商业街外部空间的地域化设计研究［D］. 西安：西安建筑科技大学，2009整理改绘]

3）更新特点

其一，形成了立体化的交通网络。改造后的步行商业街通过对地上，广场，地下空间的利用，使人流，车流互不干扰，形成便利快捷的交通网，达到安全、高效整合的中心商业网络。

其二，分区进行空间形态与景观设计。此商业步行街主要分为：地面北区，广场中区，地面南区和地下部分。其中，地面北区紧邻东大街，以大型购物中心形成客流集中的消费区，地面建筑6层。一至五层，每层采用店中有街，街中有店的形式经营各种百货。六层分为四个单元，分别为奥斯卡影城，室内真冰场，电子游乐中心和美食广场；广场中心区有梨园文化广场，博物馆，大型演绎中心，瀑布水景等组成步行休闲中心区；地面南区，地面建筑7层。一至二层沿街店面以骑楼式个性化的独立店为主要特色。二层由一条300多米长"空中环廊式的步行街"贯穿东西南北，人流可通达每个想去的地方，逛累了可随时歇息，歇息时可随时发现兴趣目标。三至四层以大空间、小格调划分经营格局，定位是以服装为主题的时尚购物区。五至七层，西南面拥有洗浴、演艺、KTV和星级酒店等大型娱乐中心。另外在五至七层，还配有公寓、写字楼、餐饮等，为整个系统提供完备的服务；地下建筑则以服装和餐饮为主。吸引部分旅客的进入，为地面建筑的交通起到分流的作用。

骡马市商业步行街这些功能分区的组成，在空间形态上从原来的单一性，规整到对整个街区进行统一化的设计。通过线性空间的主导，具有明确的视觉流动性和导向性，并结合人的心理效应合理地设置前导、发展、高潮、后续等几个部分，避免线性空间的单一。在街道景观上，建筑风格统一，建筑层次分明。对于能够体现传统商业特色的建筑加以修缮。对于建筑质量好的建筑通过色调、材质、符号性装饰的再设计，使其与整体街景相适应。对于质量差的建筑重新设计，满足了城市居民的需要。在文化景观上，通过铺地、照明工具、街道家具、小品和标识的设计，突出反映商业街区的民风、民俗，地域等地方特色。另外集旅游、购物、娱乐、餐饮、居住为一体的多功能商业街区的经营与管理模式，是传统风貌和现代生活要求的表现。①

（2）城隍庙（2005～2006年）

西安都城隍庙位于西大街中段北侧，南起西大街，北至庙后街，东起北广济街，西到大学习巷。城隍庙是西安市内仅存的两座道观之一，也是陕西省现存最完整的明清建筑群之一（图3-38）。

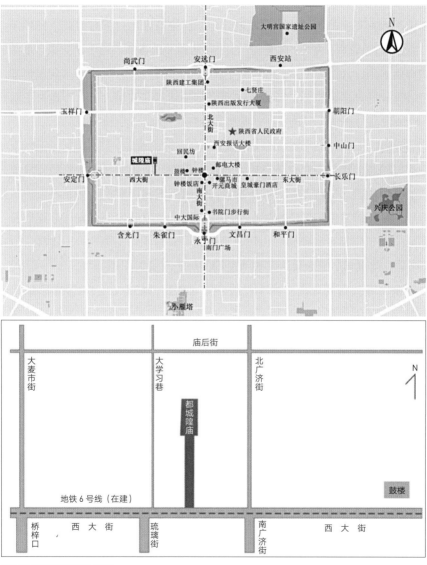

图3-38 西安都城隍庙区位图

----

① 张敏洁. 骡马市：一条老街的沧桑巨变［J］. 西部大开发，2008（12）：30-31.

2001年，都城隍庙被国务院列为国家级重点文物保护单位。悠久深厚的文化积淀为都城隍庙的保护和开发提供了契机，同时也带来了责任和挑战。作为"唐皇城复兴计划"具体实施中的重要组成部分，西安都城隍庙于2005年开始进行改造，并于2006年8月底正式向外界开放，它将随着唐皇城复兴的开始再现旧日风貌。

1）更新历程

西安都城隍庙是国家级重点文物保护单位，是市内仅存的两座道观之一。该城隍庙始建于明代。据《西安志·城隍庙》记载：朱元璋次子朱樉被封为秦王，就藩西安，统领西北事宜，于洪武二十年（1387年）始建都城隍庙，最初在西门里，到明宣宗朱瞻基宣德八年（1433年）移建于西大街。

城隍庙在清代顺治年间数次加建扩修，雍正九年（1731年）大殿毁于大火，川陕总督年羹尧用拆除明秦王府的木料修建了都城隍庙，后来清朝历代都有修葺。1942年，部分建筑惨遭日寇炸毁，1966年的"十年浩劫"，宗教活动被迫中断。由于历史原因城隍庙长期以来被百货商店占用。2003年3月西安市政府出资200余万元，将庙内所有商贩全部迁出，并且决定将城隍庙归还道教协会。斯时适逢西大街整体工程改造之际，市道协正积极联合有关方面，对城隍庙进行全面系统规划，筹集资金恢复都城隍庙往日雄姿。

2）更新内容

西安都城隍庙因年久失修，破坏较为严重。目前，中轴空间的恢复和营建成为城隍庙更新改造的重要内容。随着工程的不断推进，城隍庙旧日风貌得到一定程度的恢复。经过更新改造后的都城隍庙空间形态格局严格按照中国传统建筑群空间轴线对称展开，中轴线上从南到北依次设置有入口牌楼—山门—庙正街—文昌阁—二道门—乐舞楼（戏楼）—牌坊—大殿—寝殿等建筑，充分体现了轴线空间的历史真实性和延续性。

作为联系城隍庙与西大街的城市过渡空间，入口牌坊、山门均根据原来形态复原而建，它们与二道门院落内的牌坊相互对应，使得城隍庙的道教文化氛围被强调。山门内的庙正街，是城隍庙古建筑群空间序列的前奏，重新修建的庙正街以小体量的建筑围合而成街道空间，街道的高宽比为1.0～1.2，形成了比较宜人的街巷空间。庙正街地面为青石板铺砌，两侧店铺出售各种旅游工艺品。文昌阁是庙正街现存的古建筑，架空的二层以过街楼的方式出现，是对街道狭长的空间进行分割的一种传统方法。穿过文昌阁，便来到西安都城隍庙古建筑群空间序列的高潮——二道门院落，这组古迹集中地的建筑包括大殿、牌坊、戏楼（乐舞楼）、二道门及东西配殿，它较完整地保留了初建时的空间格局，有很高的历史价值和文物价值。二道门里的庙前广场是城隍庙庙正街至戏楼的过渡空间，广场四面围合的方式为闹市中保持寺庙的安静、肃穆创造了条件，而开阔的广场空间尺度，突出了都城隍庙大殿气势宏伟的形象。西安都城隍庙作为文化遗产的载体空间，创造了变化有序的建筑群空间序列，通过轴线、方位、主从等强调了空间的秩序美；通过引导、过渡、转换等强调了空间的节奏美，最终达到了中国传统建筑空间的意境美。

3）更新特点

城市是一个生态系统，而文化就是其生命。西安都城隍庙历史地段有着丰富的物质和非物质文化资源，都城隍庙是西安城市文化的标志性建筑，并以其特殊的文化内涵，成为"唐皇城文化复兴"的一个标志性区域。在城隍庙的改造建设中，通过对传统商业文化、庙会文化、民俗文化等历史文化脉络的梳理，形成了一套完整的西安城隍庙文化空间系统。2007年，中断了40年的城隍庙新春庙会恢复，给古城人民重现了久违的城隍热闹。新春祈福会上的送春联、迎财神、祭城隍、秦腔表演、武术杂耍等五花八门的庙会内容重现了老艺人口中"城隍庙里热闹戳破天"的场景。城隍庙里的民俗景观，彰显着民族传统文化的生机与活力，它通过一系列的民俗展示让传统文化和民俗走近都市人，这种向传统的回归，也为今后民俗文化的传承开创了一条新的道路。被誉为"中国古代音乐的活化石"和"西安古代的交响乐"的西安都城隍庙古乐，是重要的非物质文化遗存，也是宣扬道教文化的一种形式及载体，为了向世人充分展示其厚重的文化内涵，都城隍庙的文物工作者长期定时地展示这种道教鼓乐文化，在丰富活跃人们文化生活的同时，提高了人们对文化的享受。西安都城隍庙为非物质文化遗产保护提供了一个平台，为我们的现代文明留存了一个多元性的、内涵丰厚的文化空间。城隍庙所承载的商业活动、民俗庙会等活动成功地延续了城隍庙这种典型的文化，是对城市文化的认同，也是城市文化复兴的动力。

3.2.5.4 七贤庄历史街区的保护利用（2008年）

西安七贤庄位于明城墙内东北部，由10个五间四进的传统院落组成（图3-39），是一处近现代历史文化遗存。1937年1号院成为八路军驻陕办事处，1959年设立八路军驻西安办事

图3-39 西安七贤庄历史街区区位图

处纪念馆，1988年"八办"旧址被公布为国家级重点文物保护单位。2008年，《西安城市总体规划（2008~2020年）》中首次明确提出七贤庄历史文化街区的名称、保护范围及建设控制地带，该历史街区是除三学街历史文化街区、北院门历史文化街区之外的西安市第三片历史文化街区。七贤庄历史文化街区是在辛亥革命之后形成的，是目前西安市"最年轻"的历史文化街区。

七贤庄是特定历史时期的产物，风貌独具，传统院落尚存的物质空间保留延续院落生活的真实场景，纪念馆的存在和发展成为七贤庄历史街区保护的契机，七贤庄地区保护与更新的工作既有特色又具有一定的普遍意义。对于七贤庄来说，保护的意义在于寻找七贤庄地区失落的历史、文化、经济价值，建立一种稳定的社会生活结构，重新寻找当代生活和传统院落之间的紧密联系。这种联系，是情感上的依恋和向往，宅院是生活的场所，生活的点点滴滴都记录在宅院之中。保护这组院落，就是保存这份历史的记忆。通过保护工作的展开加强地区的整体历史风貌的保护，改善居住生活环境，增强地区生机和活力，促进七贤庄地区的可持续发展。

（1）改造历程

改造历程主要体现了"保护""更新"与"利用"的三大阶段。其中，"保护"主要是包含了1956年以来陆续进行的七贤庄1号院的修缮恢复；1995年七贤庄4~7号南院，以及2、3号院房屋建筑的功能更新与表皮复原等。"更新"主要是指1970年代七贤庄8、9号院的原址重建；1980年代~1990年代，以经济效益为目标在七贤庄7号北院原址上进行的新型酒店建设；1990年代后期，出于基础设施建设不足，七贤庄1~10号院具有遗址破坏性的自发性建设等。"利用"主要是指1号院、2~7号南院复原为历史纪念馆及其附属用房的更新与利用；1~4号北院临西七路的沿街门面房开辟为以卖纸和裁纸为主的商铺；以及5~7号南院改造为办公、教室、宿舍以及旅馆等多房屋用途。在这期间，于2004年，中共中央办公厅、国务院办公厅发布的《2004~2010年全国红色旅游发展规划纲要》中，"八路军西安办事处纪念馆"被列为全国"红色旅游景点景区"。2006年，西安启动了"西安百座传统民居"保护项目，代表西安民国时期的民居建筑七贤庄也列在其中。2007年已经将十个院子的产权收归政府，并且开始进行整体的修复保护。2007年11月开始，按照"修旧如旧"的原则，政府对七贤庄进行了为期9个月的闭馆整修。2008年8月1日正式再免费向游人开放。

（2）改造内容

七贤庄地区的更新与利用，以七贤庄历史街区保护为主线，整合当地革命公园、工人文化宫的特有资源，形成整体优势。地区发展以保护历史风貌为前提，建设地域特色鲜明，历史文化气息浓郁，充满生机与活力的七贤庄地区，具体过程主要分为两期工程。

一期工程主要对八办纪念馆进行修缮外，对七贤庄整体保护也做了全面的考虑。主要内容包括以下几方面：第一，针对1号院，2、3、4号南院的老式民居砖木结构的墙面潮湿、木质结构腐蚀、油漆剥落等问题，对展区内的门窗、地板进行了重新油漆整修，局部墙面进行了粉刷，旧址展示上增加了与"八办"有关联的展品和历史图片，还原历史面貌。对七贤庄门前的道路以及七贤庄西侧的北新街也进行了整修。最西边的是1号院，依次向东是2、3、4、5号院的南院。1号院是八办的主要展区，2号院的南院作为办公区使用，3号院和4号院的南院分别设有两个展厅，4号南院的一部分以及5、6号南院现在开设了一家青年旅行社，主要接待来自海外的游客。第二，此次在七贤庄3号院基本陈列展室内，4号院展区的《伟大的女性———海伦·斯诺生平展》内，增加了许多新展品，同时展览配合现代化声、光、电技术支持的新的展览、互动手段，生动完美地再现当时的许多场景。并且两个展室都配有专门的解说人员，免费为游客介绍展览的情况。第三，2007年，政府收回了七贤庄十个院落的所有产权，对2～10号北院非传统建筑进行了拆除；8、9、10号北院作为停车场使用；对8、9、10号南院进行了复建。在此之前，2～10号院的北院，8、9、10号南院都是大杂院。7号院的北院，被改建成一个4层高的饭馆。一期的保护修复工程中，主要是拆除2～10号北院搭建的这些建筑，其次就是完全复建8、9、10号南院。

二期工程最主要的就是要恢复七贤庄的整体面貌，其中2～10号院北院的复建就是最为重要的课题。其中，1号院位于十个院落的最西边，西临北新街，北临西七街。十个院落中1号院的北院作为八办展览馆保存是最为完整的。除了北侧临西七街的一间门房仍在出租做小卖部外，其余的部分在一期工程里得到修复，保护状况比较好；2号院北院保存有门房、正房两部分。总平面呈长方形。正房和1号院正房结构基本相同，平面都呈工字状带地下室。门房面宽5间，墙体保存较好，墙表皮破损严重，窗户已经全部拆除；3号院北院只保留一个五开间的门房，有一个外地打工者暂住在门房东侧房间内。正房、东西厢房、南房在一期工程中被完全拆除，现在是一片空地；4号院北院现在保留一五开间门房，除房顶外，门房的格局以及墙体改动比较大，基本上是红砖、水泥墙体。4号院还保留一正房和一东西厢房，窗户和门都有较大改动，所以都基本被拆除；5院号北院现存门房、东西厢房、正房、后房。门房由于人为因素已经发生改变，和6号院子共用一个大门。正房也呈不规则状态，只剩西边一个开间。后房是一个和6号院连起来的10开间建筑；6号院北院有一两开间的门房，一西厢房一正房，最南边和5号院连通的后房。东厢房已经在居民增建过程中毁掉；7号院北院1990年代新建的4层高酒店已被拆除，作为空地保留；8～10号院北院全部拆除作为停车场使用。

（3）更新成果

七贤庄是西安近现代建筑尤其是民国时期居住建筑群的典型代表，是西安近现代重大历史事件发生的地方。该地区现存的"八路军驻陕办事处"、新城黄楼、革命亭这些历史建筑见证了历史。作为著名的历史文化名城，西安古都风貌是保护的重点。然而古城不仅仅存留着遗址、遗迹，还有七贤庄等现存不多的有形遗产。七贤庄地区的保护更新正是保存、发展、完善西安古都风貌的重要组成部分。作为一份完整的历史，近现代建筑在城市的发展中具有不可或缺的重要价值。随着保护研究的深入，近现代建筑的保护将是今后保护工作的重点之一。

3.2.6 城市商业综合体的建设提升（2005～2009年）

　　这一时期，城市商贸业开放性与丰富性逐渐增强。2004年4月，商务部《外商投资商业领域管理办法》施行之后，西安市商贸行业对外开放告别了试点阶段，进入常规化[①]。2004年年底至2008年，西安市商贸业中、外零售企业激烈竞争，市场持续整合。随着零售、批发业的共同开放，全市商贸零售业态日益丰富，商品种类大幅增加，文化附加值不断提高，城乡开放程度日益增加。同时信用消费、信用交易和远期交易等交易方式逐渐增多，使得交易方式更加高效便捷。至2008年底，全市拥有商业网点18.5万个，从业人员逾百万，全市社会消费品零售总额达1154.3亿元（表3-17）。

2003—2008年西安社会零售品销售情况一览表（单位：亿元）　　　　　　　　　　　　　　表3-17

年份	社会消费品零售总额	城镇	批发和零售业	住宿和餐饮业	其他行业
2003	502.65	449.62	440.28	53.3	9.07
2004	578.6	520.94	509.6	56.87	12.13
2005	670.56	604.63	592.77	63.59	14.2
2006	784.95	708.31	694.03	74.77	16.15
2007	936.21	845.59	828.63	89.32	18.26
2008	1176.58	1063.93	1033	122.9	20.68

资料来源：《西安统计年鉴》（2003～2008年），西安市统计局编，中国统计出版社。

　　西安市商贸业百货、批发交易等传统优势进一步发展壮大，开元、民生、世纪金花等商贸企业竞争力不断增强，成长为本地百货的"龙头"企业；中大国际、金鹰国际等高端百货，引入国际化品牌商品和服务，有力提升了百货业的发展水平。如家、锦江之星等新型连锁快捷酒店纷纷登陆古城，推动传统酒店、住宿业升级。汽车、家居、日用品、服装、粮食、蔬菜、水果、肉类和水产品等专业批发市场门类齐全，商贸业辐射能力进一步增强。

　　这一时期商业综合体这种新的消费空间形式在西安出现。2007年西安立丰国际购物广场开业、2008年万达集团成功开发李家村万达广场，标志着商业综合体时代的来临。以李家村万达为例，其内部集合了写字楼、公寓、美食街、万达影城、沃尔玛、大歌星KTV等多类型功能空间于一体，让周边的居民实实在在地感受到了城市综合体对生活及居住品质的影响。购物、休闲、娱乐、朋友聚会基本会选择在万达，这里的一站式服务几乎涵盖了生活的方方面面。

　　这一时期，新兴业态时机成熟成长迅速，引领西安未来商贸业发展方向。连锁业迅速拓展到百货、餐饮、住宿和医药等众多领域，至2008年底，西安市全市有连锁企业119家、1857个门店，实现销售额175亿元，占全市社会消费品零售总额的23.9%[②]。电子商务使传统商业走向电子化、数字化和网络化，商贸行业经营管理的信息化、数字化、网络化流通体

① 洪涛. 中国流通产业60年轨迹、经验与问题 [J]. 市场营销导刊, 2009（5）：3-6.
② 韩玉凤. 西安市连锁行业人才需求现状及对策研究 [J]. 中国人才, 2010（22）：284-285.

系初步建立，商品交易手段进一步多样化。现代物流业健康起步，产业规模初步形成；西安国际港务区、引镇仓储物流中心"龙头"带动作用日益明显。

3.2.6.1 西安城中村改造（李家村万达）（2005 ~ 2008 年）

西安李家村万达广场项目位于碑林区雁塔路北段8号，位于李家村十字路口北侧，地块呈"L"形，根据核心空间功能可分为北侧的万达广场和南侧的李家村服装城，交通便捷，地理位置比较优越，周边临近丰富的历史文化、科研教育、商务商业以及大型卖场等公共设施，且其周边居民区分布密集，人气较旺（图3-40、图3-41）。

图3-40 李家村万达广场城市区位图

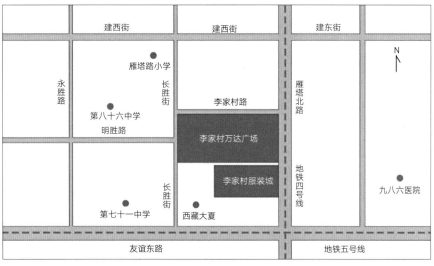

图3-41 李家村万达广场周边环境示意图

改革开放以来，这里迅速自发地形成了服装加工市场，吸引了大批江浙一带的布料批发商来此经营，之后这里被称为李家村服装城，作为服装专业市场，多年来享誉西北五省。随着经营规模的不断扩大，农民为了增加出租房面积，将原来的一、二层房陆续加高至五、六层，既没有预留消防通道，又没有结构上的抗震设防，隐患重重[①]。

该项目为旧城区的城中村改造工程，原李家村有各类房屋建筑面积21441平方米，建筑密度93.6%，常住人口约2462户，1.2万人，其中外地经商户约1400多户共1万多人。这里每天客流量约4万人次，营业房面积45500平方米，违章建筑面积19830平方米。整个区域共有28个经营单位，34个分市场，从事生产的户数500户左右，生产雇用工人超过2000人，形成了辐射周边地区、经销西北五省及山西、四川、内蒙古、河南等毗邻区域的大型综合服装商贸城。整个市场销售总额达到7.2亿元，并以年均21%的速度增长。

原李家村服装城人流稠密，加之该地区纵横交错的商场布局，杂乱无章、交织错乱的各类电线，平均道路宽度不足3米，摇摇欲坠的简易楼房，给该商城埋下了种种隐患。这里服装加工的土制蒸汽锅炉随处可见，漏气伤人的现象时有发生，曾先后五次发生火灾。全区内没有消火栓，一旦发生大的火灾时只能从异地接水，必然失去最佳救火时机。这里的安全和消防隐患已威胁到李家村及周边居民的生命财产安全，同时影响了市场形象，也进一步限制了服装市场的经济发展。

虽然原李家村的经验带来了巨大的经济效益，但是随着城市的整体发展，城中村已经成为现代化城市的"疮疤"，"城中村"内部设施配套不健全，房屋质量不安全，周边环境脏、乱、差，房租低廉，治安环境令人担忧。这些不良现象的泛滥，对和谐社会的建立和城市经济的繁荣造成了极坏的影响。城中村的现状已严重影响着西安市城市化的进程。由于历史原因、管理体制、居住人员结构等多种因素，城中村成为城市管理的"死角"和犯罪高发区。整体社区环境不理想，周边配套设施欠缺和滞后[②]。要从根本上消除各种安全隐患和创造更大价值的商业环境，必须对李家村服装城进行全面综合改造。

（1）改造历程

李家村位于和平门外，雁塔路北段西侧。1981年有农民291户，712人，耕地385亩，主产蔬菜，兼营第三产业。由原李家村一、二、四、五组组成，驻李家村村委会，为居民、农民共居区。明万历年间为刁李村，《咸宁长安两县续志》始分为刁家村和李家村。

1986年至1993年，李家村土地被征用。1996年2月，该村撤村转户。1999年5月，村委会建制撤销。作为碑林区最先启动改造的城中村之一，早在2006年前后就已改名为雁北社区，随后李家村服装城也变身为万达广场[③]。而李家村万达项目正式开始于2005年7月，改造完成于2008年5月。1990年代初，李家村以服装产、供、销集散地闻名西安，辐射周边地区，成为经销西北五省区及山西、四川、内蒙古、河南等毗邻区域的大型综合服装商贸城。西安于2005年将碑林区李家村列入城中村改造项目，2005年12月李家村进入拆迁实施

① 和红星. "城中村"改造的求索之路——以西安市李家村、西何家村为例 [J]. 江苏城市规划, 2006 (08): 22-27.
② 徐明智. 节约型商业综合体建筑设计方法探讨 [D]. 西安: 西安建筑科技大学, 2008.
③ 西安市地方志办公室. 西安村落记忆上卷 [M]. 陕西出版传媒集团人民出版社, 2015.

阶段，于2007年3月开工，历时14个月的建设，于2008年5月16日开业，其中，酒店式公寓交房时间为2008年11月。

（2）改造内容

西安李家村万达商业广场是大连万达集团在西安的商业地产项目，项目总用地为4.84公顷，总建筑面积34.4万平方米。地上由两座大型商业模块组成，一部分为李家村服装批发市场的还迁建筑，另一部分为多功能的城市综合体。

在功能组合方面，沿用大连万达集团的"捆绑式商业"的模式，它们分别是国际连锁超市沃尔玛、百盛百货、华纳国际影城、电玩、量贩式KTV、美食广场、公寓、办公等。地上裙房层数为5层，地下两层。地下层除了设备用房外，还提供了700个停车泊位，在地上2座建筑中，除服装批发商场部分的还迁建筑以外，在综合体的底层设有大量的租售商铺，每个铺位的面积为十几平方米到300平方米不等。底层建筑的室内空间是通过休闲商业步行街相连，建筑的室外空间是通过18米宽的步行商业街相连，每个能向外开门的商铺均是可售高价的旺铺。在商业街的交点处为近3000平方米的节日广场，具有休闲、展示和娱乐的功能。在步行街的交点处为大型休息中庭，具有休闲、展示和娱乐的功能。裙房各层主要通过中庭步行街的结合，将精品屋布置于步行街的两旁。既增强了商业气氛，又为公众提供了更多的选择。

在设计风格方面，立面设计力求在西安历史文化古城的气息中寻找沉稳大气的感觉，并采用现代的手法进行表达，寻求历史与现代的平衡点。设计构思从城市风貌和建筑功能的角度出发，商业部分力求用现代的材料手法，烘托制造良好的商业氛围（图3-42）。

图3-42 李家村万达广场入口实景图

在街道空间改造方面，李家村万达广场与服装批发城之间的商业街，为人车混行道路，且设有地上停车位，人流较少。在李家村万达广场与李家村北路（城市次要道路）间退让成街道空间，并利用踏步进行抬高处理，有效地划分边界。此道路上设有地下车库出入口及货运出入口，建筑界面以封闭的石材为主[①]。

就其改造方式而言，李家村万达广场为新建项目，征用集体土地，撤村转户，提供一部分还迁房，土地用途定位为高端城市商业综合体，以消除重大安全隐患为重点，以区域综合改造带动经济发展为核心，交由碑林区政府统一规划、统一组织、统一拆迁。在政府主导、以区为主，市计划、规划、土地、房产、建设等各部门通力配合下，李村改造项目很快完成了立项、规划、定点、用地、拆迁的审批手续等前期准备工作，并于2005年12月顺利进入了拆迁实施阶段。集中体现了以下三点内容：

其一，政府主导，以区为主，各部门通力配合以及政策上的支持是李家村改造的重要保证。其二，整体改造，科学规划，市场运作，最大限度发挥地缘优势是李家村成功改造的关键。为了从根本上解决消防隐患和提升整体环境商业价值，将该区域扩大到88亩，基本涵盖了李家村周边基础设施落后，功能不完备，环境恶劣的地区。并组织规划部门进行方案设计，通过科学论证，确立改造方案的方向是在消除安全隐患的基础上，建成一座保持古城风貌特征，融合现代时尚风格的综合商业城。其三，把群众利益放在首位，是李家村成功拆迁改造的基础。具体体现在安置工作中充分尊重民意，提供了货币安置和实物安置两种方案供群众选择。并对按时搬迁的人员制定了一系列奖励优惠政策。为浙商以及经营户提供了一个9600平方米的过渡市场，免收一定期限的工商费和营业税等。

（3）更新成果

西安李家村"万达"项目将原有的商业与居住等多种功能综合布置，扭转了过去工作与居住完全分开，交通混乱的局面。对于解决"城中村"的一些问题提出了有效的解决方式，缓解了城市交通、环境与治安等方面的难题。万达商业综合体的业态形式很全面，各部分所占比例恰当，与周围的商业中心相处比较和谐，没有出现恶性竞争等现象，促进商圈内形成了从基本消费层次到中高端消费层次完整的商业结构。此外，万达商业综合体的影院、写字楼等功能组成填补了区域空白。从功能角度来讲，李家村万达商业综合体的功能布局与选址合理，与周边城市空间形成了一种和谐共生关系，推动西安城市购物环境的升级优化，同时形成了综合性、一站式与一体化的商业产品销售模式与商业空间组织管理模式，从而提升了整个区域的经济效益和社会效益（图3-43、表3-18）。

---

① 杜岩. 西安商业综合体中介空间设计的行为影响研究 [D]. 西安：西安建筑科技大学，2014.

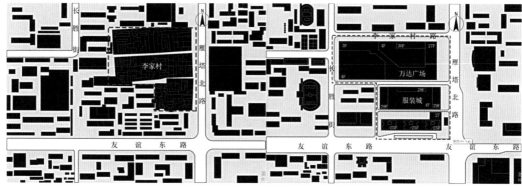

图3-43 李家村万达改造前后空间肌理对比图

西安李家村改造前后技术经济指标对比   表 3-18

项目	改造前	改造后	变化
基地面积	5.58公顷	4.84公顷	减少0.74公顷
建筑面积	214410平方米	368650平方米	增加154240平方米
地上建筑面积	214410平方米	287250平方米	增加72840平方米
住宅及公寓建筑面积	146877平方米	100000平方米	减少46877平方米
综合商业建筑面积	45525平方米	227950平方米	增加182425平方米
总户数	357户	1583户	增加1226户
地下建筑面积	—	81400平方米	增加81400平方米
建筑密度	93.60%	79.2%	减少14.4%
容积率	3.13	5.93	增加2.80

数据来源：西安建大建筑设计研究院相关资料。

这个项目的地位和作用可总结为：多种建筑功能的复合提高了"万达"项目土地等各种资源的利用效率；为李家村改善了人居环境，提升了生活品质，方便了人们的工作和生活；延续了历史城市的肌理，加强了东西向的联系；使该地区具有有效的自我调节能力，各种功能互相配合，提供对方发展的潜力，反过来促进自身的增长。但其自身的空间设计也存在着以下两点不足[1]：室内空间体验因素比较单一；城市公共性不足，万达与城市开放空间的联系比较生硬，广场上缺乏景观要素等。

3.2.6.2 西安城市商圈振兴（民乐园万达）（2009 年）

民乐园地区位于西安市明城内的东北部，城墙以里，位于东五路以南，东新街以北，解放路以东，尚勤路以西。临七贤庄历史文化街区，距西安新城区政府700米左右，钟楼与鼓楼广场2公里，距西安火车站仅800米的距离，是出入西安火车站的必经之路，周边有大型综合商场，如民生大楼、盛业酒店、裕朗酒店、新玛特购物中心等，是新城区解放路商业圈的重要组成部分（图3-44）。

[1] 刘鹏. 西安万达广场室内商业步行街空间特色研究 [D]. 西安：西安建筑科技大学，2014.

图3-44 解放路万达广场区位图

民乐园片区是在唐代兴建起来的，在唐长安城地图上处于城市布局的东北部，皇城的正东侧，街巷的北面末端为丹凤门，东面为通化门，西面为嘉福门，南面距离唐长安城的东市、兴庆宫较近，处于永兴坊、安兴坊、来庭坊、大宁坊的位置上，在唐长安贸易中占有一定的地位。到清代时，新建的满城选择在西安城市的东北角，民乐园地区恰好属于新建满城的部分，在清代民乐园地区作为八旗镶红堆房营房，在嘉庆《咸宁县志》载云："自顺治二年分城内东北隅地，自钟楼东至长乐门南，北至安远门东，因明秦府旧基筑八旗驻防城"。

辛亥革命的胜利，宣告了清王朝的灭亡，由于战争的破坏，西安满城化为废墟。1921年，冯玉祥将军第一次率军来到西安，看到满城一片荒地，荒草丛生，人烟稀少，于是在这片土地上建立一个繁荣的新市区，修建了"民乐园"，并在民乐园地区中间建造了一所可容纳几百人的礼堂，礼堂起初之意是宣传礼义道德基督教义的作用。围绕着礼堂四边修建了许多商业店铺，西门里为游艺场，唱戏、说书、杂耍及卖狗皮膏药大力丸的江湖生意多聚集于此，东、南、北门里为旧货市场（破烂市）。并设想以民乐园为中心，逐渐发展，形成一个新的市场。冯玉祥西北军驻此，本着以"与民同乐"为主题改名为民乐园，并建造了民乐园石牌坊立于此地。建围墙如堡，四周有砖结构三孔拱门四个，冯玉祥的部队离开西安后，民乐园片区变成骡马市场和"夜市"，后延展变迁成为闻名一时的"鬼市"之雏形。1934年，张子宜等人在园内自建房屋，创建"民生市场"。

现今，解放路民乐园片区是西安旧城内最大的居民大院和市民娱乐场所，地块内的历史建筑豫剧院是民乐园历史的见证，其中承载了民国之初以来西安市民的市井记忆，尤以战乱时期河南等地难民带来了多样性的生活，见证了西安包容兼蓄的移民文化，民乐园片区也是西安城市工业的发端之地。

（1）改造历程

民乐园万达广场在建成之前，其所在的解放路商圈已经有不少大型的商业设施，如民生百货、民生新乐汇、民生新都会、新玛特商场等。这些商业设施建筑空间封闭性和独立性很严重，和商业空间与其周边城市的环境基本没有发生关系，依旧为传统的商业模式。2008年12月，西安解放路整体改造提升工程正式启动，解放路上投资兴建了民乐园万达商业综合体，其强调体验式消费的商业模式，对当时西安市以传统商业模式为主的情况进行了有效补充，与其相伴的商业街也重点以体验性消费为主要经营模式，一段时期内吸引了大量人流。

（2）改造内容

当时伴随着西安唐皇城复兴计划的推出，《西安商贸业"十一五"发展规划》中已将解放路定位为中心商业区。解放路整治规划要将解放路建设成为以"民俗、民生、民乐"为主题，集商贸购物、餐饮休闲、旅游观光、民俗文化特色和专业特色的、未来西安城区的中央商业街区。民乐园万达广场作为整体改造和商业复兴中的龙头项目，正是肩负了这一复兴解放路商圈的使命，着重体现了时尚、高档和综合的特征，成为西安古城墙内的时尚新地标。

西安民乐园万达广场商业综合体是万达集团在西安开发建设的第二个万达广场。它和李家村万达广场一样，同属于万达广场商业综合体的第三代产品。2006年，该片区开始进行规划改造，新建成的民乐园万达广场是一个复合型街区模式，集住宅、酒店、商业于一体的片区设计，商业部分的层数为5层；住宅、酒店部分层数为7层，局部在3层以下；片区内建筑屋顶样式多采用传统的坡屋顶，局部采用平屋顶穿插其中，建筑风貌与城市整体风貌和谐统一。街—巷—院—屋的层次空间清晰，街巷、院落和各个景观节点空间处理巧妙，这些均体现出传统民居的特点。民乐园万达广场成功设计及实施，加速了解放路商业圈的形成，完善并丰富了古城的空间格局，同时对古都整体风貌的恢复起到了很大的作用。

自建成以后，其凭借自身庞大的体量和规模，一站式购物的消费感受，以及兼具传统与现代的建筑风格而成为解放路区域的地标式建筑，并且极大地推动了其所在的解放路商圈的发展。西安民乐园万达广场由于基地被内部原有一条城市道路——东四路贯穿而过，因此在设计的时候，为了保留原有的城市交通脉络，避免打破原有的城市空间格局，在综合体的商业街的规划设计中，引入了"天街"的概念，将整个商业综合体的商业街架空于基地原有的东四路之上，人们在民乐园万达广场这样一个巨大体量的商业综合体建成之后，依然可以从其商业街底部原有的城市街道穿过，通过这种方式，不但维持了原有城市街道的脉络，方便市民的使用，而且为民乐园万达广场商业综合体带来了大量的消费人群。

（3）更新成果

依据2005年西安市制定的"唐皇城复兴计划"，提出"两环—两街—四轴—五核心—二十里坊"的老城区规划格局，延续城市肌理，展现古城魅力。解放路民乐园片区因其成片性的规模和改造的急迫性，成为其计划中的一项重要组成部分。在该地区的控制性详细规划中提出"集历史、文化、商贸、旅游为一体的新民乐园"规划目标。依据西安市第四轮总体规划主要内容中的布局，民乐园地区处于老城区空间结构规划中"四带"的核心发展带上，因此，设计要充分展现古都西安的当代风采。

在具体的空间设计上，从传统的合院式建筑中汲取灵感，并结合唐朝的里坊制结构，将整个商业街空间布局设计为"回"字形的"合院式"，使人们处在步行街中犹如身在传统的"四合院"，延续了城市的历史文脉；为了延续场地本身原有的肌理环境，营造场所的历史感，唤起人们的集体回忆，民乐园万达广场将商业街架空两层，凌驾于城市原有道路——东四路之上，保持场地原有的通达性与可达性，这是对场所精神的继承——即使民乐园万达广场这么大体量的综合体建筑建成以后，人们依旧可以维持原来的交通习惯，给人产生时空一致感和历史认同感。总的来说，民乐园万达广场及其商业街改造项目，是所在城市区域环境中汲取灵感，采用当地和历史建筑布局和空间结构形式，从尊重场地现有场所精神出发，延续了文脉，增强了商业街的历史场所感。

3.2.7 文化导向下的经营管理更新（2005 ～ 2010 年）

2005年以来，西安以其丰富的文化资源，通过对城市各区内各类型文化遗址、名胜古迹以及其他历史文化资源的深度开发，先后在曲江新区、大明宫地区、浐灞新区、楼观台道文化展示区以及"皇城复兴区"等区域展开了有益尝试。在实践的过程中，利用城市片区改造建设、文化遗产保护、地域文化发掘、文化产业发展等方面的有机结合的方式，以城市政府或成立的专门机构为主导，将文化资源和其他资源通过功能、产业、空间整合的方式，运用市场手段进行资源、资产的资本化运用与管理，在城市文化保护与城市建设，社会、经济及环境的可持续发展方法做出了有益的探索。

3.2.7.1 "曲江模式"的探索（2002 ～ 2004 ～ 2009 年）

曲江新区位于西安市东南部，是陕西省、西安市确立的以文化产业和旅游产业为主导的城市发展新区，其核心区域面积40.97平方公里。新区范围内聚集了慈恩寺、大雁塔、唐长安曲江池遗址、秦二世陵遗址、寒窑遗址等众多历史文化遗产，历史文化底蕴深厚。曲江新区的发展为西安市整体的发展带来了生机与活力，使其不仅成为陕西特色文化产业发展的标志性区域，也是西部地区重要的文化、旅游集散地。

（1）模式缘起

论"曲江模式"探索的缘起，可总结为以下两大方面。其一，丰富的文化遗产给西安走向现代化带来了严峻的考验，在某种程度上限制了西安现代化进程的发展与建设。1980年代末，大雁塔周边的环境建设与开发利用情况逐渐落后于时代要求，并与西安市整体发展水平相去甚远，由于该区域涉及的文化资源较多，且分布较为分散，使得该区域在相当一段时期内文化保护与城市经济建设需求难以协调平衡，亟待寻找适宜的发展路径。其二，混乱的文化环境，严重影响了大雁塔本身历史文化价值的体现，曲江整体区域的发展，甚至于西安整体的文化形象。由于大雁塔享誉世界，是西安极具人气的文化胜地，来访参观者人数众多，而当时以大雁塔为核心的区域环境中严重缺少配套的旅游服务空间，周边陈旧混杂的市容市貌也难以满足人们对于旅游休闲的品质化体验。

曲江，它曾是以大雁塔和曲江皇家园林遗址为核心的西安古代著名的城市风景园林区。当下它又是西安特色的城市新区之一，是西安城市的后花园，是探索历史文化名城保护适应当前的现代化环境的最佳试验田。

（2）探索历程

自2002年以来，曲江经历了从旅游度假区—文化旅游区—文化产业示范区（曲江新区）的演变。以2003年7月26日，西安市政府批准成立"曲江新区"为界，在此之前，该区域主要经历了1980年代大雁塔为核心，在其周边环境中进行的"三唐工程"（唐华宾馆、唐艺术博物馆、唐歌舞餐厅等）与"三园工程"（春晓园、蔷薇园和盆景园等）建设。1992年以开发利用曲江旅游资源为目的的西安曲江旅游度假区建设，以及1996年初，西安曲江旅游度假区成立管理委员会后，到2002年以来，曲江新区通过市场融资等方式先后进行的六大遗址公园、六大文化场馆和系列文化广场建设（曲江新区先后建成大雁塔北广场、大唐芙蓉园、曲江国际会展中心、曲江池遗址公园、大唐不夜城等一批重大文化项目，组建了曲江文化产业投资集团、曲江影视集团、曲江会展集团、曲江演出集团、曲江文化旅游集团、曲江建设集团、曲江文商集团等八大产业集团，形成了以文化旅游为核心，会展创意、影视演艺、出版传媒等产业为主导的文化产业体系），跃升为我国西部最重要的文化、旅游集散地，陕西文化、旅游产业发展的标志性区域（图3-45）。

2003年之后，为了保护好大雁塔及其周边的历史环境，并且充分利用好大雁塔这一历史悠久的中国历史文化瑰宝，发挥其不可多得的文化旅游资源对城市的整体带动效应，西安市政府邀请了许多国内外城市规划专家、社会学家、经济学家及文物保护专家等各路知名学者，对以大雁塔为核心的周边区域环境进行了整体整治规划，形成了今天的西安曲江国家级文化产业示范区，使该区域成为西安市一张新的城市名片，标志着曲江开始走上了历史文化与现代化建设有机结合的发展道路。2004年7月，西安曲江文化旅游中心负责曲江旅游的大部分产业经营。曲江文化旅游有限公司是在西安曲江新区管委会的领导下，于2004年7月，由西安曲江文化产业投资（集团）有限公司投资成立。2009年，把曲江新区确定为陕西省和西安市的以文化产业和旅游业为主导的城市发展新区，是陕西省实施"文化强省"战略的核心区域。同年10月，西安市委、市政府批准了曲江新区二期扩区方案。曲

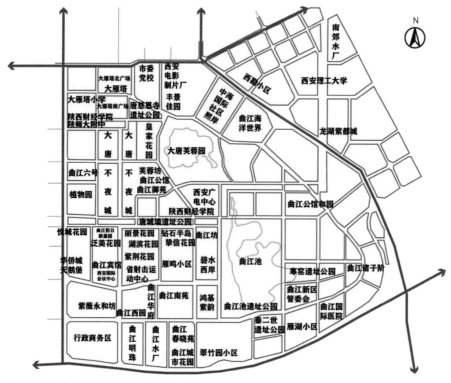

图3-45 西安曲江新区项目开发规划示意图

江新区以二期扩区为契机，制定了新的产业方向，在原有的建设规划基础上，规划布局了出版传媒产业园区、会展产业园区、国际文化创意园区、动漫游戏产业园区、文化娱乐产业园区、国际文化体育休闲区、影视娱乐产业园区、艺术家村落等九大文化产业园区，为曲江新区的进一步发展铺平了道路。

（3）模式总结

经过二十余年的规划与发展，曲江新区已然形成了规模化、集聚化的公共文化服务设施，成为西安市文化娱乐、消费的重要场所。通过将一系列以文化为主导的产业项目建设与城市综合开发相结合，取得了丰厚的成效，在保护了历史文化名城西安的悠久历史文化的同时，将其以全新的方式呈现在世人面前，使其历史文化得到更广泛的传播，提升了曲江新区乃至整个西安的知名度和影响力。

"曲江"模式的核心价值在于将现代知识工具和地方化文化资源有效地结合起来，寻找出"在地化发展"的具体性可能。其重要性在于政府扮演都市建设的核心主体，以及整合运作的资源处置思路。①坚持文化产业与文化事业并举，兼顾两大管理体系，即以曲江管理委员会为主的政府领导监督体系，与曲江文化产业集团为主的曲江新区文化产业的发展和运营体系。在发展过程中，开发区首先通过曲江新区融资平台，通过土地储备项目从国家

① 王春泉. "曲江—西安模式"面临新的选择 [J]. 西部大开发，2011（11）：91.

开发银行陕西分行贷款，辅以地产商垫资等手段筹资，启动大唐芙蓉园、大唐不夜城、唐城墙遗址公园、曲江池遗址公园、寒窑遗址公园等大型项目。随着这些项目的建成、运营及社会效益的不断增大，使其周边土地价值也不断得到提高。通过这种模式让曲江整个融资链条得以激活，在文化、旅游和城市的共同拉动下，使得曲江新区的区域经济实力明显增强。

综上所述，曲江开发的模式为，政府以土地储备项目作抵押，利用对区域原有历史文化资源的发掘，通过提炼影视、演艺、旅游等文化产业的各种文化概念，来实现区内土地的增值，通过出让土地获得资金后再建主题文化公园，继而带动地产升值，再对相关区域进行继续开发。

3.2.7.2 大明宫遗址区保护与开发模式（2005 ～ 2010 年）

西安大明宫遗址区位于西安市明城墙的北部，西安城市中轴线未央路两侧（图3-46）。该区域包括了西安四大遗址之一的"大明宫遗址"，规划区地跨未央区、新城区、莲湖区、经济技术开发区共四个行政辖区，总用地面积29.08平方公里，现状总人口约36.64万人（其19.16平方公里的核心范围内，现状总人口约29.89万人）。

图3-46 西安大明宫遗址区位置示意图

其中，大明宫遗址于1957年被公布为"陕西省第二批名胜古迹重点文物保护单位"，1961年被公布为"第一批全国重点文物保护单位"。遗址保护区面积7.8平方公里，其中，重点保护区面积2.8平方公里，一般保护区面积5平方公里。它是唐代文化鼎盛时期的实物见证，是唐代宫室建筑中最典型的遗址。其整体格局和重要殿基均保存较好，是我国目前遗存最好的中古时期的宫殿遗址，是研究唐代历史和中国古代宫殿建筑艺术的重要实物资料。遗址总体布局形态承前启后，代表着唐代科学技术的最高成就，对当时东亚各国宫殿及后世宫殿营建产生了深远的影响。

作为西安无可替代的重要历史景观符号，唐大明宫遗址公园的建设真实而充分地展示我国自唐代以来的历史文化进程，同时又提供了一个空间场所，为生活在现代城市中的人们调节复杂浮躁的心境，对西安整体品质的抬升和可持续发展将发挥不可估量的作用。

（1）模式缘起

大明宫地区的发展始终围绕着大明宫遗址，它在城市规划中的功能定位，带动或限制着大明宫周边地区的演变与发展。城市的快速建设与扩张，不断穿越既定的城市建设界限，那些处于城市区的大型古遗址随着城市发展空间的不断外拓，逐步进入城市行政范围或成为城市建设区域，成为城市的有机组成部分。随着城市的不断发展，大明宫遗址以及相关区域也处在一个不断演变与和谐更新之中。

"大明宫遗址模式"的产生，主要源于以下两个原因。

其一，"自20世纪30年代，大明宫遗址南面的陇海线铁路的修建，促使这一地区进入到快速演变的阶段。由于文物保护法律政策落实和管理的疏忽，遗址保护范围内居民生产建设、生活发展的强烈愿望造成企业谋发展、城中村人口的增长和宅基地的扩展，大明宫遗址不断被蚕食，遗址保护范围内的垃圾成堆，使得遗址的生存受到了日益严重的挑战。"城市化快速扩张对遗址区形成了巨大威胁。遗址区内居民、企业侵占遗址本体，发展生产，致使遗址区域内土地开发利用混乱、无序，遗址本体及其风貌残缺、受损。"在大明宫遗址中、北部仍分布较大面积的耕地，宫城区南半部近百万平方米和东内苑多万平方米的区域，已被低层次、密集不堪、质量低劣的企业、学校和居民用房叠压，遗址区内垃圾堆积众多，临时搭建的窝棚随处可见。"[①]遗址区内的世代居民确实为遗址的保护做出了很多牺牲，但是却不能因此永久剥夺该地区应该享有平等发展的权利。

其二，占地面积较大的大明宫遗址作为城市特殊的组成部分，在城市建设乃至区域发展过程中，由于受到文物保护政策、理念、技术、资金和城市规划等多方面原因的影响，其内部的生产生活空间发展受到局限。遗址区内外发展水平严重失衡，遗址区内部人民生活水平与遗址外城市地区相比相差甚远，整体发展缓慢，矛盾较多。"不少村民将遗址的保护视为经济发展的障碍，日益强烈的致富愿望致使人们冲破遗址保护范围的界限，进行城

① 金田明子. 城市大遗址区整体保护与更新研究 [D]. 西北大学，2009.

市建设，秩序混乱，给遗址的保护带来很大的障碍。"

随着西安唐皇城复兴规划的实施，市政府北迁和道北综合整治开发牵引着城市发展重心北扩。大明宫地区承担着连接南北的作用，大明宫遗址面临着越来越严重的侵蚀和破坏，遗址保护与经济发展和环境改善之间的矛盾日益突出。因此，迫切需要协调保护与发展的矛盾，促进遗址保护与地区可持续发展。目前，大明宫遗址地区面临的最大问题应该是如何将大明宫遗址的保护和周边地区的城市发展融合起来，将该地区的发展纳入到城市整体发展的平台上，解决遗址保护与地区开发利用的困境。[①]

（2）探索历程

大明宫遗址因处于城市建成区，多年来遗址保护与城市发展、经济建设和群众生产生活之间的矛盾非常尖锐。西安大明宫遗址的保护更新工作真正开始是在2005年以后。在此之前，1957年被公布为"陕西省第二批名胜古迹重点文物保护单位"，1957年至1959年主要是大明宫遗址全面的考古勘探和重点发掘阶段，包括三清殿、清思殿、含耀门、含元殿、太液池、丹凤门遗址等。1961年3月4日，大明宫遗址被国务院公布为第一批全国重点文物保护单位。这期间，为满足经济利益与区内人员的生活需求，现实发展带来了违章建筑、简易房屋私搭乱建等现象，该区域内建设性破坏与混乱开发情况并存，给其保护和发展带来了极大阻碍。1981年，西安市人民政府成立了大明宫遗址保管所，再到20世纪90年代（1993年）西安市城市总体规划提出："近郊的大遗址将得到妥善保护。历史文化名城保护规划认为唐大明宫遗址作为重要的遗址应该整治大明宫环境、加强绿化，建立唐大明宫博物苑和其他唐代遗址一起组成反映唐长安城历史风貌的整体系统。"采取"保护为主、抢救第一"的方针，在严格保护遗址的基础上，适当发展与其周围环境相协调的经济。协调好文物环境影响区周围的建筑环境和城市风貌。

2005年陕西省人民政府公布实施了经国家文物局批准的《唐大明宫遗址保护总体规划》。2007年10月，西安市委、市政府正式启动了大明宫保护项目，将大明宫遗址以及周边19.6平方公里纳入了城市总体规划，2008年5月19日，大明宫遗址区的整体拆迁工作正式全面启动，拆除各类建筑370万平方米，提供了较好的考古工作环境。大部分被拆迁群众将搬进遗址区周边的新居。2010年，在西安市大明宫原址上，为应对保护与管理问题，建立大明宫遗址公园，并于10月1日正式开园。

（3）模式总结

导致出现城市大遗址区保护与城市发展之间矛盾的原因很多，既有观念、体制上的原因，同时也存在着经济、保护技术等方面的原因。为解决大遗址区经济发展滞后、土地利用状况无序、文化气息淡薄、人民生活质量欠佳以及文化生态环境恶劣等问题，协调大遗址区域及其周边文物保护、经济建设与民众生活等问题成为大遗址区保护与利用工作的难点。

---

① 金田明子. 城市大遗址区整体保护与更新研究 [D]. 西安：西北大学，2009.

2006年，为保护大明宫遗址，同时推动遗址区城市发展，西安市决定由曲江新区主导，对大明宫遗址区19.16平方公里的区域内实施有机更新。一方面在遗址核心区域城中村整体拆迁之后，基于真实性的保护要求；另一方面，因其作为国家"十一五"大遗址保护的重点工程和"丝绸之路"联合申遗的重要组成部分。因此，为促进遗址保护与地方社会经济发展和谐共进，推动大明宫遗址保护与考古研究工作向纵深发展，将大明宫遗址建设为国家考古遗址公园是最适合的途径。

"大明宫遗址区模式"主要分为以下4个层面。

其一，遗址区物质环境更新。在对其进行保护开发过程中，根据大明宫遗址及周边城市地区的职能、地位、特点、发展方向与功能定位，将其地区整体分为遗址保护与地区更新两个层面。在大明宫遗址区19.16平方公里范围内，整个遗址地区保护与更新空间形态上形成"一心、两翼、三圈、六区"的基本格局（"一心"即大明宫国家遗址公园；"两翼"则是以火车站北广场为轴心，沿陇海线形成东西两大城市改造板块；"三圈"即将形成未央路、太华路、北二环三个商业圈；"六区"为规划建设文化旅游区、商贸服务区、商务核心区、改造示范区、中央居住区、集中安置区六个功能区）[①]。从而展示与合理利用唐大明宫遗址的文化内涵，通过遗址公园的建设提升地区的城市品质，从而带动周边地区的开发。以人与自然和谐统一为基点，构建完整的文化体系与生态体系。几年来，政府通过对遗址周边区域的土地整理、功能置换和环境整治等措施，逐渐调整与遗址区功能定位不符的用地类型，增加与之功能相配套的设施用地，改善人居环境，调整开发强度，合理配置商业、文化娱乐、教育、医疗等公共设施；结合居住区绿地设置供居民休闲娱乐的室外活动场地，创造优美的居住环境。城市更新中完善了遗址区市政基础设施，完善了区域路网，提升了区域交通承载能力，遗址区城市物质环境有了很大的提升。

其二，遗址区空间生产的动力机制更新。在大明宫遗址区整个更新改造的过程中，充分体现了政府与资本的结合。一方面西安市政府设立了代表其行使行政管理职能，发挥政府作用的大明宫遗址区保护改造办公室；另一方面，成立了按照市场原则行使城市开发与运营职能的西安曲江大明宫投资集团有限公司，负责项目建设、投融资、基础设施建设和经营管理。这样就形成了政府主导、资本推动、以文旅及地产推动城市更新，进而带动整个区域发展的模式。在此，政府充当了开发和管理双重角色，政治权力及其资本配置成为主要推动力量。由于出资方是政府控股的企业，使其在遗址区城市更新的过程中形成了与西方类似的"城市增长联盟"。政府利用行政资源为资本在空间实践预留机会空间，使资本能够产生最大的空间价值，这种自上而下的空间生产动力机制极大地推动了空间的生产能力。[②]

此外，在大明宫遗址保护过程中，曲江新区代表政府履行遗址区城市更新管理及运营

① 西安市城市规划设计研究院. 大明宫地区保护与改造总体规划. 2008.
② 王新文，张沛，张中华. 城市更新视域下大明宫遗址区空间生产实践检讨及优化策略研究［J］. 城市发展研究，2017，24（02）：125-128.

的职责，其所擅长的文化整合能力为大明宫遗址区城市空间生产增加了文化的维度，历史文化遗产的保护与利用成为整个区域可持续发展的关键性因素，形成了一种文化导向下的空间生产实践。总体来看，在大明宫遗址区城市更新中政府、资本及文化共同构成了空间生产的动力。

其三，以塑造文化空间为核心的文化资本化更新。政府通过对大明宫遗址核心区域的保护与展示，将其打造为一个可意象性的文化空间，激发了人们对于该空间的认知、想象与憧憬，从而推动了资本对周边区域的注入，将其周边区域塑造为一个能够满足人们空间喜好，并承担多种城市功能的空间。这就推动了遗址区的产业转型、价值链再造，由此产生的社会和文化变迁将生产出一系列新的生产空间、消费空间、居住空间、生活空间、游憩空间等。在这样的生产过程中，空间不仅是生产的结果，本身也成为消费的对象，成为城市更新中资本获得回报的产品。在空间形态上，遗址周边区域往往采用高强度开发的策略，与核心区遗址共同构成了中间低、四周高的碗状空间形态。这是由于遗址核心区域在城市更新中因其遗产保护的要求被定位为公共文化空间，从而使其退出了土地市场流通领域，资本为了获得经济平衡不得不采取提高周边开发强度的策略。从这个意义上看，这也是一个空间资本化的过程。

其四，遗址区的社会结构与产业结构更新。社会方面，大遗址区及其周边环境因城市更新过程中的空间生产而产生了社会变化，表现为管理与组织机构的重组。主导遗址区保护改造工作的是西安曲江大明宫遗址区保护改造办公室，该机构全面负责大明宫遗址区的保护改造工作，享有发展改革、招商引资、规划建设等市级管理职能，这就在一定程度上将遗址区三个区级政府所拥有的部分管理权限让渡到改造办，政府间的权力秩序发生了一定变化，随着空间生产强度的加大，新机构与原来政府之间的冲突有可能增加，需要处理好新旧政府机构之间的关系。同时，空间生产还调整了遗址区人与人之间的社会关系。随着大明宫遗址区棚户区的拆迁，原来以居住功能为主，使用者以河南移民为主，内向的、城市边缘社区，逐渐转为居住、商业、文化产业等多功能综合的新城市中心，使用者也逐渐转为城市高端人群为主，兼有部分原住民的新区。特别是，随着空间交通设施的完善以及遗址公园的建成开放，整个遗址区域成为公共的、开放的人际交往空间。在这样的过程中，人与人之间由原来的"熟人社会"快速演变为以消费为特点的陌生人社会。可见，新空间生产是对人们既有社会关系网络的一次重大冲击，破坏了人与土地之间长期形成的地方情感依恋，显然，这也成为地方文化的重大损失。

其开发模式是将历史区域单个的、局部的保护变为整体的保护融入城市经济、社会发展的规划之中，通过整体建设遗址公园，解决了遗址区被不合理的建筑物覆盖，无法进行进一步的城市开发和土地建设，居民生活得不到保障等问题，取得了良好的经济效益和社会效益。

产业方面，随着大明宫遗址区城市更新的展开，原有仓储物流等低端产业逐渐退出。与新物质空间环境及新社会阶层相适应的大型商业综合体、旅游服务商业陆续进入，以满足人们的各种需求，区域产业结构有了很大的改变。文化旅游相结合的大华1935工业遗产保护利用项目对于提高区域文化创意服务水平具有重要的意义，使得整个区域的文化特色更加突出，丰富了区域商业类型的同时，也为区域未来商业结构的完善提供了坚实的基础。这些多样的文化旅游项目及丰富的业态，必将吸引来自不同地域的个体汇聚于此，从而生产出丰富多彩的文化形态。

大明宫遗址区建设模式堪称"大遗址保护的东方典范"，向世界展示了中国在文化遗产保护中的政府意志和政府力量，也为国内其他遗址公园的建设做出了示范。在遗址公园建设中，大遗址保护不再是文物一个部门的事，而是政府主导下，发展改革、财政、土地、规划、建设、环境、科研等有关部门共同行动。从整体保护理念形成，到遗址区域居民拆迁安置，再到规划、建设推进，各级政府、各个环节大力支持，一系列国际合作有效展开。另一方面，积极引导社会力量参与到大遗址保护行动中来，也为大遗址保护与利用带来了新的发展机遇[①]。

3.2.8 阶段性更新模式与实践经验总结

随着城镇化进程的持续推进，西安城市更新的内涵日益丰富，外延不断拓展，已然成为城市可持续发展的重要主题之一。进入到1990年代以来，由于西安市的发展背景、面临问题、更新动力制度环境的差异，其更新的目标、内容以及采取的更新方式、政策、措施亦相应发生变化，呈现出西安更新实践的本土化探索与协调性特征。

回顾以上的更新案例，可将该阶段的实践根据其目标对象的特征及更新改造的主体类型再划分为三个区段。其中，第一段为1990年代末至21世纪初，这期间城市形象区域与公共空间成为西安重点发展的地区。第二段主要体现在2003年至2005年左右，以城市历史街区、地段的保护更新为主。第三段主要体现在2005年至2008年左右。一方面，城市商贸业开放性与丰富性逐渐增强。以城市综合体主体为形式的城中村商业空间整合与城市传统商业空间的升级提升，回应了人民在城市当中多元性的消费需求，通过重组商业空间的组织形式来提升城市经济活力，促进城市消费升级。此外，文化资源和其他资源通过功能、产业、空间整合的方式，运用市场手段进行资源、资产的资本化运用与管理，对城市文化保护与城市建设，社会、经济及环境的可持续发展方法做出了有益的探索。

---

① 曲江新区管委会.创造世界大遗址保护的东方典范[OL].http://xasj.xa.gov.cn/xwzx/tzgg/5d7159df65cbd825a4932cfc.html，2010-09-29.

3.3

多元应对的有机更新实践（2009 ～ 2021 年）

▶ 在城市总体形态上，以城市复兴作为城市发展，以恢复核心区明城区的历史风貌为前提，整合特色空间、凸显传统格局、营造文化环境，提升和改善城墙内的环境质量，使古代文明与现代文明交相辉映，古城区与新城区各展风采。具体做法为：首先将古城区内的行政办公外迁至北边的经开区；其次，引导老城区的居民向其他城区迁移，降低人口密度，提高城区活力；第三，将老城区作为整体进行保护，功能定位为集商业与旅游业的第三产业，简化老城区功能，不再承担过多的城市主要职能。城市发展与住区建设日益完善，"微更新""有机更新""自下而上""公众参与"等更注重人文关怀的城市更新理念在城市更新项目中逐步应用。根据《西安城市总体规划（2008～2020年）》，以及《西北地区5中心城市更新治理实践及可持续推进策略研究》一文，西安城市更新目标有以下5个方面：

（1）提高土地利用效率：通过对城市低效率用地区和产业衰败区实施功能转换、产业培育、立体开发等更新策略，提升土地使用效率。

（2）保护历史文化遗产：城市历史文化遗产是城市个性和特色的表现，保护历史文化遗产是西安城市更新的共性诉求。

（3）改善居民生活水平：老城区、老旧小区、棚户区等区域的内部环境质量差、公共设施缺乏、街道功能混乱等，改善这些地区居民的生活水平是这类地区的更新首要任务。

（4）修复城市生态环境：通过在更新中运用生态修复技术，可以长远解决历史遗留的生态环境问题。

（5）提升城市发展品质：疏散旧城过于拥挤的人口和功能，增加绿地和开敞空间，进而提升城市发展品质。[1]

从开发主体上看，目前国内比较普遍的三种城市更新模式，即政府型、政府主导型、资本主导型三种。通过对2009～2020年更新

---

[1] 车志晖，张沛，陈哲. 西北地区5中心城市更新治理实践及可持续推进策略研究 [J]. 华中建筑，2018，36（7）：66-68.

项目的梳理，西安城市更新项目主要以政府主导型为主，政府型与开发资本主导型为辅。

政府型指城市更新项目开发由政府直接组织并负责规划、提供政策指引，由政府建设部门与承担更新任务的国有企业签订土地开发合同。这类模式一般是用于影响城市未来发展、改善民生及遗产保护类的更新项目，例如：西安市护城河及环城公园综合改造工程、西安南门广场综合提升改造项目、西安幸福林带城市综合体、七贤庄历史文化片区保护与有机更新项目（七贤庄红色教育片区项目）。

政府主导型是指城市更新项目开发由政府引导，市场主体、社区参与推动进行。在这种模式下，核心是政府通过制定相应引导性政策，将部分权力和利益下放到市场，吸引市场力量参与城市更新工作，进而利用市场的开发运营能力和资金推动城市更新。而在西安城市更新中这类模式最为普遍，例如：永兴坊特色美食商业街区、老钢厂设计创意产业园、大华1935、纺织城工业振兴（西安半坡国际艺术区）、西安大悦城城市综合体、高新创业咖啡街区、曲江创意谷。

资本主导型是指在城市更新项目开发过程中，政府通过出让用地，由开发商按规划要求负责项目的拆迁、安置、建设的一种商业行为，是一种完全的市场化运作方式，开发商可根据自身利益去进行房地产开发。这类模式在西安城市更新中以小型街区更新项目为主，例如建国门老菜场更新。

从更新对象上来看，2009～2020年西安城市更新可以分为围绕城市遗产的城市更新和围绕城市老旧空间的再开发两类。围绕城市遗产的城市更新，相较于之前城市遗产的做法，将遗产保护变被动为主动，走向人们的生活中。城市遗产作为城市历史的一部分，开始积极地参与城市更新活动，改变以往时间定格的桎梏，开始以开敞的空间和不围合的边界与人们生活融合起来[1]。围绕城市遗产的城市更新项目包括：西安市护城河及环城公园综合改造工程、西安南门广场综合提升改造项目、永兴坊特色美食商业街区、老钢厂设计创意产业园、大华1935、西安半坡国际艺术区、建国门老菜场更新等。围绕城市老旧空间的再开发，则是对城市已经衰落的空间重新激活，从而实现衰弱地区经济、社会可持续发展，人居环境全面提升。围绕城市老旧空间再开发的城市更新项目包括：西安幸福林带城市综合体、西安大悦城城市综合体、高新创业咖啡街区等。

3.3.1 城市公园更新（2009 ～ 2021 年）

3.3.1.1 西安市护城河及环城公园综合改造工程（2004 年 11 月至今）

（1）更新对象

西安环城公园位于西安城市核心区，闹中取静。其环绕西安明城墙一周，由明代城墙、护城河、环城林带、环城路和顺城巷组成"五位一体"立体化城市历史文物性的公园，

---

① 黄昆. 城市更新中古都风貌的传承与发展 [D]. 长安大学, 2012.

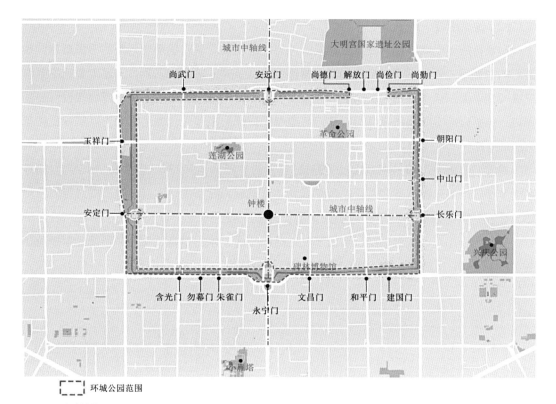

城市中轴线

大明宫国家遗址公园

尚武门　安远门　尚德门　解放门　尚俭门　尚勤门

玉祥门　　　　　　　　　革命公园　　　　　朝阳门

莲湖公园

中山门

安定门　　　　钟楼　　　城市中轴线　　长乐门

碑林博物馆

兴庆公园

含光门　勿幕门　朱雀门　　文昌门　和平门　建国门

永宁门

小雁塔

⌐ ¬
 L ⌐ 」 环城公园范围

图3-47 西安市护城河及环城公园综合改造工程项目区位图

[来源：根据王子邦. 西安市环城公园植物景观营造研究［D］. 西安：长安大学，2019改绘]

全长14.7公里，跨越4个城区，由17个小游园串联而成（图3-47）。明城墙和护城河之间宽约40米的环城林带，总面积60多公顷，其中59.3公顷环城林带郁郁葱葱，是西安市区面积较大的生态绿地。作为西安市民日常生活的重要载体，环城公园是市民品质生活质量提升的基础和具体展现；市民茶余饭后的休闲好去处，有大片绿地与植被进行能量交换的场所，在西安市民日常生活中起着重要作用。因其具有最独特、使用率最高的特点而深受西安市民喜爱[1]（表3-19）。

更新项目一览表　　　　　　　　　　　　　　　　　　　　　　　　　　　　　　表3-19

项目	起止范围	起止时间	规模（公里）	性质	单位
西安市护城河及环城公园综合改造工程	东门—建国门段	2004年11月～2006年4月	1.3	改建项目	西安市城墙管理委员会
	建国门—朱雀门段	2013年1月～2014年7月	2.4		
	朱雀门—西门（安定门）段	2016年10月～2017年12月	2.45		
	西门（安定门）—北门（安远门）—东门（长乐门）段	2017年12月至今	8.25		

资料来源：西安市护城河及环城公园综合改造工程项目报告书[EB/OL]. https://max.book118.com/html/2017/0222/92975903.shtm.2016-10-03；朱雀门—西门段开园 西门—东门段开工[EB/OL]. http://www.sanqin.com/2017/1210/331442.shtml.2017-12-10；护城河未来五年改造计划正式发布，再现碧水绕长安[EB/OL]. http://www.justxa.com/forum.php?mod=viewthread&tid=263030.2017-4-11。

[1] 韩凝玉，张哲. 城市公共园林环境空间的初步研究——以西安为例［J］. 西北大学学报（自然科学版），2015，45（5）：831-836.

（2）改造内容

本项目属于改造项目，主要对护城河内外岸景观和河道内景观进行新的平面布置，改造后的护城河内外岸将添加与各个城门相协调的点景式主题景观元素，河道内景观主要对护城河的坡面、亲水平台，溢流坝进行景观设计。在内岸景观带临主要干道处均设有公园入口；道路以蜿蜒的曲线在林间流动，与动态的护城河相呼应：道路周围均以景观树和花草灵动搭配。

建国门至朱雀门段（图3-48）。西安城墙景区管委会自2013年1月至2014年7月启动并完成了建国门至朱雀门段环城公园及护城河（示范段）综合提升改造。改造提升后的西安环城公园，相比以前增加了多项服务设施，提升了服务水准，建设了亲水平台、沿岸护坡和健身广场等服务配套设施，增加了文化活动空间、休闲设施，使整个景区成为绿荫环绕、四季常青、水景交融的示范性立体景观带（表3-20）。

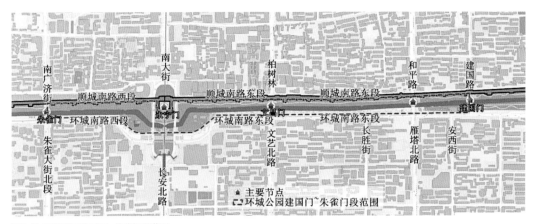

图3-48 环城公园建国门—朱雀门段范围
[图片来源：根据韩凝玉，张哲．城市公共园林环境空间的初步研究——以西安为例［J］．西北大学学报（自然科学版），2015，45（5）：831-836改绘]

建国门至朱雀门段改造内容 　　　　　　　　　　　　　　　　　　　　　　　　　　　　　表 3-20

改造内容		西安环城公园改造前	西安环城公园改造后
景观规划与设计	建筑	功能单一、年久失修、色彩灰暗	南门新建榴园、松园；牌楼翻新，园内新建多处建筑
	亲水平台	简陋	护城河抬高水位，拓宽亲水水面
	游船画舫	数量少；游船破损	"秦船""唐船"；画舫
	雕塑小品	无古城特色、易疲倦感	新建具有古城文化特色的各类雕塑
环境小品设施方面	座椅、园椅	破损严重，位置设置不合理；数量不够	新建各类古典园林座椅、园椅、圆凳等各类坐具
	路灯、垃圾桶、卫生间	有破损、数量不够、公共卫生间环境差	设置了古典风格路灯、垃圾桶；新建公共卫生间
	细部铺地	青石板铺地有损坏；有些有台阶的地方无坡道	新设置各类、各种材质铺地，满足散步、骑车、慢跑等不同活动需要

改造内容		西安环城公园改造前	西安环城公园改造后
生态条件	水体	水质污染，经常有异味	采用生物菌种和生态治理相结合方法净化水体，投放鱼类，增加水体流动性
	绿化	乔木多，草坪少	雪松、翠竹、玉兰、石榴、国槐，裸露地面种植草坪

资料来源：韩凝玉，张哲. 城市公共园林环境空间的初步研究——以西安为例［J］. 西北大学学报（自然科学版），2015，45（5）：831-836.

朱雀门—西门—北门—东门段（图3-49）。

1）河道防渗

在箱涵排洪方案中，对蓄水位以下河道进行全断面防渗，防渗结构采用C20钢筋混凝土面板。河道两岸边坡防渗设计：首先整修边坡，清除设计亲水平台下现状岸坡上杂草、树根，确保岸坡平整无荆棘物，在边坡平整后采用埋石混凝土砌筑亲水平台。

2）截渗花管设计

在箱涵排洪方案中，为了防止景观水渗流对城墙及周边建筑物地基产生不利影响，同时防止护城河在放空检修时，因地下水位高于河床面而顶起钢筋混凝土面板致使防水体系遭遇地下水场压力破坏，在河道两岸边坡沿原亲水平台分别布设1道纵向排水花管、河道底沿河床面布设2道纵向排水花管，且河道底间隔200米布设一道横向排水花管，排水花管采

图3-49 环城公园朱雀门—西门段范围
［图片来源：根据西安市护城河及环城公园综合改造工程项目报告书［EB/OL］. https://max.book118.com/html/2017/0222/92975903.shtm, 2016-10-03改绘］

用UPVC管，河道底纵向排水花管管径为DN150，其他排水花管管径均为DN200，排水花管外包裹土工布（面密度200克/平方米），周围设100毫米厚中粗砂排水层。纵、横向排水管交叉处采用DN150及DN200四通管衔接。

3）亲水平台、观景平台设计

两岸亲水平台高于景观蓄水位0.25米。亲水平台总宽3米，人行道部分宽2.5米，局部加宽形成观景点。采用200毫米厚C25现浇钢筋混凝土结构，平台基础采用埋石混凝土填筑。局部河道较窄、边坡较陡段，不设亲水平台。在治理河段内，在河道较宽并有游船通行条件的河段，可因地制宜布设观景平台、码头。观景平台基础采用埋石混凝土填筑，临水侧采用200毫米厚C25现浇钢筋混凝土结构。亲水平台每10米设一道伸缩缝，缝宽2厘米，缝内填塞聚氯乙烯闭孔泡沫板。

4）拦河坝

拟设计5座溢流坝即4号坝~8号坝，4号坝为西门坝拆除重建坝（NX5+408.27），5号坝为东门新建坝（DB0+620），位于东门闸上游95米；6号坝为中山门新建坝（DB1+260），位于中山门桥上游120米；7号坝为尚勤门新建坝（DB3+086），位于尚勤门桥上游100米；8号坝为北门新建坝（DB5+500），位于北门西桥下游185米。

5）淤泥沉淀池

由于箱涵承担着汛期雨水及部分污水的排泄任务，在长期运行过程中可能受淤泥淤积影响甚至堵塞，影响箱涵泄流。为了清淤方便，确保泄流通畅，改建箱涵在大的雨水汇入口附近均设淤泥沉淀池。结合雨水管口排水流量，共设24个淤泥沉淀池，池深1.0米，池长20米。在后期运行管理中，可以通过沉淀池附近的检查井就近抽排清淤。

6）护城河内岸林带

按照保护和彰显古城特色，突出城墙雄壮威武和沧桑感的原则，护城河四个方位的朝向，代表一年四季的轮回，采用不同季相来体现，东护城河是朝阳升起的地方、四季轮回的开始，用春季的植物来体现，主题世外桃源、牡丹迎春、梨园春色等；南护城河是串起城市迎宾广场的玉带，设置国槐飘香、榴园纳福、合家欢乐、丹凤朝阳、苍松翠石等植物组群；西护城河是古时的战略工事，今日的身边温柔，枫林如火、月桂花语、金秋银杏等景点；北护城河是奔驰的铁龙与波光粼粼的水面呼应，穿梭的人流与凝固千年的城墙撞击，主题知竹常乐、油树银花、白桦林间、踏雪寻梅。

利用线形公园特点，增加曲线路网设计，创造富有层次却又相互渗透的流动空间，将铺地、小径、休憩空间、运动空间等拆分后重新组合归类，按现代环境空间与视觉手法及审美要求重新组合，形成新的共享空间，通过巧妙的设计手法，"以有限面积，营无限空间"，在遗址公园中，城墙被生态廊道环绕，行走在生态廊道中感受不同的自然环境氛围，"以人为本，体现人文关怀"。在每个城门入口处，设计有铁艺大门，方便景区管理，在大门入口处，规划有非机动车停车位，为市民提供方便。

7）外岸林带

增强与城市的联系，与环城路相融，与遗址公园景区协调一致，在公交候车区域设置休憩空间、环境小品、构筑物，满足市民等候、休憩需要，在有限空间内发挥线形公园最大特点。保证公交站台区域有足够的空间供给游人上下车，暂时休息等候车辆。在植物选择上以大乔木为主，一方面可以遮阴纳凉，另外一方面也可以为游人赏析城墙遗址公园提供可靠的视线保障，同时在绿地设计上，融入相关历史、文化小品，增加空间趣味性。打造外岸生态环境走廊，保留原有行道树，在其内侧种植一行赏叶、开花小乔木，形成林荫带，在堤顶设石质栏板保护。开阔处修建广场、在适当位置通过下河步道连接城市与城河，修建部分建筑物，既是园中的风景，也是市政设施。

8）水质处理系统

水质处理系统方案暂未确定，将根据后期水质具体情况确定，可研推荐采用高效循环处理和强化除磷新技术建设辅助循环系统（High Efficiency Recycle Purification，HERP），通过控制氮、磷的含量保证水质，同时增加水的流动性。本次评价按该方案进行评价。

（3）更新成果

西安环城公园升级改造后，对以往存在的问题进行了改进。西安环城公园改造前，公园内景观、建筑年久失修，有破损现象；座椅、健身器械、垃圾桶使用率高，也有破损。大多数市民觉得座椅数目不够，不能满足需求，座椅设置位置不好。调查中发现一些原本不具有坐具功能的石块、路缘石成为市民休息的"座椅"，而一些质量完好的座椅因为设置位置不当而使用率极低；路灯、园灯延长公园使用时间，但有不亮的情况；用来丰富景观的雕塑小品、花架等，市民认为设计不能反映古城特色，每天都来公园的人容易产生雷同感和厌倦感，而且有破损；细部设计，如地面铺装有破损，在出入口位置和有台阶的地方有多处没有坡道，不利于老年人行走。

升级改造后的西安环城公园，基本解决了以往存在的问题，也满足了受众的使用需要，例如新建了松园、榴园等建筑；护城河水位平均抬高3米，河面宽度就由从前的15米延伸至平均河宽28米，修建了多处亲水平台和8个停泊游船的码头并设置秦、汉、唐三朝古画舫的码头。秦船和汉船是小型游船，能让游客自主驾驶，唐船则是大型舫船，可以停靠在某个水域进行表演使用；西安环城公园在设计上融入老西安文化和城墙文化故事。比如内岸，将明置西安府的故事放在入口处，以及二虎守长安、辛亥革命、西安事变、张载关学等；公园中间布置与老西安人生活习俗相关的雕塑；为纪念这位中日文化友好使者——吉备真备。在外岸，设立下沉亲水入口，设置浮雕，集中反映老西安的商业文化、饮食文化、戏曲文化和民俗文化，让游人走到护城河就对西安的生活、文化有概念，切实感受西安古城味道[①]。

---

① 韩凝玉，张哲. 城市公共园林环境空间的初步研究——以西安为例 [J]. 西北大学学报（自然科学版），2015，45（5）：831-836.

3.3.1.2 西安南门广场综合提升改造项目（2011 年 10 月 ~ 2014 年 9 月）

（1）更新对象

西安城墙是在唐长安皇城基础上扩建而成的一个四方城，东西南北各有四门，是明代城市活的标本，也是我国现存规模最大、保护最好、形制最完整的古代城防工事。也许是千年古都的基因，城虽小，但具有一个王朝的大气和霸气。无论是东西南北城楼还是钟鼓楼，都体现出明代的简约和典雅，是最具有东方气质又风格纯正的明代建筑，颇具现代色彩。

西安文物古迹众多，但人们记忆和印象最深的是保护相对完整的城墙。如果说西安古城墙是镶嵌在城市中的项链，南门则是这串项链上的宝石。许多国外元首都把这里当作打开东方之门的首选之地，它除了古老沧桑之外还具有国门的象征意义。然而中国的历史文化名城都是农耕文明的产物，是马车时代慢生活的代表。随着工业化和汽车时代的到来，西安南门这样重要的历史空间被现代化交通道路分隔为一个个碎片，大部分历史古迹像一个个"孤岛""木乃伊"一样，成为被历史遗忘的角落。

由于政治、经济原因，中国城市的发展不可能走新旧分置的道路，往往呈现新旧叠合状态，这就增加了城市风貌协调的难度。随着城市基础设施的完善与城市保护理念的逐步成熟，借西安首条地铁成功穿越南门地下空间的契机，当年军阀混战时期毁坏的箭楼被批准展示性重建，同时环城南路与长安路的立交也被提上议事日程，此外城河治理、环境提升、功能配套等问题也一一提出，南门迎来了一次综合提升的机遇（图3-50、表3-21、表3-22）。

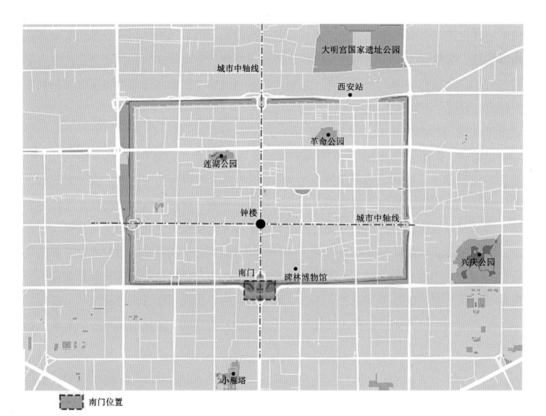

图3-50 西安南门广场综合提升改造项目区位图

南门广场综合提升项目概况表   表 3-21

项目	起止时间	规模	性质	主持单位
西安南门城墙改扩建项目（西安南门广场综合提升改造项目）	设计：2011年10月～2014年9月 施工：2012年10月～2014年10月	6.9万平方米（地下公共停车场、地下商业、地面公园及附属设施）	扩建项目/改建项目	西安市城墙管理委员会

资料来源：赵元超，职朴．破碎历史空间的现代重构——西安南门广场综合提升改造工程回顾［J］．建筑技艺，2017，（11）：26-33。

南门广场综合提升项目简介   表 3-22

项目名称	西安南门城墙改扩建项目（西安南门广场综合提升改造项目）
设计时间	2011年10月～2014年9月
建成时间	2014.1
总建筑面积	6.92万平方米（其中地上2962平方米，地下6.63平方米），地上局部两层地下两层，机动车停车位697个
项目规模	6.9万平方米（地下公共停车场、地下商业、地面公园及附属设施）
绿化率	55.20%

资料来源：传承历史情感——西安南门城墙改扩建项目[EB/OL]．http://www.sohu.com/a/154894516_183575，2017-07-06。

（2）改造内容

在保护现状文物资源、提升区域环境品质、重塑古建历史风貌的前提下，补充和完善南门景区服务配套设施；整合南门广场景观系统，利用绿化限定空间烘托气氛；梳理大南门地区城内外各方向车行、步行、轨道交通，合理地组织地面、地下交通流线。[①]

1）南门外广场

以有限度的开发、利用为原则，地面通过一系列广场、御道、吊桥、绿化限定，以空间的起承转合，烘托出南门标志性的形象；地下部分以停车和旅游服务设施为主，在避让地铁站场、护城河、地下车行快速通道的同时，对地下空间合理利用，解决区域停车位不足问题。同时，修建一条东西向横穿广场的地下人行通道，联系起松园入口广场、南门中央广场，及苗园入口广场，将人流与车流彻底分离，实现立体互通。

2）环城南路东西两侧地块（原松园、苗园）

整治和拆除部分影响视觉通廊的临时建筑；地下设置公共停车场作为南门交通节点的换乘系统及部分配套商业设施；在靠近南门广场的位置分别设置街头文化广场，作为南门景观的重要补充。

3）松园地块

保留原有仿古建筑，地面新建建筑以退台的形式与保留建筑取得呼应。地面景观亦与保留的古建筑空间格局相协调，恢复和改造原有水池，并辅以夜景亮化，通过局部的高差变化，有效地利用空间增大绿化面积。建筑地下一层主要是管理和商业服务用房，地下二层主要是设备和地下停车库。地下建筑以下沉庭院和下沉街道的设计手法，构成层次丰富的空间体系。

---

① 西安南门广场综合提升改造[EB/OL]．https://www.archdaily.cn/cn/874758/xi-an-nan-men-yan-chang-zong-he-ti-sheng-gai-zao-xiang-mu-zhong-guo-jian-zhu-xi-bei-she-ji-yan-jiu-yuan-you-xian-gong-si，2017-07-03。

4）苗园（榴园）地块

以下沉式中心广场串联起整个场地，地面建筑以退台的建筑形式位居场地东北角，形成一个面向城门的空间限定。景观设计利用地形丰富的高差变化，结合流动的带形水景小品，实现层次分明的绿化体系，塑造出一个以人为本的、移步换景的雅致景观。地下一层以商业服务设施为主，地下二层主要是设备和地下停车库，辅以少量商业服务设施。

5）环城公园地块

拆除原环城公园管理处等风貌混乱的临建建筑，在距离南门城楼一定距离外，以极简主义为原则加建二处玻璃幕墙服务设施，掩映于树林之中，满足功能需要的同时，又不影响城墙古迹整体性风貌。

6）南门里地块

延伸既有南大街人行地道至南门内广场方向，将行人从地下引入南门景区，实现人车立体分流。沿通道布置公共厕所、设备用房、景区管理用房等配套用房。

（3）改造设计方式①

1）缝合

设计中整合了西安南门及西安城墙南线周边数公里的公共服务系统、景观系统，完善城、墙、林、河四位一体的绿地系统，营造出亲民、开阔、优美、高效的城市公共空间。增加商业、游乐、服务、交通等基础设施，妥善梳理和组织南门地区城内外各方向车行、步行、轨道交通流线，使城市空间顺畅便捷可达。

2）融合

设计师在改造过程中，一直秉承尊重历史文化遗产的原则，协调西安南门广场周边、城墙内外建筑风貌和谐统一，根据环境条件和城墙的特殊性，将文物资源转化为城市公共资源、旅游资源，致力于实现对现状文物资源的可持续性保护（图3-51）。

图3-51 南门广场纵剖面图
[图片来源：根据赵元超，职朴. 破碎历史空间的现代重构——西安南门广场综合提升改造工程回顾［J］. 建筑技艺，2017，（11）：26-33改绘]

----

① 传承历史情感——西安南门城墙改扩建项目［EB/OL］. http://www.sohu.com/a/154894516_183575，2017-07-06.

3）整合

设计在梳理整合城市地下管网系统的前提下，合理开发利用地下空间，附加诸多城市使用实用功能。设计利用地铁、环城南路下穿快速干道、护城河，一横一纵一曲占据的城市地下空间的边角料区域，新增3万平方米商业、游乐、服务设施，新增停车位700余个，新增人行地下通道4条，营造出亲民、开阔、优美、高效的城市公共空间（图3-52）。

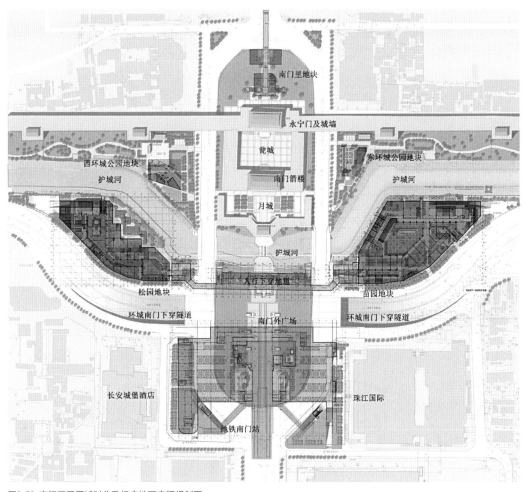

图3-52 南门不同区域划分及相应地下空间规划图
[图片来源：根据赵元超，职朴. 破碎历史空间的现代重构——西安南门广场综合提升改造工程回顾 [J]. 建筑技艺，2017，（11）：26-33改绘]

（4）更新成果

改造后的南门广场，依托于古城墙，凸显西安深厚的文化内涵，散发人文与自然的和谐气息，已成为现代城市综合配套发展的重要载体，成为古都西安的城市客厅[①]。

南门综合改建提升工程是涉及文物保护、交通疏解、环境提升、配套建设的一项异常复杂的综合工程，也是一次重要的城市设计。广场用地面积约8.29公顷，被城墙、护城

① 西安南门广场综合提升改造[EB/OL]. https://www.archdaily.cn/cn/874758/xi-an-nan-men-yan-chang-zong-he-ti-sheng-gai-zao-xiang-mu-zhong-guo-jian-zhu-xi-bei-she-ji-yan-jiu-yuan-you-xian-gong-si2017-07-03.

河、城市道路自然划分为9个独立地块，用地正中的地下已有建成的地铁和13组20余趟不同权属的市政管线穿越。设计需要统筹整合1平方公里内的所有区域市政管网、道路交通、水利、地铁等城市基础设施，同时要合理布局6.9万余平方米的建筑体量，以完善商业、旅游设施，并满足700余辆地下停车位的要求，更要符合城市规划限高、城市风貌协调、交通影响评估的严格要求。

南门工程设计历时近5年。设计师们更希望实现大雪无痕、细雨润无声的境界，以微创手术为城市缝合空间。改造后的南门广场，不只是一个简单的建筑，更是为现代人服务的一个场所和舞台。[①]

3.3.1.3 西安幸福林带城市综合体（2016 年 ～ 2021 年 7 月）

（1）更新对象

幸福林带项目是全球最大的地下空间利用工程之一、全国最大的城市林带工程、陕西省重点工程，也是西安市最大的市政工程、生态工程和民生工程，被誉为"世纪工程"。该项目于2016年启动建设，预计2021年7月1日全面对外展示运营。

幸福林带项目总投资约240亿元，林带主体位于幸福路和万寿路之间，东西宽210米，其中：林带景观宽140米，两侧市政道路分别宽35米，南起新兴南路、北至华清路，长5.85公里，占地面积1134亩。整体项目跨越西安市新城区、雁塔区、灞桥区（图3-53）。

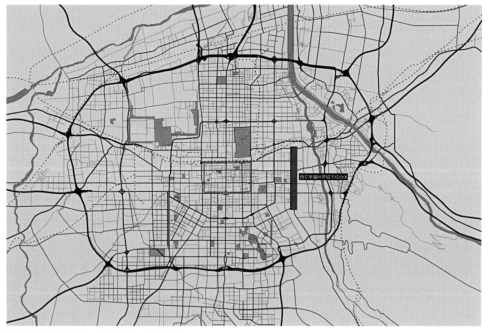

图3-53 西安幸福林带城市综合体项目区位图

---

① 赵元超，职朴. 破碎历史空间的现代重构——西安南门广场综合提升改造工程回顾 [J]. 建筑技艺, 2017, (11)：26-33. DOI: 10. 3969/ j.issn.1674-6635.2017.11.004.

林带工程主要包括地上景观、市政道路、地下空间、综合管廊和地铁配套五项内容。其中地上主要为绿化景观，面积70万平方米，绿化覆盖率85%；市政道路改造12公里；地下空间共分3层，建筑面积92万平方米，负一层为商业及公共服务配套，面积42万平方米，负二层为停车场车位7600个，负三层为综合管廊和地铁工程。

（2）改造历程

1950年代开始，在西安东城有这样一个地方，这里军工企业云集，大型企业众多，一度成为西安发展最具活力的区域。这里就是幸福路地区。彼时，幸福路地区就是我国国防战略部署的重要地区，并为新中国国防工业建设和西安经济发展作出过巨大贡献。

作为我国国防战略部署的重要地区，幸福路地区承载了"一五"时期苏联援建156项重大工程中的16项。在那个峥嵘岁月，国家对于西安在军事工业中突出的地位寄予深切期望，并以中国最著名的河流和高山命名幸福路地区的六个军工厂：昆仑、黄河、华山、秦川、东方、西光。作为西部工业重地，"一五"期间西安形成了"西电工城、东军工城"的工业格局。当时，几大国营军工制造厂都在国防战线屡立军功。

幸福林带起源于1953年，是在苏联专家协助下规划设计的。第一版《西安市城市总体规划》中对幸福林带提出明确的功能定位，其主要功能是作为工业区与住宅区之间的防护隔离带。此后在1980年、1995年和2008年西安市三次总体规划修编中，幸福林带一直予以保留。

由于各种原因，幸福林带建设工程一直未能启动建设。2003年，时任西安市委书记栗战书提出"还林于民"，要求恢复建设幸福林带，之后市区两级政府经过认真调研，反复论证，多次调整思路，修改规划方案，于2004年正式启动幸福林带改造项目[1]（表3-23）。

改造历程   表3-23

1953年	苏联专家首次提出，在《西安城市总体规划》中也作出了明确的功能定位
2003年	时任西安市委书记栗战书提出"还林于民"，要求全面启动幸福林带建设
2004年	《西安市幸福林带规划》经市政府研究通过
2012年12月	西安市政府常务会通过《幸福路地区综合改造总体规划》，明确该地区功能布局，幸福林带确定为改造核心工程
2013年8月	为加快推进幸福路地区综合改造工作，依据《西安市幸福地区总体规划》，制定了幸福路地区综合改造工作方案
2013年11月	幸福林带综合改造征收安置工作全线启动，西安加速启动对新城区幸福路地区综合改造工程。依照《幸福林带综合改造项目房屋征收补偿方案》和相关政策对林带地区进行补偿安置
2014年4月	幸福林带建设工程进入搬迁阶段
2014年10月	10月底搬迁工作全面结束，正式进入建设阶段
2016年11月	幸福林带建设工程举行正式开工仪式，建设全面启动
2021年7月1日	备受西安市民关注的幸福林带将建成开放，这条长达5.85公里长的幸福林带是全国最大的城市林带工程，地面绿化率达85%，地下则综合了商业、公共配套、地铁、停车等各项设施

[1] 陕西西安：东郊复兴 从这里开始[EB/OL]. http://sn.people.com.cn/GB/n2/2020/0414/c380804-33947622.html.

（3）功能构成

根据周边规划及场地功能，将林带由北至南分为动之谷（全民健身、家庭亲子）、森之谷（生态森林）、乐之谷（文化休闲）三大功能区[1]。

1）动之谷

动之谷位于幸福林带北段，北起华清路、南至长乐路，长约1.98公里。该区域主要以运动为主题，建设多座体育场馆，包括击剑馆、射箭馆、射击馆、冰球馆、乒乓球训练馆、篮球训练馆、羽毛球训练馆、健身房、游泳馆以及电子竞技馆等，辅助一些配套的餐饮及商业。该区域北段设王家坟站，为西安地铁7号线与8号线的换乘站，南端接万寿路站，为西安地铁1号线与8号线的换乘站。

2）森之谷

森之谷位于幸福林带中段，北起长乐路、南至咸宁路，长约1.98公里。该区域为地下商业集中区，包括购物、餐饮、休闲、娱乐等多种业态，地面景观部分以生态森林为主，建设有IMAX影院，为幸福林带景观制高点。地铁8号线在韩森路设站，并在该区域南端与6号线咸宁路站换乘。

3）乐之谷

乐之谷位于幸福林带南段，北起咸宁路、南至西影路，长约1.26公里。该区域主要为文化、餐饮、创意集市业态。南段以政府公益项目为主，建设下沉式图书馆、文化馆、市民活动中心等；北段以餐饮、商业业态为主，建设集市广场等。

（4）改造内容

改造内容包括：地上景观、市政道路、地下空间、综合管廊、地铁配套。

1）地上景观

地上主要为绿化景观，绿化结构分为踏春园、夏荫园、绚秋园、赏雪园、观果园、闻香园。功能为海绵蓄水、林荫休闲、文化传承、环境提升、避难场所。绿化面积70万平方米，绿化覆盖率85%，种植树种以国槐、大叶女贞、广玉兰、桂花树为主，兼具落叶、开花、色叶植物，保障林带四季常绿，三季有花。由于大树的栽种对覆土深度有要求，所以地下空间并未满铺，设计了十多个绿岛种植大树，最大的一个面积达2000平方米。

2）市政道路

市政道路方面，林带北段幸福路跨陇海线与广运潭相接，南端经长鸣路直达南三环，通过新兴南路快速干道接东三环。市政道路改造12公里，单边各6车道，宽约35米至40米。

3）地下空间

地下空间共分3层，建筑面积92万平方米，负一层为商业及公共服务配套，面积42万平方米，公共服务配套包括儿童娱乐零售、体育场馆、运动超市、影剧院、书店、美术馆、

---

[1] 幸福林带（地下空间利用工程、城市林带工程）百度百科[EB/OL]. https://baike.baidu.com/item/幸福林带/10467306?fr=aladdin.

文化馆、图书馆、博物馆等。负二层为停车场，车位7600个。

4）综合管廊

幸福林带综合管廊全长约12.43公里，收纳管线包括给水、再生水、电力、通信、热力、天然气，形成干线管廊、支线管廊、缆线管廊为一体的格局。综合管廊采用方舱结构，分别为综合舱、压力舱和燃气舱，配置AI智能巡查系统。其中燃气舱为单独配舱专门配备的红外监控，提升了安全性，极大方便了电力、通信、燃气等设施维护与检修。

5）地铁配套

幸福林带区域轨道交通建设涉及地铁1号线、6号线、7号线、8号线共4条地铁线路。1号线位于长乐路下，东西向横穿林带，在万寿路站与8号线换乘；6号线位于咸宁路下，在万寿南路站与8号线换乘；7号线位于兴工路区域，在王家坟站与8号线换乘；8号线为地铁环线，纵贯林带下方，由南至北依次设置等驾坡站、万寿南路站（与6号线换乘）、韩森路站、万寿路站（与1号线换乘）和王家坟站（与7号线换乘）。

3.3.2 城市街区更新（2014 ~ 2021 年）

3.3.2.1 永兴坊特色美食商业街区（2014 年 3 月 1 日 ~ 2014 年 12 月 30 日）

（1）更新对象

2014年9月11日陕西省商务厅印发《陕西省特色美食街区改造和建设暂行规范》，提出全省计划在未来3年内，在各市（区）建设和改造20个省级特色美食街区，永兴坊包括其中（图3-54）。

永兴坊以魏征精神为文化内涵，打造的不仅仅是魏征家宴，更是魏征文化的教育体验基地。面对今朝，我们将重点打造魏征思想文化体验区，将里坊文化的建筑作为保护重点，更将陕西非物质美食文化的城市人文精神作为发掘和保护的核心。充分利用千年里坊深厚的文化底蕴，以"新会馆式休闲经济院落"为创意，以美食、休闲、旅游为背景，将文化传承与经济发展完美结合，从而使西安城市生活方式得到了最大的展现。

西安永兴坊拟打造成为集民俗休闲、文化旅游、美食体验、县域商贸、非遗美食博物馆等为一体的综合性特色美食旅游名片。

（2）业态构成[①]

街区分为关中、陕南、陕北三个区块，各区分别有关中楼、陕南楼、陕北楼三个主力店，全省各地特色美食经营户50余家入驻，有省级非物质文化遗产美食，有中华老字号美食，有各地耳熟能详的经典小吃，还有手工民俗技艺表演、民间食品加工作坊演示等项目。街区还推出了各地名小吃特色套餐、魏征家宴、关中民俗席面、陕西非遗宴等特色宴席等。

① https://wenku.baidu.com/view/f1d036a883c4bb4cf6ecd11f.html.

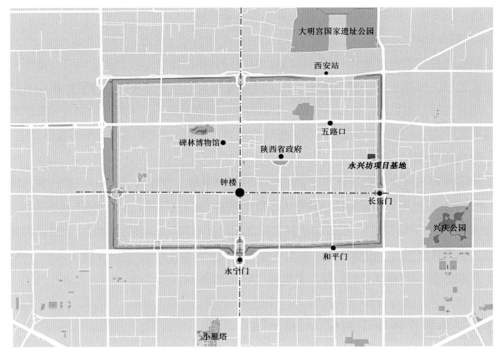

图3-54 永兴坊特色美食商业街区项目区位图

（3）空间更新[①]

1）街道空间尺度

西安永兴坊美食商业街区，整体为L形布局，面对城墙与顺城东路，设置一个入口广场，内部空间收放自如——内部广场尺寸约20米×25米，周边建筑2~3层，广场D/H=2∶1，给人较为开放的感觉；内部街区的宽度约为3米，建筑檐下高度约为3~6米，D/H值为1∶1至1∶2。

2）建筑风格

永兴坊特色美食商业街区主体为明清风格的复古建筑。其建筑风格主要是明清时期关中民居和传统商铺，建筑结构多为砖木结构，坡屋顶、青砖灰瓦、马头墙，以及细节部分如瓦当、石雕、木雕等都相当考究。

3）景观节点

街区内外有一大批精心打造的景观节点，吸引着大量的游客前来观赏。例如，入口处的明清风格的大牌坊，世界最大的皮影模型，108坊模型，传统戏台等等，将永兴坊文化美食街区的氛围进一步烘托起来。

西安永兴坊汇聚陕西12个市区，107个区县的特色商品，满足游客购物需求的同时，搭建全省特色商品展销展示和电子商务交易平台。

永兴坊电商中心以O2O模式带动现代服务业发展。永兴坊电子商务项目，汇集陕西非

---

① 王济民. 西安明城墙周边文化商业街区的设计研究［D］. 西安：西安建筑科技大学，2017.

物质文化遗产精髓与产品，使陕西非物质文化遗产得以传承。集合线上支付、展示、点评、体验、物流等5大功能，打造最完善的地域性特色商城，提升区域性经济发展，树立陕西文化在全省乃至全国消费者心中印象。[①]

3.3.2.2 七贤庄历史文化片区保护与有机更新项目（七贤庄红色教育片区项目）（2018 ～ 2021 年）

（1）更新对象

七贤庄历史文化片区保护与有机更新项目其目的是对七贤庄历史文化街区及其周边地区优化功能布局，提升街区品质，充分挖掘红色革命文化，打造七贤庄红色教育片区。具体来讲，将以七贤庄历史文化街区为核心，将西安事变主题广场、红色革命纪念广场、辛亥革命纪念广场合并，以革命公园为主体，新建纪念广场，打造爱国主义教育片区。在未来的改造中，七贤庄红色教育片区项目将充分挖掘红色革命文化，以西安八路军办事处的红色资源为依托，结合革命公园的自然景观进行规划建设，打造西安"红心"和"绿肺"，成为西安的红色高地、革命的纪念场所和市民的休闲空间，有清晰的红色文化标识和红色场所设施、开放式城市绿地（图3-55）。

图3-55 七贤庄历史文化片区保护与有机更新项目

---

① 永兴坊从消费者的切实需求进行商业地产再开发［EB/OL］https://mp.weixin.qq.com/s/C9xA5tOHtW_gKzWtUaA0gQ.

（2）更新对象

1）七贤庄

七贤庄得名于竹林七贤。魏晋时期社会大环境极为恶劣，一些知识分子感到无所适从，如鲁迅所揭示的那样，普遍陷于"彷徨"之中，"归去来兮"，志在竹林。故取魏晋时嵇康、阮籍、山涛、向秀、刘伶、阮咸、王戎等"竹林七贤"之典名之。

七贤庄建成时，其周边院落分别名为一德庄、二华庄（意指陕西太华、少华二山）、三秦庄（意指三秦大地）、四皓庄（汉初商山四皓之典故）、五福庄、六谷庄（稻粱菽麦黍稷），新建庄院以七字打头，取名七贤自在情理之中。

七贤庄继承和发展了明清四合院民居空间格局，具有民国时期西安民居雄浑质朴的形式和鲜明的建筑特征。时至今日，民国时期建设的一德庄、四皓庄、五福庄、六谷庄等传统民居院落群已陆续拆除，唯有七贤庄因种种原因得以幸存保留至今。

国务院关于西安市城市总体规划（2008~2020年）的批复中就曾提到：西安应当重视历史文化和风貌特色保护，特别提到要重点保护七贤庄等三大历史文化街区。

2）革命公园

1926年4月，河南军阀刘镇华率军10万人围攻西安，城内军民在国民军将领李虎臣、杨虎城率领下坚守城池达八月之久，时称"二虎守长安"，后经冯玉祥解围。1926年12月，在冯玉祥及社会各界军民的倡议下，在城内东北角建起革命公园，以纪念死难的西安军民。

革命公园是西安明城内最大的一片集中绿化，并免费为市民开放的公园。革命亭前的喷水池，立有太湖石，相传为唐兴庆宫遗物，在园中自成一景。革命公园位于城市中心区，以其独有的历史氛围、生态景观和城市生活优势吸引着人们，是周边居民和市民们休闲、游憩的好去处。

3）八路军西安办事处

八路军办事处旧址位于七贤庄，院落坐北朝南，是全国15个八路军、新四军办事处中成立最早、时间最长、影响最大的办事机构，全国重点文物保护单位。"八办"利用其特殊的政治地位和地理位置，宣传党的抗日主张，开展抗日民族统一战线工作；招收和输送进步青年去延安，壮大革命力量；为陕甘宁边区和抗日前线转运采购战争物资，为抗日战争的胜利作出了巨大贡献。

4）西京招待所

西京招待所位于解放路和西四路路口，是八十多年前西安第一家"五星级"豪华宾馆。1932年淞沪抗战爆发，日军直逼国民政府首都南京和长江中下游地区，国民政府决定以长安为陪都，定名西京。

1936年12月12日，震惊中外的"西安事变"爆发，张学良的东北军在临潼扣押蒋介石的同时，负责西安城内行动的杨虎城将军在西京招待所扣押了陈诚、卫立煌、蒋鼎文、朱绍良等诸多军政大员。新中国成立后，西京招待所作为西安事变旧址之一被列为全国重点文物保护单位。

（3）项目内容

项目内容主要包括保护西安八路军办事处、革命公园、陕西省供销总社办公大楼和西七路85号民居四处文保单位；保留修缮后宰门小学、农业发展银行、工人文化宫大礼堂三处建筑；提升改造革命公园，新建红色历史博物馆、红色轴线及主题广场、红色文创街区、游客服务中心，六谷庄历史文化街区、西安市体育场、游泳馆、综合球馆、地下停车场等，改造完成后，七贤庄历史文化片区面积将达到806亩。同时，形成一心、三轴、三区的空间格局，一心是指"红色广场"，三轴是指"红色文化精神轴、南北历史功能次轴、东西文化景观次轴"，三区是指"红色教育片区、历史文化街区、文体休闲片区"。

3.3.2.3 老菜场市井文化创意街区（2019年3月~2019年12月25日）

（1）历史概况

建国门菜市场前身为始建于1952年的西安市平绒厂，位于建国路信义巷5号（分为南北厂区，南厂区位于顺城东路东南角），占地12.75亩，原是西安市纺织工业局下属的一个纺织集体企业。随着西安市平绒厂搬迁，原厂房大多被保留下来，包括外立面的墙壁和车间高窗，其内部即被改造成了菜市场。曾经的织绒车间、成品库、医疗所，变为果蔬肉蛋类经营大厅、水果经营区、水产豆制品经营区、餐饮小吃城。2019年，依托菜市场独有的市井生活气息，在"保留原居民原有生活状态"和"保持菜市场的市井风貌"的前提下，对建国门菜市场持续进行"微更新"与"轻改造"，最终建成具有"烟火"气息的老菜场市井文化创意街区（图3-56）。

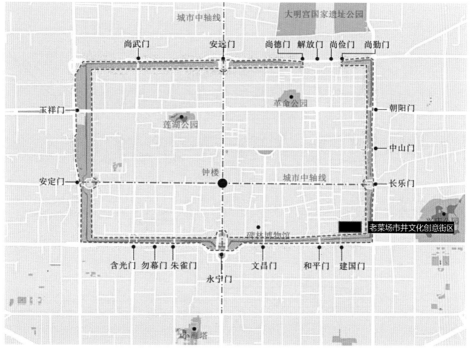

图3-56 老菜场市井文化创意街区项目区位图

（2）改造概况

老菜场市井文化创意街区项目定位为"微更新、轻改造"集旅游与网红一体的西安首家市井文化创意街区。项目涉及范围包括建国门内顺城巷、信义巷、老菜场，从地图上看呈"T"字形，而老菜场是整个项目的核心。在"保留原居民原有生活状态"和"保持菜市场的市井风貌"前提下，依托菜市场自身的日常生活气息，在街区中持续进行"微更新"与"轻改造"，在城门里营造"市井西安"的独特魅力，满足年轻居民休闲娱乐的需求，具有烟火气息的承载老城故事、工业记忆和市井生活的有趣场所。

3.3.3 城市工业社区更新（2011 ~ 2014 年）

3.3.3.1 陕西钢厂更新改造——老钢厂设计创意产业园（2012 年）

（1）更新对象

陕西钢厂西安老钢厂创意产业园位于西安市幸福南路与建工路交会处往北200米，建大华清学院校内。其项目由政府牵头，西安世界之窗产业园投资管理有限公司与华清科教产业集团联合开发（图3-57）。

"老钢厂设计创意产业园是继上海红坊，北京798之后，西安首家以设计创意为主题的城市主题产业园。"老钢厂创意产业园依托原陕钢遗留的工业建筑群，以"设计创意"为主题，以"旧厂房、新生命"为开发理念，在尊重这些"工业遗存"的基础上，通过有效保护与开发，赋予遗留旧厂房新的功能，实现老厂房活化再利用。园区总占地面积50亩，改

图3-57 老钢厂设计创意产业园项目区位示意图

造后总建筑面积约4.5万平方米。老钢厂设计创意产业园作为创意聚集区，不定期地举办各种艺术展览、讲座、放映、论坛、表演等文化交流活动，丰富多样的活动吸引了来自建筑界、文化界、艺术界、设计界、学术界人士的关注和参与。另外老钢厂已经是CBC城市复兴论坛西安永久会址，每年4月在此举办"城市复兴主题高峰论坛"。

（2）历史沿革

1958年，陕西重工业厅筹建西安钢铁厂；1998年转型停产，半个世纪已逝，起起落落，悲欢交集；2002年，陕钢厂正式破产，被西安建大科教产业集团有限公司（2010年更名为西安华清科教产业集团）收购；2012年在华清集团对小型工业企业再次转型，腾笼换鸟的需求下，由西安新城区政府推动，引入西安世界之窗产业园投资管理有限公司，开始了"老钢厂设计创意产业园"的定位开发，并于当年完成老钢厂设计创意产业园的改造工作。

（3）更新策略

"老钢厂"发展定位为打造全国知名、西北一流的创意产业园区；全国唯一一个建在大学校园里的文创园。包括三个维度，从园区聚集企业的产业特征来看，老钢厂是一个设计创意园区；从城市文旅、城市融合的特性来看，老钢厂是一个工业文化旅游点以及一个城市会客厅；从政府发展双创的落脚点来看，老钢厂又是一个众创载体、双创基地。

目前园区入驻企业/商户共约150多家，吸纳就业人员约2000余名，其中包括了设计类、文创类、互联网科技等创新类企业。形成西安乃至西北地区的设计创意产业基地，在区域内和创意圈层形成一定的影响力。老钢厂在设计产业链上的入驻企业涵盖了规划、建筑、景观、室内设计以及影视、平面、摄影、广告传媒等各专业板块，形成了一个完整的设计产业集群的生态系统，也吸引了众多行业内协会组织落地园区，并举办各种行业交流与分享活动。

功能："创意展示交流中心""loft创意生态办公""创意集市"以及"企业孵化中心"；是集"时尚创意展""loft创意办公空间""企业孵化中心""产业信息交流""人才培训""企业服务""创意商业集市"及"工业景观"八大功能为一体的城市再生型产业园区。

1）引入高端平台，响应国家政策

老钢厂积极引入设计文创类高端平台，为园区发展奠定基础。入驻平台包括：中国建筑文化研究会、中国历史文化名城研究院、程泰宁院士西安工作室、中国文创园总经理游学集训基地、亚太酒店设计协会陕西分会、平面为墙西安设计师联盟等。

同时积极响应政府，落实创新创业各类政策。其空间授牌包括：国家级众创空间、陕西省众创空间、陕西省创业孵化示范基地、陕西省文化产业示范单位、西安市众创空间等。

2）产业联动发展，创造文化创意产业价值

园区产业主要可分为三个类型，即创意办公、文化商业、展览展示。

创意办公：为保证园区整体发展主题定位清晰，坚持有原则有方向地筛选入驻企业，打造"创意经济"园区。创意办公共计53家公司。

文化商业：通过对文化资源的整合，以多种形态与业态实现文化创意产业价值的延伸，推动园区经济发展。文化商业共计39家。

展览展示：依托工业厂房，园区配置大型公共展示空间。主要包括老钢厂艺术中心、老钢厂艺术画廊、西安城市记忆博物馆、"钢厂印记"博物馆。老钢厂在推动城市经济发展和工业遗产复兴的同时，营造文化艺术氛围，推动创新发展和国际交流，为城市发展提供更多可能性。博物馆的建立，不仅承载着许多人的历史记忆，更是一个文化物态转换的载体。从此，这里将为园区新增一处追寻历史记忆，传承精神文明的基地。我们必将融合吸收老企业的精神财富，将这份文化遗产融入血液，发挥新时代的力量。

3）打造城市特色IP，发展特色工业旅游

西安老钢厂创意产业园主要打造四大城市特色IP，分别为：24小时生活场、城市最in潮拍地、最美婚纱拍摄地、西安婚礼新地标。在打造IP的同时，西安老钢厂创意产业园推广城市创意文化体验地工业旅游。

老钢厂在发挥城市创意引擎作用的同时，整合园区设计创意资源，打造自身IP，形成了以定制游学、研学旅行为核心的工业旅游项目。定制游学是专为有文化创意产业游学需求的学员量身定制的项目。研学旅行是根据中小学研学需求研发的特色课程，在研学旅行过程中，提升中小学生的自理能力、创新精神和实践能力。

4）开展交流活动，举办学术论坛

老钢厂设计创意产业园配备艺术中心等大型公共展示空间及配套设施，已举办过近百场设计交流、艺术展览、品牌发布、创意生活类交流活动，吸引了各界人士的关注与参与，受到了社会媒体的聚焦报道。老钢厂在推动城市经济发展和工业遗产复兴的同时，营造文化艺术氛围，推动创新发展和国际交流，为城市发展提供更多可能性。活动包括：设计交流类活动、艺术展览类活动、创意生活类活动、品牌发布类活动四大类型。

2015年4月老钢厂设计创意产业园发起西安城市复兴论坛，每年一届，目前已成功举办5届。旨在汇聚全球建筑、设计、文化、创意资源，邀请国内外专家学者，通过举办主题论坛、对话、展览等活动，搭建国际化对话交流平台，促进创意产业与城市文化遗产、城市更新等产业之间的融合发展，多维度探索城市复兴命题发展环境，达成多向资源对接。

5）承接城市功能，延伸园区功能

钢厂设计创意产业园延伸园区功能主要体现在与学校联动和与社区联动两个方面。

钢厂慕课是由老钢厂发起的校企合作项目，通过搭建企业与学校之间互动交流的桥梁，邀请园区企业创始人和各行精英为西安科技大学华清学院学生提供职业规划与创业就业指导，分享创业历程，解密各行业的现状和发展趋势，指导同学们如何规划职业生涯，明确对自身的定位，找准职业方向，为迈入职场及社会做好准备。目前钢厂慕课已举办7期，受到了华清学院师生的广泛好评，课程均已列入学生课外学分体系之中。

新城区第四党员生活馆坐落于老钢厂，建成以后已成为新城区政府、老钢厂周边社区、老钢厂党群服务中心之间的互动桥梁。

（4）总结

老钢厂设计创意产业园将为新城区、西安市乃至陕西省的现代服务业的发展做出贡献。这里对提升城市品位，推动区域经济转型，发展西安市文化创意产业，将起到里程碑式的作用。将创意设计产业与现代服务相结合，可以推动区域产业结构的调整和功能置换，优化城市经济体系，也为城市历久弥新提供了可能。

首先，保留一代人的记忆乡愁。建筑是城市文化与历史记忆的载体，不同时期的历史建筑反映了不同的城市文化，也是一个时代集体记忆的留存。对工业遗存的保护再利用能够为城市建筑文化保留一处基底，留住一代人的集体记忆，成为一处可触碰可走进的城市乡愁承载地。其次，对旧工业遗存的传承与激活。在城镇化高速发展的今天，对工业遗产进行保护再利用的举措，既有助于节约资源和建设成本，重现场地的历史记忆，又能为老的工业空间以及周边区域注入新的活力，这就是工业遗产的复兴使命。最后，存量盘活时代的城市融合使命。在新一轮城市规划与建设浪潮下，通过探索和践行工业遗存建筑的改造与活化途径，彰显自身独特的文化底蕴与历史特质，成为城市发展中最具活力与成长性的特殊区域，成为人们回望历史，寄托精神的融合之地。

3.3.3.2 大华纱厂更新改造——大华·1935（2011 年 ~ 2013 年 11 月 15 日）

（1）更新对象

"大华·1935"项目由西安曲江大明宫投资（集团）有限公司旗下西安曲江大华文化商业运营管理有限公司投资运营管理，项目位于西安市太华南路251号，占地约140亩，总建筑面积约8.7万平方米，总投资额7.82亿元人民币。2018年入选第一批"中国工业遗产保护名录"（图3-58）。

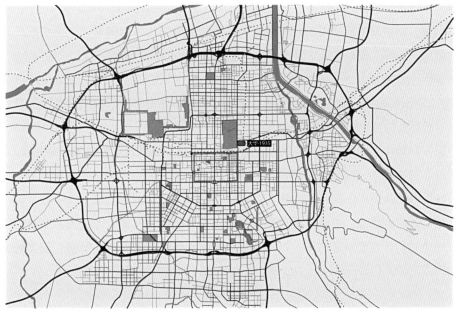

图3-58 大华·1935项目区位示意图

大华1935共进行两次更新活动，第一次于2011年开始至2013年11月结束。由崔愷院士领衔设计，通过严谨而缜密的拆、改和介入式策略全面梳理了厂区的历史脉络，完成了"大华1935"大部分厂区及环境的物质更新。第二次于2017年7月，由伍兹贝格建筑设计事务所、华东建筑设计研究总院等多家业界知名设计咨询团队参与设计，以商业性再利用为目标，通过二次更新，重新激活"大华1935"还未启动运营的大部分空置区域，通过引入丰富活跃、年轻新鲜的业态，实现其更深层次的价值①。

（2）历史沿革

"大华·1935"项目根植于原来的"长安大华纺织厂"。

由于石凤翔的建议，大兴纺织厂迁移了一部分的纺锭与织机到了西安，而建立了大兴二厂。这也是陕西省的第一家近代纺织厂。

1935年，开始了筹建纱厂，并且于当年底正式发电，这为纱厂稳定生产及职工和当地居民生活提供了动力和保障（《西安市志2002》）。

1936年，武汉裕华纺织股份公司于对其增加了100万元投资，此后更名为"长安大（兴）华（裕）纺织厂"。

1937年6月份，大华纺织厂进行二次扩建。

1941年，大华纺织厂成立了大华纺织专科学校，校址设在厂区内部，石凤翔担任校长。此学校是陕西近代教育史上第一所纺织工业专科学校，为陕西，西北地区，乃至全国输送了大批纺织工业专门人才。

1942~1948年，由于战争的破坏，大华纺织厂的生产时断时续，厂内职工积极参加革命，成立党小组，建设地下组织和纠察队，保护厂区，保护厂内职工生命安全。

1949年5月20日，西安解放。6月27日，大华纺织厂全场举行复工庆典大会。时任中国人民解放军西安市军事管制委员会主任的贺龙元帅也专程到场祝贺。

1951年，接中共西安市委指示，并按照裕大华总公司的统一部署，大华纺织厂开始实行公私合营，并将厂名更改为"公私合营大华纺织股份有限公司秦厂"。

1952年，公私合营大华纺织股份有限公司秦厂，再次扩大规模，引进波拉特细纱机10768锭、丰田布机200台。这些设备是当时西北地区最先进的纺织机械设备，为该厂在日后国内纺织行业的竞争中提供了硬件优势。

1953~1955年，公私合营大华纺织股份有限公司秦厂陆续改造完成多个项目。

1964年3月24日，陕西省编制委员会审核并批准，公私合营大华纺织股份有限公司秦厂更改厂名为"陕西公私合营大华纺织厂"，并归陕西省纺织工业局领导。

20世纪80~90年代，中国改革开放和市场化改革的影响日益扩大，国有企业因为长期处于政府管理的计划经济体制下，对于生产成本、土地成本的监控不严格，加之老牌企业生产的产品不能满足多元化市场的要求，大华纺织厂的生产状况每况愈下。

---

① 百年历程，大华重生——西安"大华1935"项目更新纪实。

2008年10月，大华纺织厂无力维持运营，宣布政策性破产。2011年6月30日，经西安市工商行政管理局批准，西安曲江大华文化商业运营管理有限公司正式成立。

2013年11月15日，大华1935完成第一次更新，并正式开放。

（3）空间设计策略

在空间肌理上，由于厂区原来的道路布局是"工"字形的，其道路密度较低，而且宽度也较为有限，不能满足改造后的使用要求。因次，在进行可持续利用改造时，对厂区的流线进行合理的划分，将原有的"工"字形空间肌理改造为"鱼骨形"的空间肌理。在进行厂房流线规划时，在保留原有厂房道路的同时，在东西方向上，打通一期厂房，在厂区中部打造出一条新的东西通路和一条新的南北支路，使其成为联系厂区太华南路侧入口与进入北侧大厂房区域的主要通路；同时拆除二期厂房北侧生产通道附近的部分辅助用房，增加其宽度，使其与前者共同组成贯通厂区的主要商业街道。在尺度较大的二期厂房内部，结合商业功能，东西向设置了两条商业内街。南北方向，通过清理部分生产辅助用房，增加现有道路的宽度；同时结合现状，在二期厂房和老布厂范围内增设新的南北向街道，在内部塑造一个"鱼骨形"的综合商业步行街区。两个方向的室内外街道，共同形成纵横交错的多重步行路径，从而能够吸引大量的人流，道路两侧的商业类、剧场类以及中庭广场都将主出入口开向了这条道路。通过以上厂区空间肌理的可持续性利用改造，整个街区实现人车分流。厂区北侧和西侧边缘的道路主要作为机动车道路，在日常情况下供机动车辆使用，并联系和沟通厂区的两个主要出入口，同时，将厂区内部的流线联系起来，形成一个规整有序的流线环境[①]。

整体布局上，大华·1935文化创意街区规划主要分为主入口广场、中心区、商业娱乐步行街区、会所庭院区、酒吧餐饮街区、艺术中心广场区、南入口广场区[②]。

二次更新主要是围绕六个厂房展开。由于场域内六座主要厂房的建设年代不同，跨越了20世纪30—90年代的漫长时间，为了重现大华初期的建筑风貌，设计团队考虑对建厂初期的几座厂房立面改造设计以保护性修缮为主。部分厂房立面经过岁月洗礼已经很斑驳，设计上也不应过度追求其表面平整，而是在满足防水和热工要求的前提下原样修缮，保留历史的痕迹，而商业氛围的打造则集中在相对较新的厂房立面上。设计策略的确定是一个动态调整的过程。在踏勘和设计的过程中，原有的空间设想与厂房的历史亮点相互碰撞，不断调节。厂房现存的空间条件各有不同，有单层锯齿状屋顶形成的纺纱厂水平空间，也有多层竖向厂房的办公室空间。这些不同的空间特质应和相应的功能业态相匹配，如有的区域适合布置零售店铺，但在踏勘时发现店铺的墙面上保留有历史标语，因此在店铺设计时采用开放式布局，更强调了历史遗存的展示性。

项目的整体设计概念来自于"线"—Xian—即西安的拼音。"线"暗藏了大华纱厂作为西安纺织业先驱的身份；"线"也连接了人与历史空间的关系，激发了现在与未来的对话，

---

① 王会宁. 废旧工业厂房可持续性利用改造设计研究 [D]. 西安：长安大学，2017.
② 苏佳. 后工业园区公共空间景观重塑设计方法研究 [D]. 西安：长安大学，2015.

既保留了大华厂的建筑空间，又通过改造使历史厂房重回西安人的生活中。大华纱厂的改造在整体布局上也犹如纺纱般高效且精美，室内外空间通过主题空间及核心中庭引导建筑分区和人流动线，原有南北区厂房被划分为六大独立又串联的主题空间，空间命名结合了历史意蕴与现代功能[①]。

1）N1建筑——织梦车间

"织梦车间"定位为"奢华新概念、旗舰风尚馆"，区域功能以潮流零售品牌和多元餐饮业态为主基调。原建筑始建于1988年，原有功能是梳棉、并条、粗纱和细纱车间。N1是整个建筑群的门户，因此在建筑西广场设置了展示大华历史风貌的室外观景平台，形成主广场的视觉焦点，平台形态与现有的锯齿状屋顶相呼应。原本剥落的深色墙体饰面替换为有历史特色的砖墙面，再现大华厂的辉煌过去。二层露台开辟为商业外摆区，将实体墙面替换为玻璃隔断，使室内外视线通透。室内在北侧设置开敞中庭，向北拉动商业动线，同时也能优化室内采光。

2）N2建筑——百戏车间

这是一个面向全龄层的"互动娱乐体验空间"，以精品零售、互动体验和时尚餐饮为主，其东侧设置了大型室内娱乐空间。原建筑始建于1994年，原有功能是老纱厂、清花、喷织和整理车间。N2南侧在外立面间隔设置突出的窗框，以活跃二层以上的立面效果；中部区域增设观景电梯，将人流引向屋顶观景平台，由此可达整个厂区的制高点，在那里人们可以眺望大华厂壮观的锯齿屋面和西侧的大明宫遗址公园。西立面与N1之间增设连桥，强化N1和N2的商业联系并形成环形商业动线。北立面中部保留利用半室外的入口空间，强化正对大华厂原大门的历史轴线。室内在西侧设置新的中庭，满足餐饮零售业态的展示及采光需要。

3）N3建筑——动力车间

以运动零售、运动体验为主的"动力车间"是一个"运动活力能量场"，空间中央设置室内滑板场地。原建筑始建于1947年，原有功能是细纱及筒併捻车间。N3的建筑主体保存较为良好，是20世纪40年代混凝土厂房建筑的优秀代表，本次改造着力保留了其富有结构秩序的建筑空间。西立面利用与N1之间的原有连桥，在山墙上开设入口，将客流通过连桥导入N3建筑中。在其余几个立面上对原有门窗洞进行了翻新，维持具有韵律感的锯齿状屋面。

4）N4建筑——日集车间

依托老厂房而设的"文创生活集市"内包含具有传统市集特色的购物及体验空间。原建筑始建于1935年，原有功能是筒併捻车间，在历史上经过多次改建或加建。N4建筑历史悠久，结构主体是独特的钢构架，保存良好。其内部还存有多处历史标语，这些历史元素借助室内通透开放的店铺设计得以保留。南立面结合现有条件设置外廊，形成半室外的灰

① 徐航，陈双燕．大华1935——国家工业遗址的回归与新生［J］．建筑技艺，2020（04）：20-27．

空间。北侧配楼结合原有柱廊广场，形成适合餐饮外摆的景观空间。

5）E1建筑——乐府车间

"乐府车间"以IMAX影院、小剧场群为主，主题餐饮为辅，定位为"文化影音超体验"空间。原建筑始建于1979年，原有功能是新布场和梭织车间。E1建筑在基本保留了原有格局的基础上，将西南角原有室外楼梯拆除，以提高电影院入口空间的昭示性，形成厂区中心动线的东侧开放节点。影院部分将室内局部下挖，以满足影厅的净高要求。

6）E2建筑——翰林车间

"翰林车间"内的空间以文创书店、博物馆、零售和轻餐饮为主，形成"文艺新主张"，建筑东侧为大华1935博物馆。原建筑始建于1935年，原有功能是老布场、准备与浆纱车间。这座建筑曾经是西北地区最大的单体厂房，采用钢结构布置；其西南角尚存大华的厂徽及"生产车间"4个字，是珍贵的历史遗存。因此为保持其历史风貌，将南立面店铺门头退至建筑室内，形成了保持历史印记的内廊。在大华1935博物馆内，综合展示了大华的珍贵史料，人们在这里可以了解到中国近现代纺织工业的发展历程。

（4）总结

大华1935项目的建成，是"十二五"期间西安市文化产业实现大繁荣、大发展的重要组成部分；是曲江新区和大明宫保护办保护发展文化产业的又一重大亮点；是西安市为数不多的工业文化遗产保护利用的一个有益探索。该项目以其浓厚的文化背景和准确的市场定位，为弘扬和保护西安近代的民族工业遗产提供了一个较好的平台，也为陕西的文化旅游业发展提供了有力的支持，将有力地推动西安市对工业文化遗产的保护利用，实现工业文化遗产与城市现代化的和谐共生，实现保护与开发利用并举，社会效益与经济效益的双丰收。

大华·1935的改造以"保护历史遗迹，传承历史文化，重拾记忆场景，"为指导思想，以"尊重原始建筑、呈现工业场所、继承历史文脉、凸显艺术氛围、彰显人文关怀"为原则。设计出了以体现大华·1935的神韵与灵魂的方案，以及城市工业遗产文明的发展进程。同时将遗产保护利用和城市产业打造以及城市形象塑造、城市功能完善等方面进行有机的结合，打造西安城北公共文化休闲空间。在发展商业的同时，保有原建筑的工业风貌，建有西安市首座工业博物馆，是近代工业遗产与现代社会城市功能结合的典范之作[①]。

3.3.3.3 纺织城纺织工业区更新改造：西安半坡国际艺术区（2012 ~ 2014 年）

（1）更新对象

半坡国际艺术区（原纺织城艺术区）位于西安市东郊灞桥区纺织城纺西街238号，是纺织城综合发展典型性区域（图3-59）。半坡国际艺术项目紧邻着半坡遗址、国棉三厂以及大华国际商业街区，由东走一公里左右便到了纺西街，纺西街是整个纺织城的主干道。园区

---

① 王会宁. 废旧工业厂房可持续性利用改造设计研究 [D]. 西安: 长安大学, 2017.

图3-59 西安半坡国际艺术区项目区位示意图

公交站名为堡子村站，公交线路共计13条，另外，地铁一号线与半坡国际艺术区仅仅相隔三百米，整个园区四通八达，具有显著的交通优势[①]。项目由陕西经邦文化与灞桥区政府联手开发，总投资一亿五千万元人民币。

（2）历史沿革

西安半坡国际艺术区（更名前为"纺织城艺术区"）的前身是西安唐华一印（即原西北第一印染厂），是我国自行建成的首家大型全能印染厂（其中苏联专家提供了一定帮助）。改革开放后，纺织业的日趋败落，唐华一印变成了一片废弃厂房群。艺术区改造范围为东临纺西街，西接五星村，南起国棉三厂，北至中纺印仓库，四面围合面积约12.4万平方米。艺术区内厂房普遍为排架结构，总建筑面积达到6万平方米[②]。

早在20世纪60年代，西安就已经建立了全国知名的纺织城，成为我国改革开放初期，生产技术和生产设备最先进的纺织工业基地。纺织城是按照苏联建筑风格建造，具备典型的工业革命特征。1961年，在国营西北第一印染厂在西安的纺织城中诞生了工业文明，作为我国西北地区最大的纺织工业基地，曾经是西安最繁华的区域，也被西安人民誉为小香港。

改革开放以后，我国市场经济以及产业结构都在不断调整，1997年，国营西北第一印染厂宣告停产，随着时间的推移，该厂大量的厂房闲置下来以后杂草丛生，萧瑟之感与过

① 贾媛媛. 后工业景观设计方法研究 [D]. 西安：长安大学，2017.
② 马丹迪. 面向创意产业的西安旧工业厂区更新设计研究 [D]. 西安：西安建筑科技大学，2017.

去的繁荣形成了最鲜明的对比。1998年12月31日被改制为陕西唐华一印有限公司。

在停产并改制为唐华一印后，工厂展开了自救措施。原厂房被分为A、B、C三个区域全部进行招租，除部分区域出租给小型民营工厂再次投入生产外，与市内地区相比，西北第一印染厂遗址的中心要更低，再加上其鲜明的工业气息，吸引了大量的艺术家聚居在废旧的工业地带进行艺术创作，2007年开始，该厂遗址中就汇聚了大量的艺术家，这些艺术家也对该厂进行了开发。例如，艺术家们将工厂的内部空间进行装修，改造成独具艺术审美意味的工作室；政府为了推动创意产业以及第三产业的快速发展，邀请艺术家和开发商对工厂中的建筑场地进行改造，在改造过程中，也注重保留当地的人文建筑风貌。2012年开始，陕西金邦文化与灞桥区政府建立了半坡国际艺术区项目，该项目的建成，也标志着该片土地的作用已被最大化发挥出来。

（3）改造内容

园区的改造内容包括：旧工业建筑（艺术家工作室、时尚创意设计公司、展示空间、餐饮文化空间）、景观（植被绿化、主题广场、公共设施）等。其中，中心厂房建筑为主要艺术创意基地，原为纺织城纺织车间。目前园区改造已初见规模，一些原来生产加工企业已经迁移。在园区内已形成油画、雕塑、陶艺、摄影等多个艺术门类的个人工作室、展览服务公司、文化传播公司以及商业空间等一定规模的文化创意产业基础。[①]

（4）现状业态

经调查了解，经过多次改动，园区内目前入驻单位有餐饮和艺术机构两大类，具体情况为：餐饮13家（24.5%），其余艺术机构有书法绘画机构7家（13.2%），摄影机构5家（9.4%），雕塑机构6家（11.3%），娱乐机构5家（9.4%），服饰机构2家（3.8%），设计类公司5家（9.4%），综合艺术机构10家（18.9%）。因为该园区为综合艺术园区，所以主要入驻单位以艺术相关机构为主，之前入驻的许多艺术家也相继离开，所剩无几，其余的许多商户至今仍未开张或已经关闭，目前看来业态较为单一，人们的可参与项目较少[②]。

3.3.4 城市商业区更新（2017 ～ 2019 年）

3.3.4.1 西安大悦城更新（2017 ～ 2019 年）

（1）更新对象

西安大悦城位于西安的城市名片大雁塔旁，所在的位置衔接项目东北方向的小寨商圈，东侧及东南侧的大雁塔、大唐芙蓉园、曲江池等重要旅游地标，是一个非常典型的"旅游集散式城市商业旧改"项目（图3-60）。

西安大悦城总建筑面积14.65万平方米、可租赁面积6.3万平方米，共有地上4层、地下2层，总计品牌341个，停车位1100个，定位为"十三潮主场"，拥有勿空街区、潮π街区、

---

① 崔伟. 地域文化视角下的西安半坡国际艺术区景观设计研究［D］. 西安：西安建筑科技大学，2014.
② 贾媛媛. 后工业景观设计方法研究［D］. 西安：长安大学，2017.

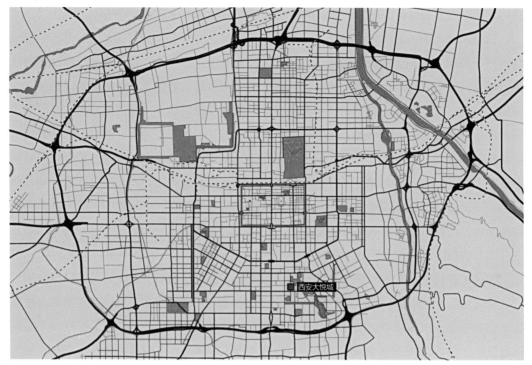

图3-60 西安大悦城项目区位示意图

查特花园、吃货共和国四大主题街区，独家光影天幕、西安最大的室内下沉广场等地标性空间，是大悦城地产深度市场研究之后的全面提升之作。

西安大悦城依托大雁塔深厚的历史人文底蕴，让城市与大悦城发生多文化、多空间碰撞，延续大悦城商业产品18～35岁城市时尚潮流客群的基础定位，打造西安"潮流时尚地标"，进一步影响西北地区潮流消费的升级。

（2）历史沿革

西安大悦城的前身——曲江秦汉唐国际文化商业广场（又名"秦汉唐天幕广场"）2012年12月22日正式对外开放，这座坐落在大雁塔脚下、位于大唐不夜城门户位置的商场曾一度是西安面积最大的商业综合体。2016年世纪金花撤场之后，项目经营情况就急转直下。2017年，被中粮收购经过600余天的改造，2018年12月16日，西安大悦城2正式开业，自开业至今始终处于西安乃至全国商业市场的关注焦点。

（3）改造策略

针对原物业的空间结构和优劣势，西安大悦城的改建方案经过与建筑设计单位和工程专家的反复讨论，从2017年7月15日开始，经历了装饰性拆除、结构改造及加建、外立面改造、采光顶加盖、外立面幕墙新建、机电改造、室内精装等过程，最终于2018年12月10日正式完工，工程改建时间总计515天。

建筑空间改造重点包括以下九点：

1）加顶。解决西北地区室外空间难以利用的问题，给露天广场加盖自然采光顶。

2）下挖。改变原有项目枯燥呆板的空间格局，将原地面广场下凿为下沉广场，创造出"双首层"；并在室外东南角下挖新的室外下沉广场，与主入口形成错层空间，并连接负一层的"死角"区位。

3）门头。改变主入口位置，设计为钻石电光玻璃大门头，白天是采光极好的玻璃，夜晚则可以成为光电屏幕。

4）天幕。保留原有天幕的一部分，成为项目南北主通道的顶层，从负一层开始，每层均可仰视天幕，延续天幕的认知度，重塑美誉度。

5）连廊。在东南角2～3层用彩虹连廊将区域动线进行连接，创造优美视觉效果。

6）主题街区。打造勿空街区、潮π街区、查特花园和吃货共和国四大主题街区，盘活尴尬区域，重塑体验区域。

7）大雁塔观景平台。利用项目坡面屋顶打造大雁塔最佳观景视角，结合美陈设计，制造热门打卡地。

8）丝路。西安是丝绸之路的起点，在项目内用大量的丝带元素与本地丝路文化进行物理连接和文化衔接。

9）景观。在项目次动线打造景观，增强体验感。

经过拆梁拔柱、凿地下挖、创意新建，大规模运用最前沿的科技与材料，最终呈现给世人一个兼具历史古典感与未来科技感的全新空间。

（4）业态布局

西安大悦城总计引进首进西北的品牌多达30%，首进西安和曲江商圈的城市旗舰品牌则共计190个。

负一层主打生鲜超市、特色美食、潮流零售，有着令人记忆深刻的勿空街区和潮π街区，而东南角改建出来的室外下沉广场不仅与主入口形成了空间层次感，更为原本可能成为"死角"的区域打通了物理屏障，形成内外通达的客流动线。巨大的下沉广场形成了双首层的直观效果，围绕广场植入的咖啡品牌让这里成为一个可休憩可社交的氛围，加之广场内LINEFRIENDS的嘉年华特展的生动感官，人为打造了一个全新的打卡胜地和客流汇集中心，人们在这里一抬头就能看到一层到三层的部分主力品牌，也为下一步的客流导向埋下了巧妙的伏笔。

一层在次动线切小铺增加品牌数量，以国际品牌、网红品牌和首进品牌为区域划分的主要策略，加大消费者逛街的体验感与满足感。同时，由于项目平层面积较大，为了增加可逛度，减少顾客的劳累感，大悦城注入"一步一休憩"的概念，把星巴克、COSTA、奈雪、喜茶、蓝蛙等可歇脚的休闲品牌空间植入到一层的各个区域，将较大的平面串联成一个动静相宜的舒适空间。

二层将服饰及生活方式融为一体，主打女性氛围，为精致女性打造了购物、家居、体验、休闲餐饮为一体的休闲购物场所。女性服饰方面，西安大悦城在西安市场首次将ZUCZUG、III viviniko、mila owen、子苞米、erdos、snidel、glate pique、moussy、sly、 uooyaa等国内设计师品牌及日系品牌悉数收入囊中，成为该品类品牌线最强合集。

三楼将儿童业态总面积控制在3000平方米。家庭客群既非主力客群但又不可或缺，麻雀虽小却又五脏俱全，从零售到体验不一而足，且匹配精品红人餐饮品牌，可谓为周边家庭用户创造了一个FAMILY FUN的集合空间。

四层大雁塔近在咫尺，户内外无缝连接。对于对社交平台空间要求较高、审美能力较强的时尚潮流年轻人，这里应该是截至目前西安全市氛围最好的社交场所，没有之一。之后还有首进购物中心的西安最火酒吧"光音·入魂live house"加持，与成都IFS、长沙IFS的7层空中花园有着异曲同工之妙。

（5）总结

我们看到，经过多年不断创新与发展，西安的曲江新区形成了独一无二的"曲江模式"，打造了"文化内核+价值传播+新城市主义"的曲江发展路径。而大雁塔周边区域，作为西安文化旅游的重镇，近年来在文化与商业的结合方面更是走出一条特色鲜明的道路。在区域特色环境之下，西安大悦城也在极力扮演好"潮流文化阵地+商业服务配套"的角色。在2019年春节期间配合"西安年·最中国"活动，迎来前所未有的客流高峰，西安大悦城在春节小长假期间总客流超过100万人次，总销售额4338万元，高峰期场内同一时间点滞留人数达到5万。

从技术含量极高的硬核工程改造，到消费者心智的刷新占领，西安大悦城给大雁塔片区、曲江新区乃至西安整座城市，都带来了显而易见的"微观更新"。西安这座十三朝古都，正在从西安大悦城开始，进化为真正的"十三潮主场"。

3.3.4.2 西安高新创业咖啡街区（2017 年 2 月 26 日 ~ 2018 年 9 月 29 日）

（1）更新对象

西安创业咖啡街区，位于西安市高新二路与光华路口，是高新区众创示范街区核心腹地，街区以咖啡元素为载体，为创业团队与创业企业服务的双创空间，是西安最具时代感的创新创业文化社群的众创聚集区，以及西安双创功能体验区、创客聚集区、创客成果展示区（图3-61）。

（2）更新概况

西安创业咖啡街区对标中关村创业街区，通过打造"海归楼"和"博士楼""千人楼"等创新创业载体，针对性地引进一批高层次创新人才，有重点地支持一批能够突破关键技术、发展高新技术产业，带动新兴学科的战略科学家和领军人才来西安创新创业。

2018年9月29日，西安创业咖啡街区全新拓展升级2.0版本正式落成亮相，西安创业咖啡街区2.0充分融合"科技创意+现代时尚"理念，以打造"科技硅坊、商业坊、休闲坊、旅游坊、示范坊"为定位，在创业咖啡街区1.0——"360°创新无国界、创业无时差"模式的基础上，集合时尚潮流、娱乐休闲、文化艺术、创新创意、国际商务、高端金融等多功能于一体，进一步构建"空间+创投+资源+服务+生活+休闲"的全要素双创生态圈，打造世

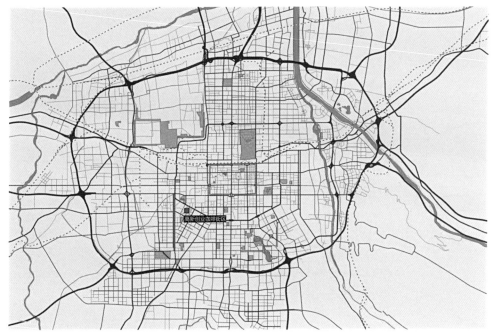

图3-61 西安高新创业咖啡街区项目区位示意图

界一流的"创新高地""创业福地"和"创富胜地",其范围以西安创业咖啡街区为核心,东西南北各向延伸,包括"创意文化商业街""时尚快闪+网红店商业街""科技创新街""科技主题商业街"等特色街区,总面积拓展至2平方公里,从氛围、消费、活动和创新等多方面升级强化,成为西安展示双创成果、汇聚双创资源、引领双创文化的重要平台[1][2]。

3.3.4.3 西安荟玩集装箱艺术街区（2018 年 9 月～ 2019 年 10 月）

（1）更新对象

西安荟玩集装箱艺术街区位于西安市雁塔区雁塔西路郝家村,项目所在地是西安城市扩张过程中挤压出的诸多城中村之一,2010年的一次局部拆迁在它与雁塔西路之间空出了13亩场地。这块在当时的开发环境下"食之无味"的用地,在被简单平整当作停车场使用了近10年后,因街道更新的需求和临时建筑的允诺回到了城市开发者的视野里。2019年10月,以集装箱为载体的由临时建筑构成的更新街区在该地落成,以特殊的方式重塑了以往利用的空间（图3-62）。

（2）面临问题

郝家村集装箱街区是一个以"低解析度"（粗放业态、有限投入、低可控性）为前置条件的项目。城中村这一称呼充满了对峙的味道,而无论从空间还是时间角度,项目都正处在二者的间隙、对峙的前线。

---

① 西安最潮街区！嘉会坊——西安创业咖啡街区2．0升级亮相！[EB/OL]https://www.sohu.com/a/257263073_348945.
② 西安创业咖啡街区2.0——嘉会坊http://news.cnwest.com/node_94489.htm.

图3-62 西安荟玩集装箱艺术街区项目区位示意图

虽然本质上是属于"城"的商业开发，项目与"村"的共生关系却十分牢固。街区策划中的经营者和使用者有相当比例是村子居民，主要业态也会自然延续村子现有商业业态。街区的基础设施铺设阻力重重，大多由村子方面解决。最重要的是二者同步的生命周期，当村子按照城市的计划在未来某一天消失时，街区也将随之中止，为更大尺度的开发让出场地。

城中村的既存形态由城市人口对空间的需求催生，在乡村的土地划分结构限制和城市化带来的廉价建造体系支持下竖向生长。村子的形态是极生动的，密集的每一栋房屋都是有表情的个体，微小的差异中蕴含着许多维度的信息，这种自然生命力，非刻意营造的城市空间可比。但村子底层结构与高密度生活的不匹配也带来了不可回避的环境缺陷，恶劣的居住条件、狭窄的生活场景、稀少的公共空间等。

无论是从城市开发还是对村子空间补充的角度，项目都需要铺垫比现状村子更有效的底层格局，提供更优质的使用空间。而同时，带着与村子的绑定和对它的敬意，设计需要有足够容差去应对和调用丰富的个体表达。围绕这些想法，设计师着手解决一系列基本问题。

（3）更新概况[①]

1）材料

因其适中的集成度、稳定的质量控制、明确的"临时性"形象和后期的可转移性，集装箱被选作项目建设主材。综合空间、货源和成本因素，具体确定为退役的12米×2.4米×2.9米

---

① 郝家村集装箱街区：城村之间/行止计画+北央设计[EB/OL]. http://www.archiposition.com/items/20200703095857.

的集装箱。

通过对集装箱类型化的建设经验固然值得借鉴，更新时没有对集装箱进行侧壁开洞和空间连通，将大部分30平方米的单箱分为1～2家商户直接对外，发挥完整箱体的自闭性优势。细节扎实的端头被改造为店铺入口后并列、叠加，形成视觉密集度。箱体简洁而精准的侧板在"端头群"之外的立面得以按完整长度展示，角部倒三角窗引导着行人的视线。这些直白的处理方法不只降低了造价，也将相对陌生的材料变得日常化，从而方便使用者对空间架构的理解。

2）单元

集装箱个体与场地间过大的尺度差距需要由"单元"弥合。基础单元平面由五个箱体并置形成，近似12米×12米正方形，它很接近人们经验中"单体房屋"的尺度，也在设计操作中提供了上下交叠的自由。

这个单元的首层以"一户箱"（一箱一户商铺）和"两户箱"（一箱两户商铺）为布置主体，端头并置；二层一半置箱，设打通的"两箱户"（两箱一户商铺）或"三箱户"（三箱一户商铺），另一半空出为依附的室外平台，共同形成与有别于首层的环境模式；平台和三层范围是预留给二层商户的加建空间。堆叠并置的箱体给后续加建留下大量支点，也提供一些秩序参照。

3）布局

以"单元"构建的模数网格为底，街区的布局在剖面和平面上展开。剖面主要问题是高差的消化。由于原拆迁垃圾的填埋，基地比北侧道路高出1～2米，在此设三层台地。北侧第一层台地承担了主要的集装箱摆放，其与人行道间高差被削减至0.3～1.2米，继而被化解为展台、座席和运动坡道；中间台地升高0.6米，布置少数南侧集装箱；最后一层台地则再升高0.6米承担停车功能。

平面角度，用地北侧主要城市界面所邻的雁塔西路是一条重仪式感的道路，绿化茂密但人行道狭窄，生气不足。设计以退为进，在这个界面退出三块活动场地，在扩大沿街面、聚集人群的同时提供积极的城市空间；进一步，设计在三块场地的南对角线再让出另外三块场地，与建筑形成棋盘状的相互围合，将城市风景和人流一齐引入街区深处；二层通廊串接8个单元的平台，并设6部楼梯与一层连接，成为场地空间系统的延续。剖面和平面布局的确定保证了街区稳定有效的底层结构。

4）生长

在材料、单元和布局层面上诸项原则限定下，设计被人流、视野、光线、结构、构造等具体变量推动完成形式。这个静态的结果提供明确的底层秩序、易控的建造方式、充足的调改空间和密集的共用资源，它容纳城、村两种秩序相遇，"生长"出新的聚落。

（4）总结

城村之间持续的拉锯战催生了这个独特的项目，对于它们之间的胜负，社会和学界已有越来越多元化的声音。无论从城市肌理、社会权利或文化多样性角度，单边的胜利都不应再被歌颂。在街区存续的时间里，它将敲打一些对于"城"和"村"业已成型的观念，以行动式的手段介入这场讨论。我们试图在二者之间拼接和培育一种可持续的"中间"秩序，不仅为顺利履行地块自身的功用，也为弥补两种建设形态各自的相对不足。这或许是通往更长久和解的道路。

4

第 4 章　西安城市社区
更新总结

随着城镇化进程的持续推进，西安城市更新的内涵日益丰富，外延不断拓展，正努力朝向国家中心城市阶段性城市发展目标迈进。由于西安市的发展背景、面临问题、更新动力制度环境阶段性的差异，其更新的目标、内容以及采取的更新方式、政策、措施等亦相应发生动态变化，但总体而言，西安面对全国性的土地政策改革，面对土地资源与能源的约束，西安的城市发展总能在兼顾社会资源均衡、文化保护，完善城市功能与管理，提升城市韧性、安全以及便捷度方面做出自己的探索性尝试，积累了属于其自身的更新经验。

4.1
西安社区更新的实践

▶　　从国际国内的发展形势与政策导向看，西安遵循并在一定程度上吸收了以可持续为核心的有机更新理念，也向全球城市更新的领先案例吸取了多元化更新方法及模式的相关经验，并且还在本土文脉空间的传承与发扬方面，发挥了自身地域文化优势，坚持了自身的发展原则，也维护着本地的空间正义。

4.1.1 在有机更新理论及方法方面与国际保持同步

一方面，体现在全球城市更新观念相一致的可持续性发展战略。可持续发展是人类社会发展的一种新的理想境界，其目标是人类社会能实现天时，地利，人和。因而人类必须时时居安思危，未雨绸缪。"可持续发展既是一个发展目标，也是一个发展过程，其核心是发展。它强调人类社会文明与自然环境建立起一种和谐关系，就是既要保持适度的经济增长，以不断满足当今人们提高的物质和文化生活质量的需要。又要不超过环境的承载能力，以保证未来人类生存环境不受威胁。建立这种和谐关系的是保持人口、社会、经济、资源和环境相互协调的可持续发展"。而城市有机更新理念核心也正是对应于空间更新的可持续性。

另一方面，体现在国际历史城市保护理念下对西安城市更新的约束作用。其中，20世纪前半叶，国际上对文化遗产的保护主要是单体的保护。20世纪后半叶，逐步发展到历史地段、历史城镇和地区的整体保护，以及混合遗产的保护。进入21世纪，国际文化遗产保护理念不断拓展到非物质文化遗产、文化遗产环境、跨区域遗产的保护。总体上经历了从古物到建筑，从单体到地区和城镇，从人工环境到自然环境，从物质文化遗产到非物质文化遗产，从遗产本身到遗产所处的环境，从孤立的遗产到跨区域的遗产等发展历程，保护理念不断深化拓展。[①]这些变化深刻影响了西安这一历史渊源久远、历史空间资源丰富的更新改造实践。

4.1.2 在更新项目管理与经营方面向先进地区借鉴

城市更新项目持续、有效地推进，需要在一套完整的合作体系中进行。从更新体制、模式、管理与运营，需要在项目的收尾进行全过程把控。从国外的实践案例中可以看到，对于政策与模式的探索是其更新探索的根本。在政策领域主要分为支持性政策、项目性政策、投资性政策与合作性政策。其中，支持性政策主要是对基础设施与技术进行投资与建设；项目性政策主要体现在针对具体项目类型所体现的特色优势，带来与之相结合的城市产业及社会发展；投资性政策，即鼓励城市公共文化设施的建设；最后是合作性政策，即加强商业与公共部门的合作的政策。至于城市模式，则主要体现在管理主体、管理层级以及政府职能三大因素上。

这其中，曲江管委会作为政府派出机构，行使各项管理职能，扮演管理者角色。西安在这一时期所形成的"曲江模式"，被称为是一种文化经济模式，是以"文化+旅游城市"为内核的模式运营发展。它的运营线路是以产业园区建设为基础，以文化产业集聚为核心，达到文化事业、区域产业、城市经营的共赢目标。西安曲江文化产业园区的开发主体——西安曲江新区管委会代行政府的管理职能，同时也是土地开发和新区公共基础设施的投资开发者。因此，曲江文化产业园区的运营线路是基础设施建设—文化项目带动—产业集聚发展—城市价值提升。

4.1.3 在城市文脉保护与传承方面坚持独创性探索

从古城西安的历史发展过程中可以看出，其城市在发展的全过程中，自始至终都为城市文化氛围的培育、城市文化自信的增强做出了牺牲与让步，也为城市遗产的保护探索出新的路径，总体上西安探索与协调更新阶段主要的经验体现在以下四点。

其一，城市更新过程中注重历史的延伸性、时空的连续性。西安城市的文脉特点就是

---

① 沈俊超. 南京历史文化名城保护规划演进、反思及展望 [D]. 南京：东南大学，2016.

多时空场景相互叠合与交融。城市更新的实践着眼点，往往对城市各个时期的文化资源空间的保护都有所考量。

其二，坚持古城风貌与现代化城市功能相协调，传统形制与当代功能伴随着城市发展所带来的生长性融合。古都风貌是西安最大的历史文化遗产，对于新时期古都西安城市经济与社会文化的发展而言是不可多得的珍贵资源，是城市特色、城市竞争力的重要方面。[①]而西安的城市更新实践从古到今、自始至终都是围绕传统与现代、保护与更新以及规划与设计并存的综合性探索思路，并且也体现在空间改造的具体细节当中。如建筑的风格、色彩、形制以及建筑与周边环境关系等。其中尤其注重西安的地域文脉特征在当代城市空间中的传承。从城市空间格局的更新创新上看，主城区的"大九宫"与老城区的"小九宫"是充分理解传统城市规划思想下，对于城市空间结构的再创造；从典型城市风貌场所上来看，突出对城市整体环境风貌的控制，体现在城市街道轴线性空间的文化意象传承与功能革新，以及历史街区等公共节点的激活与塑造；从具体的空间细节设计上看，突破了之前以传统具象形式为本土原型的局限，更加注重传统内涵与现代技术、材料的结合。代表性的案例有西安钟鼓楼广场的建设更新，护城河、顺城巷以及环城公园、城市文化空间建设提升改造等项目，从而实现了功能的融合、空间的融合以及与需求的有机融合。

其三，自始至终地塑造了城市文化与经济发展的良性互动关系，注重经济效益与社会效益的双回报。一方面，使得文化资源参与了城市空间生产的过程，为城市经济的振兴提供了转换途径；另一方面，使得城市历史文脉、文化氛围的更新塑造更好地对应于人民的公共及日常生活环境的场景，为留住城市人才、激发城市活力与创造力提供了土壤。表现为在经济建设作为时代主导因素下，在政府与开发商主导的实践过程中，能够在一定程度上结合当时的政策制度及经济条件，逐渐考虑更新过程中的公众利益，代表性的案例有以西安万达为代表的城中村及城市商业综合体的联合更新改造项目等。

其四，注重城市形象及品牌效应、注重城市空间品质提升。表现为注重营造城市的文化氛围，并且能够持续、有效吸引外资及其他社会资源以激活原本沉寂的公共空间环境。西安的文化资源数量庞大且种类众多，在城市建设与更新的全过程中，西安都将文化的保护与城市的发展问题紧密结合，试图探索出适应其自身发展不同时代需求下的发展新路径，代表性的案例有西安曲江及大明宫的更新改造项目。

① 吴宏岐，严艳. 古都西安历史上的城市更新模式与新世纪城市更新战略 [J]. 中国历史地理论丛，2003（04）：26-38+159.

4.2
西安社区更新的特点

4.2.1 城市旧城功能疏解与新城建设的结构整体性更新

▶ 　《西安市城市总体规划（1995～2010年）》充分运用了卫星城理念及伊利尔·沙里宁的"有机疏散"理论，达到优化城市内部功能布局、大力发展外围新区的目的，同时将城乡接合部和城市周边热点区域纳入土地储备，为西安今后的发展预留空间，为把西安建设成为外向型的现代化城市奠定了良好基础。一方面，在具体的编制过程中，应强调总体规划的宏观调控与弹性管控。对此该版总规中也做出了回应。在西部大开发战略实施的背景下，市场经济给城市带来了活力，使得城市一方面急速外拓，造成城市内部功能紊乱，另一方面呈现"摊大饼"式无序蔓延。同时，一批国家级产业开发区，如高新区、经济开发区的兴起也迫切需要规划新的用地来保障城市的持续发展。而《西安市城市总体规划（2008～2020年）》在之前的基础上，突出了"九宫格局，棋盘路网，轴线突出，一城多心"的城市总体布局，并且在自然与文化保护所塑造的城市特色当中，在城市建筑风格与城市色彩等诸多方面，都凸显了西安的古都文化与城市精神，以彰显西安城市发展的整体性更新过程。

　据统计，2007年，西安市13个开发区紧紧围绕市委、市政府建设"人文西安、活力西安、和谐西安"的奋斗目标，充分发挥开发区在全市经济建设中的辐射带动作用，开发区建设成绩斐然。其中，高新技术开发区以建设世界一流科技园为奋斗目标，经济技术开发区着力发展制造业规模效应，曲江新区积极打造曲江文化产业核心区，浐灞生态区确立了生态品牌新形象，航空产业基地形成产业聚集之势，带动了全市13个省级以上开发区在固定资产投资，引进内、外资方面实现了新突破。

　西安市13个开发区共完成固定资产投资447.69亿元，占全市城镇固定资产投资的33.4%，同比增长32.0%；实际利用外资8.34亿美元，占全市的74.8%，同比增长37.1%；实际引进内资287.29亿元，占全市的54.5%，同比增长23.3%[①]。由此可见，旧城降低密度与功能疏解，建立新城新的增长点是该阶段西安实现城市更新的最佳路径，通过区域性平衡有效缓解了旧城发展的困境。

4.2.2 注重城市设施配套均衡性与城市功能系统性更新

1949年5月西安解放，城市建成区13.2平方公里，城区人口39.76万人。新中国成立后，西安进入城市初步建设时期，城市建设工作是在政府主导下以低成本的功能延续和基础设施恢复重建为主，着力于基础设施建设、居住生活条件改善和城市环境卫生治理为主的建设更新，建设重点在解决最基本的卫生、安全、合理分居问题。城市整体建设、道路修建、住房建设、城市广场扩建等工作的成功开展，使西安城市建设从战乱动荡中走出，得到了恢复和发展。受国家基本建设投资所限，新中国成立初期西安的城市建设资金主要用于发展生产和新工业区的建设，由于缺乏经验，压缩城市非生产性建设，致使城市住宅和市政公用公共设施不得不采取降低质量和临时处理的办法来节省投资，居住区住宅造价低，住房建设质量堪忧，基础设施布局分散且很不完整，乱拆乱建和随意侵占的事件频发，市政设施建设出现分化现象：单位制社区单元的配套设施相对完善，而城市整体的市政设施发展却相对缓慢，这些都为后来的城市布局、环境保护和城市改造留下了隐患。

1978年改革开放至90年代，西安的建设重点由生产性建设转向非生产性建设，并以物质空间建设为主，利用旧城原有建设基础，对旧城区进行整治和修缮，在拆除破败住区的基础上，重建多层与高层住宅楼，兴建居住小区以及相应配套市政基础设施与社会福利体系的建设。城市社区也逐步完成由福利社会向半福利社会，再到福利货币化社会的转型。由于之前建设的街道、场所、建筑等的城市功能已不能完全满足此时城市发展和人民生活的新的需求，随后青少年宫、省科技馆、省历史博物馆、唐代艺术博物馆、市群众艺术馆、省电视塔、北方乐园、省肿瘤医院、西安医学院口腔医院及唐城百货大厦、西安百货大厦、民生百货大厦、小寨百货大厦等一批大型公共设施先后落成，城市建筑与场所的功能、形态、模式和体量相较以往发生了巨大的变革，城市新功能更新日新月异。

至1990年底，西安市城市建成区137.8平方公里，城区人口180.3万人。全市拥有城市道路总长1069公里，总面积1019万平方米，不论城市道路里程、道路面积、道路质量，都取得了长足的进步。全市拥有综合公园与专类公园16个，建成区内拥有园林绿地382公顷，道路绿化覆盖面积717公顷，城市人口人均公共绿地面积1.7平方米；全市各类房屋面积5342万平方米，其中住宅2380万平方米，城市人均居住面积6.19平方米。各项城市建设有步骤地全面展开，城市道路修建、城市广场扩建、住房建设等方面取得了一系列巨大的成果，困扰多年的住房紧张、交通拥挤、市政设施落后等问题得到缓解。此外，至1990年，

① 2007年西安市13个开发区建设成绩斐然. http://tjj.xa.gov.cn/tjsj/zxfb/5d7fca9a65cbd86dc0e4a871.html.

全市有各类电影放映单位695个，其中城市249个，农村446个；有秦腔、歌舞、话剧、音乐、曲艺、木偶剧、豫剧等艺术表演团体23个，影剧院（场）28处。各区县均有剧场、电影院、图书馆和文化馆，社区市民的生活和文化需求开始得到重视和满足，社区群众文化艺术蓬勃发展，"将西安建设成为一座保持古都风貌，以轻纺、机械工业为主，科研、文教、旅游事业发达的社会主义现代化城市"的目标得以实现。

4.2.3 文脉空间真实性与基于真实性本体环境的再塑造

城市建设与历史保护一直是西安城市发展两条并行的主线。以1980年代为界，西安市的古城保护可分为两个阶段。1980年代以前，西安市城市建设过程中对于旧城的保护以局部的"点"式单纯保护为主，重点保护和恢复以东、南、西、北大街和解放路改造为例的历史街道保护，以火车站广场和新城广场扩建为例的城市原有公共中心的功能延续，以钟楼、明城墙、护城河等古建筑古遗迹为例的保护和修复等。虽然受当时保护理念所限，注重于保护文物本体，而对文物遗址及古建筑周围环境协调不够。但是在拆留保护的博弈中，西安将城市建设与历史保护并行的理念，在同期国内城市发展中取得了长远且宝贵的成功，为之后的历史文化名城的保护与传承留下了肥沃土壤。

1980年代至1990年代，西安市历史文化名城的保护，由之前局部点式单纯本体的做法，开始重视对文物遗址及古建筑周围环境的保护，保护范围已扩大到建筑群、风景区以至传统街区，与之相关的城市绿化、环境保护以及旅游事业亦开始得到重视与发展。把保护、恢复、重新利用历史文化遗址、风景名胜和古建筑同发展现代城市的功能结合起来，提出"旧城区为保护改造区，对古城墙及历史文物、遗址、有价值的街坊加以保护、修整"，并确立了"保存、保护、复原、改建与新建开发密切结合，城市的各项建设与古城的传统特色和自然特色密切结合"的规划原则。对钟、鼓楼，大、小清真寺，广仁寺、东岳庙、城隍庙、八仙庵、孔庙、碑林和卧龙寺等明、清建筑加强保护，并与公园绿地相结合。城市道路在建设时沿用历史街巷名称，并拓宽城市道路以显示唐城宏大规模。对慈恩寺、大雁塔、荐福寺、小雁塔、青龙寺、兴善寺、大明宫、兴庆宫等，将通过绿带和旅游风景路联系，采取点、线、面结合的布局，体现唐长安城的风采。将明城墙、城门、护城河、环城林构成一个完整的保护区，为保护城墙的完整性，保持明城严谨格局。碑林周围，化觉巷、清真寺周围的旧民居院落，将保留其砖墙、小青瓦、四合院的历史传统风貌。书院门街、湘子庙街保留其传统街巷风貌。对于分散的有代表性的官邸、商铺、民居，分别不同情况予以原地保护，或原貌移地迁建。丰、镐二京，汉长安城和未央宫、长乐宫、阿房宫等遗址，按保护范围进行绿化，建立遗址公园。历史上的园林风景点和史前遗址，如乐游原、曲江池、芙蓉园、半坡新石器时代村落、十里樊川、少陵原、翠华山、南五台等均纳入园林规划，力争显示古迹风貌。革命文物如八路军办事处、西京招待所、新城黄楼、张学良公馆、杨虎城公馆、高桂滋公馆等恢复原有环境风貌。秉持着文物保护的真实性，进行的一系列基于历史真实性的环境再塑造，如：兴庆公园、慈恩寺遗址公园、南湖公园、唐城墙遗址公园及大明宫遗址公园等的基于遗址标识的环境改造和建设，将真实历史文化和高质量优美环境的旅游目的地完美结合，使人们行走于城市街巷园林中，能真实感受这座千年古都历史的厚重感，兼顾了现代城市功能需求和历史文化传承的需要，为历史城市的旅游产品提供了模板和经验，也有力体现了西安历史保护的"务实"，为历史的延续做了铺垫。

2000年以后，围绕城市遗产展开的城市更新活动是西安城市更新的主要方向之一。相较于之前对于城市遗产被动保护的方式，西安在围绕城市遗产更新时，将城市遗产作为城市的有机组成部分，以开放的姿态与市民现代生活融合起来。在围绕城市遗产进行更新时，更新活动不仅结合居民需求，同时也积极发掘其历史信息，并呈现历史信息，打造城市IP。城市遗产包含的历史信息在更新中得到活化与重现，有利于建立居民具体记忆，同时利于城市文脉的延续。而对于城市老旧空间，更新活动亦是注重对历史信息的发掘与呈现。不仅如此，在呈现历史信息的同时，将老旧空间进行再开发，重新激活已经衰落的城市老旧空间，提升其当代价值，实现城市文化资源与土地资源集约利用。例如：老菜场市井文化街区。

西安围绕城市遗产与老旧空间更新时，在保护与发掘历史信息的同时活化利用，赋予其当代价值，使历史信息得到保留而当代价值得到发展。这样的更新活动也印证了西安在多元化发展时期城市更新活动对文化生态的保护。

4.2.4 注重城市历史环境保护与城市特色塑造相协调

西安在历史上作为中国的政治、经济和文化中心，留下了光辉灿烂的古代遗存，诸如西周丰镐城、秦阿房宫、汉长安城、唐大明宫等遗址以及大雁塔、钟鼓楼、明城墙等都具有较高历史文化价值，都是中国历史上最辉煌时期最具代表性的遗产。2005年10月，在西安召开的国际古迹遗址理事会（ICOMOS）第15次大会通过的国际性文件——《西安宣言》第一次以中国城市——西安命名而被载入世界文化遗产保护史册。[①]《西安宣言》承认了周边环境对古迹遗址重要性和独特性的贡献。[②]为了保证与文物古迹本身相协调，西安的大遗址和重点文物保护单位界定了保护区域，一定程度对城市的无序开发起到约束与限定作用。根据保护为主，保护与开发利用相结合的原则，把历史遗迹、文物景点、地方民居、传统商业街串联形成系统，以此体现古城的历史文化、风土人情、地方风貌，也对西安城市整体空间结构的发展产生了深远影响。

西安也尤其注重重大基础设施项目的选址布局对历史文物的保护工作的影响，并需要以区域化视野在城市空间、基础设施、生态、交通等各方面进行有效衔接。此外，为进一

① 罗佳明.《西安宣言》的解析与操作. [J]. 考古与文物, 2007.
② 西安宣言——关于古建筑、古遗址和历史区域周边环境的保护 [J]. 城市规划通讯, 2005 (22): 10-11+13.

步加强城市特色塑造和城市复兴工作，西安以"新旧分治"为规划理念，以坚守华夏传统文化及西安地域文化特色为原则，以"不求最大最强，但求最具特色"为核心，分别开展了"西安城市文化体系研究""西安城市特色""西安历史文化名城保护规划""西安市文化体系规划""西安大遗址保护规划""西安市城市设计"及"西安分片区建筑风格研究"等数十项城市特色研究。此外，还编制了《幸福林带核心区城市设计》《南绕城片区城市设计》《南门片区城市设计》《北客站片区城市设计》及《地铁站点周边城市设计》等几十项城市设计方案。为进一步贯彻上述城市设计工作，落实建设具有历史文化特色的国际化大都市目标，西安市将2015年定为"城市设计年"，在全市范围内启动了城市设计工作。西安市规划局制定了《西安市城市设计工作方案》，编制完成了《西安市城市设计导则》、《西安市城市设计指导性意见》以及《西安市总体城市设计》，指导西安各片区城市设计编制工作。期望通过全面城市设计工作的开展，传承古都文脉，彰显城市特色，共创宜居西安，让市民看得见山水、留得住乡愁，让古都韵味更加深远。近年来西安通过持续推进古城复兴工作，深入挖掘城市文化资源基因，塑造具有浓郁中国传统文化特色的空间风貌，依托"五区一港两基地、四办（高新区、经开区、浐灞新区、曲江新区、沣东新城、港务区、航空基地、航天基地、大明宫地区、纺织城地区、大兴新区、土门地区）"等活力功能板块，西安的城市特色亮点正在不断涌现：钟鼓楼广场、南门广场、环城林带、高新区唐城绿带、大雁塔广场、顺城巷、曲江池公园、大唐西市、汉城湖公园、浐灞国家湿地公园等地段，通过传承城市文脉，彰显特色风貌，实现了传统与现代交相辉映，展现出了古城复兴的独特魅力。

4.2.5 文化产业事业发展战略与城市更新目标相融合

一方面，西安的产业结构逐渐优化。三次产业结构比从1978年的19.05：57.55：23.40变为2018年的3.1：35.0：61.9。实现产业发展逐步由"传统"到"现代"的转变，产业结构不断优化。特别是1990年代以后，以金融、房地产、信息服务等为代表的现代服务业迅速发展，促进第三产业快速增长。

近年来，西安市积极推进文化产业发展，努力打造万亿级文化旅游大产业，在推进大项目、园区建设，加大招商引资力度，壮大骨干文化企业，促进文化金融融合，培育新兴业态发展和加强文化建设等方面取得发展新成效。截至2018年，西安市规模以上文化企业营业收入达到500.5亿元，营收增长率达到23.1%，占全省规模以上文化企业营收总量的66.1%，较2017年提高1.5个百分点。其中，西安市净增规模以上文化企业130户，全市规模以上文化企业总数达到486户。[①]

另一方面，西安历史文化资源要真正走向产业化就必须打破"锁定"，避免陷入恶性的

---

① 2018年西安规模以上文化企业营业收入超500亿元. http://m.xinhuanet.com/sn/2019-02/23/c_1124153678.htm.

制度陷阱之中，这固然是政府的重要任务，但维持有效的制度也是现实的需要。而制度变迁的一个重要标准是是否有利于经济的增长。制度变迁的方向也并非只有一个，打破"锁定"和维持良性的路径依赖都是可取的制度变迁方向。在西安历史文化资源转变为文化产业的过程中存在的路径依赖的阻碍问题，实质上是历史文化与文化产业的路径不通畅。如何更好地实现文化资源向产业转化这是西安文化产业发展过程中的核心问题。所以西安在实现历史文化资源转化为文化产业以及推进城市经营的过程中充分发挥了以下四条路径的引导作用。

其一，西安加大文化产业的创意力度，注重提升文化产品的参与性与体验性，使静态的文化产品"活起来"。

其二，高新技术是历史文化资源转变为文化产业的驱动力。西安是我国重要的科研基地，也是仅次于北京、上海的第三大科研教育中心，拥有全国第四的高新技术产业开发区，还拥有高校、各类科研和技术机构达4000多个，专业技术人员达40余万，这些雄厚的高科技优势是发展西安文化产业的技术优势。

其三，资金是历史文化资源转变为文化产业的增值源。近年来大雁塔北广场、大唐芙蓉园、西安海洋馆、西安秦岭野生动物园等大型文化产业项目相继建成，实现了资源开发的规模化和集约化，极大地提高了西安文化产业的竞争力；要积极探索多渠道融投资模式，以优惠政策吸引更多资金来发展西安的文化产业。

其四，人才是历史文化资源转变为文化产业的保证。西安依托高校教育资源建立文化产业人才培训基地，开设包括文化产品设计、文化生产经营、文化经纪人、文化市场营销和文化管理等课程，培养一批有文化、懂经营、会管理的文化产业专门人才；同时要大胆引进一批创新、策划人才和网络科技人才以及职业经理人才，为西安文化产业的可持续发展积蓄足够的人力资本。在普遍的以土地经济为目标的全国更新形式中，西安能够不以牺牲文化为前提，进行相对有序的开发建设[①]，从而在确保满足地方财政、政策等各方收益、利益的基础上，尽可能地对文化遗产及其生态环境进行维护，并创造出新的社会经济价值。

4.2.6 适应多元需求的西安城市更新模式探索与尝试

通过对以上西安更新历程的回顾可知，西安城市更新主要关注改造高经济回报率的商业文化空间以及文化旅游空间，同时开始关注城市核心的公共空间及其所代表的民众利益，也更加关注民生、文化层面的打造，整体上呈现开发强度大，模式探索新的阶段性特征。某些经济回报率低、较难改造的城市历史地段，由于其历史文化价值突出及当地居民的强烈需求，也已逐步开展了与其相关的区域性城市更新实践。

---

① 丁永刚. 西安历史文化资源转化为文化产业的路径分析 [J]. 唐都学刊, 2007 (05)：37-40.

城市更新是物质环境更新与社会文化更新的双重过程，进而导致了城市空间和社会文化的再生产。城市更新从不同角度可分为推倒重建式、有机更新式、房地产导向式、旅游导向式、商业导向式、偏重经济式、偏重社会式和综合经济社会空间等更新模式。由于更新实践的早期多是市场化与消费时代的影响作用，更新模式多以商业导向的重建式为主；发展至中后期，城市步入闲暇时代，城市文化消费也成为热点，更新实践则是在逐渐加强对历史街区、历史地段等区域保护的基础上进行的，并且对更新后的城市风貌特色、空间功能等方面也提出了明确的要求。

因此，西安本土的更新模式主要为政府主导、资本主导以及混合型3种模式。

政府主导模式指在城市更新项目开发由政府直接组织并负责规划、提供政策指引，由政府建设部门与承担更新任务的国有企业签订土地开发合同。这类模式一般是用于影响城市未来发展改善民生及遗产保护类的更新项目。例如西安市东西南北大街的提升改造、西安护城河及环城公园综合改造工程、西安南门广场综合提升改造项目、西安幸福林带城市综合体、七贤庄历史文化片区保护与有机更新项目（七贤庄红色教育片区项目）等。

资本主导型模式是指在城市更新项目开发过程中政府通过出让用地，由开发商按规划要求负责项目的拆迁、安置、建设的一种商业行为，是一种完全的市场化运作方式，开发商可根据自身利益去进行房地产开发。这类模式在西安城市更新中以小型街区更新项目为主，例如西安万达带动下的城中村改造以及建国门老菜场更新等。

混合型开发模式是指城市更新项目开发由政府引导、市场主体、社区参与推动进行。在这种模式下，核心是政府通过制定相应引导性政策，将部分权力和利益下放到市场，吸引市场力量参与城市更新工作，进而利用市场的开发运营能力和资金推动城市更新。而在西安城市更新中这类模式最为普遍，例如：永兴坊特色美食商业街区、老钢厂设计创意产业园、大华1935、纺织城工业振兴（西安半坡国际艺术区）、西安大悦城城市综合体、高新创业咖啡街区、曲江创意谷。

但在具体操作过程中选择何种更新模式仍是一大难点，如何面对资本市场的压力，在渐进式更新中保留住历史文脉等问题，社会各方面反馈意见不一。该阶段的更新模式以政府为主，市场为辅的更新主导模式。其中也出现了一定程度的公众利益觉醒，而以居民主导的自下而上式社区更新营造模式，在西安的城市更新实践中表现得较不突出。从市场方面来看，存量用地的开发建设主要由政府主导，对社会资本、民间资本的吸引力较弱，如何在广泛吸引社会资本的同时能有效监管更新实施过程，是西安城市更新的一大症结。从政府方面来看，总的来说城市更新的政府各部门及平台公司运作及管理机制已有了较大改观，在利益协调、更新项目操作审批等方面的效率也进一步提升。

4.2.7 注重城市生态在城市更新中营造优质的人居环境

党的十九大报告明确提出"满足人民日益增长的优美生态环境的需求和形成人与自然

和谐发展的现代化新格局"，生态修复作为城市更新的重要手段已经融入对于建成环境的优化中来①。自然生态空间作为建成环境重要的组成部分，在新时代的背景下需要扭转其"配角""填空"和"背景"的传统认知，将其作为存量更新过程中的关键媒介和载体，进行资产化的转换，激发更多的延展性价值，成为建成环境内部新的价值空间。

2000年以后，西安在适应城市多元化发展阶段的城市更新更加注重城市生态环境的建设，在城市更新活动中积极修补城市绿地，完善城区绿色生态基础设施建设。城市绿地的修补既是城市绿地生态系统修复，也是改善城市公共空间、强化城市文化景观感知的重要手段②。在城市更新活动中，以护城河及环城公园、革命公园以及幸福林带城市综合体为代表的城市公园更新，一定程度上满足城区居民的日常休闲需求，提升城区现状绿地的质量，同时在文化景观营造方面，也赋予了文化元素重新活化的空间，强化了城区空间的文化感知。

4.3
社区更新的形态特征

▶　　城市形态的固有特性反映了城市作为"自然过程"与"社会过程"的整合所具有的内在秩序及外在表现。它包含着历史、诠释着文化、反映着生活、映射着政治经济，并为理想所规范。作为自然过程和社会过程的结合产物，除了体现着形式、结构和功能的统一之外，同时是有城市空间的开发过程中具有物质和社会属性的城市各严肃通过各种关系在各个层次上塑造出复杂的组合，并在使用过程中具有经济和文化价值。③以北院门历史街区为典型，通过对其进行城市形态学分析，可见其社区更新过程中呈现的自上而下的政策、制度和规划引导与自下而上的居民为主体的自组织更新过程，呈现出多元文化共存、共生以及社区自我新陈代谢的过程及其文化生态特征。

① 李荷，杨培峰．自然生态空间"人本化"营建：新时代背景下城市更新的规划理念及路径 [J]．城市发展研究，2020，27（07）：90-96+132．
② 丁禹元，孙菲，敬博，等．"城市双修"背景下历史城区海绵城市建设对策研究——以西安老城片区为例 [C] //中国城市规划学会，重庆市人民政府．活力城乡美好人居——2019中国城市规划年会论文集（08城市生态规划），2019：12．
③ 王富臣．形态完整——城市设计的意义 [M]．北京：中国建筑工业出版社，2005：6．

4.3.1 源于康泽恩学派的分析方法

康泽恩学派主要针对城镇平面格局的分析和研究，是在19世纪末的德国地理学和城市形态研究中发展出来的。康泽恩学派是在城市景观分类、定性和解释的形态学基础上，结合德国地理学的图形描绘方法和英国城镇的实例，最终形成了一套对城市形态发展演变过程的研究方法和理论体系。[①]

康泽恩学派的理论强调对城市形态结构和变化过程的概念化理解，相关的概念主要包括：平面单元（plan unit）、形态更新阶段（morphological period）、形态区域（morphological regions）、形态框架（morphological frame）、地块重建时期（plot redevelopment cycles）和城市边缘带（fringe belts）。康泽恩的研究以形态方法、制图表现、用语的精确度为特点，划分其城市形态为平面格局、建筑肌理、土地利用，其理论的核心就是通过三个研究城市形态演变的要素：平面类型单元、建筑形态、土地使用组成。

康泽恩学派的主要贡献包括：①引进"城镇景观"作为其研究对象，突出城市空间的三维形态，将城镇景观分为城镇平面（街道、地块、建筑物）、建筑组构与土地和建筑；②提出了出租地权周期的重要思想，研究关注地块和建筑方块图之间的关系；③提出了并定义了城市形态学的相关概念，如边缘带、建筑周期、形态框架、形态时期等；④形成了城市形态学的研究框架。

城市形态作为城市政治、经济、社会等因素综合作用的产物，通过城市形态方法进行研究，有助于深刻挖掘城市空间实体演变的特征和规律，理解城市空间塑造的深层次的影响作用机制，一定程度上可以弥补城市规划自身理论和方法的固有缺陷，即目前城市更新缺乏对于城市历史发展进程的研究，难以找寻规划对象城市发展的自有规律并加以运用，而是简单粗暴地运用城市经济发展、历史保护、空间构成的相关理论，导致规划结果正确性难以保证，这对于成本巨大的城市发展构成了很大的威胁。

城市形态学理论方法对于深化规划研究对象的研究，加强对象时间纵深的演变研究具有很大的优越性。对于客观揭示政治、经济、社会、文化等因素对于城市演变的作用机制及城市系统的发展规律，包括城市格局、产权地块、建筑肌理、更新方式等方面，具有理论方法上的可借鉴性。

运用城市形态学的方法分析和总结旧城整体空间格局及各形态区域的产权地块、土地利用、平面单元、建筑形态等特点，进而总结出旧城区形态演变的特征和规律，分析其在规划和建设管理的政府干预过程中其自适应系统的作用机理，从而可以为科学制定旧城开发战略和实践提供基础理论依据。因此，城市形态学的研究方法应用于城市更新分析和评价中，对于旧城空间格局保存、文脉特色提炼、居民生活改善、顺应发展规律、指导城市更新合理、有序、健康进行具有很大的助益（图4-1）。

---

① 王敏. 广州市华侨新村地区城市形态演变及动因研究 [D]. 广州：华南理工大学，2012.

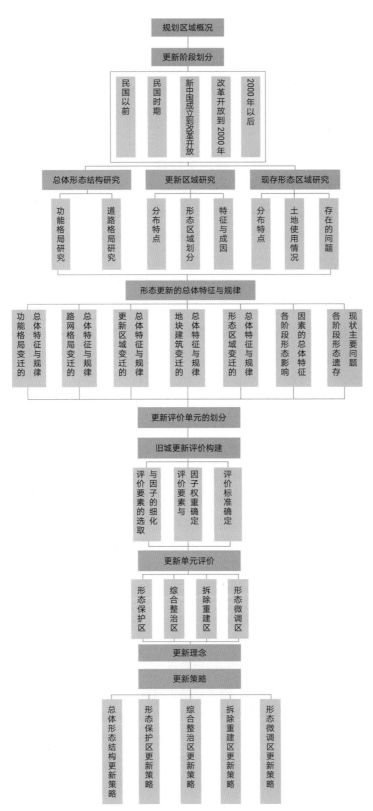

图4-1 城市形态学的分析框架

针对西安的现实情况，通过更新阶段分期、城市功能格局、城市路网格局、城市总体形态结构、建筑肌理、产权地块、更新单元等相关内容和要素进行分析，可以从城市形态学的视角，透视城市社区更新的空间轨迹，并进行相应的评价。包括以下相关概念及其方法：

（1）更新评价单元：是根据对象现状产权分区、土地利用分区、历史文化分区、地价分区、建筑情况分区、道路与行政管辖分区以及未来城市规划管理的便利性等方面，将各方面类似的区域进行划分整合形成较为一致性的区域，为之后的旧城更新评价和未来城市更新策略的提出，提供针对性和便利性。

（2）更新单元：是为便于对研究对象更新策略的研究，通过旧城更新评价后形成的几类不同类型的更新策略区，主要包括形态保护区、综合整治区、拆除重建区和形态微调区四种类型。

（3）形态保护区：在城市更新活动中划定的风貌较为独特，保存价值较高的成片，更新规划中以保护、保留为主的区域。主要包括已经划定为文物保护单位的区域及其周边建设管制区域和针对具有历史性、纪念性和承载居民记忆等显著特征和保护价值的建、构筑物区域两种类型。

（4）综合整治区：现状整体建筑质量一般，空间较为混杂，市政设施和生活设施需要改善以及整体环境质量较差，绝大部分需要通过整治的方式促使空间质量得到改善的区域。综合整治区根据更新对象的具体情况和城市规划的安排，综合整治对象因整治重点的不同可以分为以风貌环境的整治为重点的整治区和以基础设施的整治完善为重点的整治区。

（5）拆除重建区：现状建筑质量较差，空间杂乱无序，市政公用设施难以改善，生活服务设施匮乏，土地利用效率不合理以及整体环境质量极差，难以通过局部改造整治进行空间的优化和改善，必须通过拆除进行空间的重塑的特定区域。根据改造对象具体情况和城市规划的具体安排，拆除重建区的拆建规模分为整体拆建和局部拆建，其中局部拆建占单个拆除重建区的面积不小于60%。

（6）形态微调区：主要指现状建筑质量较好，市政公用设施完善，土地利用较为合理，整体环境质量较好的成片区域。这类区域多为近些年新建的成片区域，考虑到城市经济发展和更新成本，更新过程中只对该区域进行形态的局部微调。

4.3.2 城市形态学分析：北院门历史地段文脉传承

北院门历史文化街区位于西安市明城区内，靠近钟鼓楼，位于西安市钟楼商圈的西北部，是西安老城内有着悠久历史文化的街区（图4-2）。它被古都西安特有的历史文化滋养着，见证了西安老城的发展历程，已经成为老城必不可少的一部分。北院门历史文化街区主要经营旅游纪念品和餐饮业，是对外展示街区特有的明清文化和民族文化的窗口。

北院门历史文化街区是西安市重要的回民聚居区，全市约50%以上的回族聚居于此。街区内居住用地占绝大部分，宗教用地、商业用地等也是重要的组成部分。北院门历史文

图4-2 北院门历史文化街区在明西安城的位置示意（图片来源：根据影像图绘制）

化街区内目前有营里清真寺、清真中寺、大学习巷清真寺、北广济街清真寺、化觉巷清真大寺、大皮院清真寺、清真北大寺和清真新寺等8座清真寺，其中以化觉巷清真大寺规模最大，是街区内国家级文物保护单位之一。北院门历史文化街区内的居住用地以居民自建房为主，层数多为3～5层，建筑质量不高，另外还有部分单位居住小区和少量的商品居住小区；宗教用地主要为清真寺用地，是街区居民社会生活的中心；商业用地多位于街区的边缘，特别是东部边缘；街区内的公共绿地等空间较少。

4.3.2.1 北院门历史文化街区

北院门历史文化街区始建于明代，名为宣平坊，得名北院门是在清代，光绪二十六年（1900年），因八国联军入侵北京，慈禧太后曾逃到西安居住于此，持续时间一年左右。

新中国成立后，街区内进行了街道办的多次划分，街区内的街道系统经过重新翻建，街道的名称曾发生多次变化，如1966年，北院门曾改名为革命街，1972年恢复原名。1992年，北院门街道进行改造，原沥青路面和两侧砖行道改铺为青石。两侧按明清风格建2层房屋，街北建白花岗石大型牌楼，与街南端横跨街上的鼓楼遥遥相望，1993年9月正式建成开通。[1]在后期，街区内如北院门、北广济街、西羊市、庙后街等主要街巷依托街区的文化和

---

① 西安市莲湖区地方志编纂委员会编. 莲湖区志 [M]. 西安：三秦出版社，2001.

城市旅游发展成为以旅游休闲为主题的文化旅游商业街区。

2002年2月6日通过的《西安历史文化名城保护条例》中，第二十八条规定：古城墙以内区域的北院门、三学街、竹笆市、德福巷、湘子庙街区为历史文化街区，其中北院门历史文化街区的范围被划定为：东至社会路、西至早慈巷、北至红牵街、南至西大街。①此文件于同年6月7日被正式批准，自此确定了北院门历史文化街区在明西安城的历史地位，明确了它的保护价值。北院门历史文化街区的保护与更新受到重视。②

北院门历史文化街区是重要的回坊空间，社会的变迁、政策的引导、规划调控以及文化的传承等成为影响街区保护和更新的重要因素，此外街区内居民的宗教信仰以及伊斯兰教的发展也成为影响因素之一，这些因素共同决定了街区在发展中的更新与演变。

（1）北院门历史文化街区的文化构成

北院门历史文化街区有独特的街区文化，主要体现在传统明清文化、商住文化、宗教文化等方面。

传统明清文化：街区文化与其历史沿革有着密不可分的联系，街区在新中国成立后虽经过不断的更新过程，但其传统的明清文化还是得到了传承和发展。街区形成的基本格局和风貌是传统明清文化的体现，街区内的都城隍庙、鼓楼、清真寺等历史遗存，保留下来的传统院落，建筑的屋顶、檐口等装饰以及街区内得以保留的其他物质文化遗产和非物质文化遗产，都是街区传统明清文化的载体。街区在更新过程中，逐步意识到传统明清文化的重要性，城市管理部门采取了相应的保护措施，街区更新也以保护性更新为主。

商住文化：商住文化是北院门街区的文化特色之一，商住文化在街区中有着重要的地位，以商业为主是回族居民的特点，经商是街区居民谋生的手段。街区商住文化的发展和成熟促进了街区结构的逐步形成。街区居民的宗教信仰、社会活动决定了街区居民"围寺而居"的居住文化，这是其最为特色之处。居民自建房的建设一般距离清真寺较近，以方便到清真寺做礼拜等宗教活动。另外，街区居民一般是同族或两三代人居住在一起，营造了浓厚的家庭氛围，并且在家庭中有不同的宗教信仰的分工，如传授宗教知识等，在居住的基础上增加了宗教色彩。

在"围寺而居"的基础上，居民在其自建房的厢房等沿街部分作为商业用房经营商业，随着街区旅游业的发展，商业主要以旅游休闲商业为主题进行纪念品售卖、餐饮等的经营，这种商业行为形成了"前店后居""下店上居"的商住形式，与居住文化共同组成了街区的商住文化。

宗教文化：宗教文化特指清真寺文化。清真寺是街区回族居民的社会生活中心，回族居民与清真寺有密不可分的关系。清真寺是街区居民生活的构成部分，其职能主要表现为宗教活动中心、宗教教育中心、信息传递中心等几个方面。

北院门历史文化街区清真寺的发展经历了漫长的过程。北院门历史文化街区目前坐落

---

① 西安历史文化名城保护条例［S］. 2002.
② 西安市莲湖区地方志编纂委员会编. 莲湖区志［M］. 西安：三秦出版社，2001.

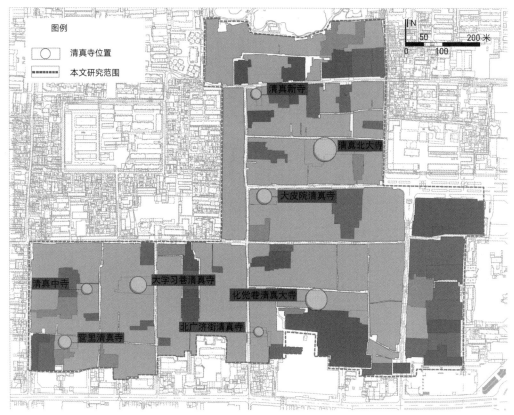

图4-3 北院门历史文化街区内清真寺的分布示意图（图片来源：根据现状地形图绘制）

着8座清真寺。这些清真寺的形成，基本上都是原有清真寺不能承担不断增长的人口压力而建设的，其中也有少数是由于教坊内居民的教派纷争成立的。根据承载人口的大小，清真寺的规模有所差异，但是地位平等，没有相互的隶属关系。然而从某种意义上，化觉巷清真大寺由于成立的时间长，居民最为众多，所以在整个北院门历史文化街区的清真寺中具有一定程度的领导职权。北院门历史文化街区的清真寺发展经历了漫长的历史过程，同时也见证了北院门历史文化街区空间的发展阶段（图4-3）。①

（2）"围寺而居"的社会结构

街区居民的民族构成主要以回族为主，宗教信仰和宗教活动是街区居民主要的社会活动之一，居民因社会生活对清真寺的需求，居住院落往往距离清真寺较近，逐步形成了"围寺而居"的社会结构。"围寺而居"的居民会坚持参加本清真寺的所有宗教活动，不会随意变更清真寺，是街区宗教文化的最为显著也是最为重要的特点。

（3）"前店后居、下店上居"的空间结构

回族居民重视商业是自街区形成之初就有的特点，在居民进行商业活动的发展过程中，在居民自建房的功能上逐渐形成了"前店后居、下店上居"的空间结构。一般在街廓的内部作为

---

① 花倩. 西安旧城区回坊空间的发展研究［D］. 西安：西安建筑科技大学，2011.

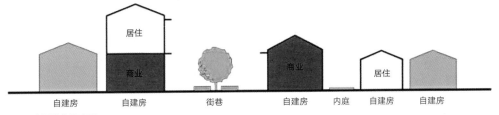

居住　　　　　　　　　　　商业　　　　　居住

商业　　　　　　　　　　商业　　　　　

自建房　　　自建房　　　街巷　　　自建房　内庭　自建房　自建房

图4-4 空间结构示意图

居民的居住空间，而沿街的"一层皮"作为商业空间，沿街居民自建房的厢房或沿街自建房的一层作为商业空间从事商业经营，而院落内部的空间或二层作为居民的居住空间。这种空间通过街区街巷的组合形成了整体的商住空间结构，是街区传统商住文化的延续（图4-4）。

（4）社会结构与空间结构的重构

"围寺而居"的社会结构与"前店后居、下店上居"的空间结构重构后形成的居民社会生活中心即清真寺，居民自建房围绕清真寺环绕布局，沿街区主要街巷为商业空间的圈层式结构，通过几座清真寺的相互拼合形成街区的主要功能结构。在此基础上构成"门户空间—过渡空间—社会生活中心"的街区空间序列。

门户空间：门户空间作为街区空间序列的起始，是塑造街区空间序列的重要因素。

北院门历史文化街区主要的门户空间位于研究范围的南部，从西向东依次为大麦市街门户、都城隍庙门户、北广济街门户、鼓楼门户以及东侧与西华门交会处的北院门门户。其中鼓楼门户的影响力最大，也最能代表北院门历史文化街区的特色。

过渡空间：街区的过渡空间主要是指通过门户空间进入街区核心空间即社会生活中心的过渡缓冲带，主要体现人由门户空间进入核心空间的变化过程，是街区空间序列的重要因素。过渡空间的主要载体是街区的街巷，一般为街区的商业空间和居住空间，是街区居民社会生活和商业活动的结合。过渡空间能够直接反映街区的宗教文化特色，同时能够反映街区的特色商业活动，过渡空间已经成为街区文化的特色空间，其中最为代表性的是北院门、西羊市以及北广济街等街巷。

社会生活中心：街区的社会生活中心是街区的核心空间即清真寺，承担居民宗教信仰以及活动的功能。社会生活中心主要功能是各种宗教活动，如礼拜、宗教文化教育与传授等，同时也是街区对外展示宗教文化特点的场所（图4-5）。

4.3.2.2 北院门历史文化街区形态要素现状

北院门历史文化街区的主要街道系统延续了明清时期的路网格局，主要街道进行了翻修和硬化，没有改变格局和肌理。街区内的功能组成较为复杂，土地利用主要以居住用地为主，另外还有商业用地、宗教用地、中小学用地、行政办公用地、文物古迹用地等等，街区的功能结构是外层为公共建筑和大体量商业建筑以及居住小区，内层为居民自建房，沿街为步行商业空间的圈层结构。街区是以明清时期建筑特点为主要风貌，以商业旅游休闲为主要业态的少数民族聚居区。

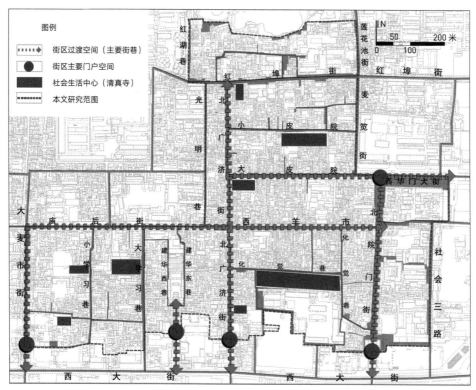

图4-5 北院门历史文化街区主要门户空间示意图（图片来源：根据现状地形图绘制）

（1）路网格局

街区的主要道路格局形成于明清时期，以四条南北向道路和两条东西向道路为主要轴线，连接其他的街区内巷，形成了比较典型且简单的放个十字网的道路格局，南北向道路将街区分成东西四段，东西向道路将街区分成三段。其中，南北向的北院门和北广济街以及东西向的庙后街、西羊市和大皮院等为主要街道，且形成了北院门历史文化街区的主要现代步行商业空间。其中，北院门、北广济街、庙后街、西羊市、大皮院等街道与周边城市道路相互连接交会，形成了北院门历史文化街区的主要门户空间。整体路网结构主要呈现方格网式道路格局。

北院门历史文化街区的主要道路按照功能可分为承载交通功能的街区外部城市道路、承载街区商业和生活空间功能的街区内部主要道路、承载街区内部生活功能的街区内部次要道路以及街区内巷四种类型（图4-6）。

1）街区外部城市道路

北院门历史文化街区外部城市道路主要承载城市的交通功能，主要是城市主干道和城市次干道。其中西大街、西华门大街是城市主干道，红埠街、大麦市街为城市次干道，这些道路与北院门历史文化街区形成良好的交会关系，满足了北院门历史文化街区作为一处城市旅游商业和民俗娱乐休闲为主要业态的街区的交通方面的需求（表4-1）。

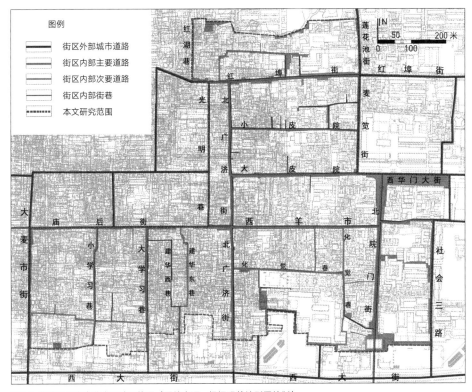

图4-6 北院门历史文化街区路网格局（图片来源：根据现状地形图绘制）

北院门历史文化街区外部城市道路一览表

表 4-1

编号	道路名称	长度（米）	路幅宽度（米）	方向	性质
1	西华门大街	220	70	东西	城市主干道
2	红埠街	384	5.5	东西	城市次干道
3	大麦市街	391	15	南北	城市次干道

资料来源：根据《莲湖区志》绘制。

2）街区内部主要道路

北院门历史文化街区在逐步形成的历史长河中是由一个回民聚居区逐渐转变成以旅游商业和民俗娱乐休闲为主要业态的街区，街区内部的道路也因此由生活型道路向承载交通和生活功能为主的道路转变。

北院门历史文化街区内部的主要道路现在主要承担交通和生活功能，为街区的旅游和商业提供交通功能需求，成为街区商业功能的主要轴线，同时为街区居民提供生活需求。北院门历史文化街区内部主要道路为北院门街道、北广济街、大学习巷、大麦市街、庙后街、西羊市、大皮院、红埠街等（表4-2）。

编号	名称	长度（米）	路幅宽度（米）	方向	性质
1	北院门	560	15	南北	生活功能、商业步行街
2	北广济街	792	11	南北	生活功能、商业步行街
3	大学习巷	150	7	南北	生活功能、交通功能
4	大麦市街	391	15	南北	生活功能、商业街
5	庙后街	592	15	东西	生活功能、商业步行街
6	西羊市	419	9	东西	生活功能、商业步行街
7	大皮院	399	11	东西	生活功能、商业步行街
8	红埠街	394	5.5	东西	生活功能、交通功能

资料来源：根据《莲湖区志》整理。

3）街区内部次要道路

北院门历史文化街区在不断更新过程中，根据居民和商业发展的需求，街区内部进行了一些更新，修建了部分公共建筑和居住建筑，内部的部分道路成为承载生活为主的道路，此外还辅助街区内部的主要道路，构成了街区的次要道路（表4-3）。

北院门历史文化街区内部次要道路一览表　　　　　　　　　　　　　　　　表 4-3

编号	名称	长度（米）	路幅宽度（米）	方向
1	小皮院	365	7.5	东西
2	化觉巷	529	5	东西
3	建华东巷	273	3	南北
4	建华西巷	273	3	南北
5	小学习巷	472	5	南北

资料来源：根据《莲湖区志》整理。

4）街区内巷

北院门历史文化街区内部街巷复杂交错，与北院门历史文化街区主要道路和次要道路形成基本的网格式道路网结构，这与西安城市传统建设布局形成了鲜明的关系。北院门历史文化街区内部的街巷主要是明清以后由居民自建逐步形成的，但是部分的街区内巷因居民住宅建设的原因而消逝，变得不再那么明显。街区内巷大部分都比较狭窄，宽度一般在3.5米以内，最窄的部分仅能通过自行车；街区内巷主要功能主要是为居民提供交通空间，为居民生活提供方便，根据街道内巷的服务对象可以分成片区性巷道和组团性巷道。

（2）土地使用和功能结构

土地使用能够反映街区内各类用地的比重，能够清晰地分析街区的用地结构，对街区土地利用合理化和街区更新有直接指导作用。

街区的土地使用性质比重最大的是居住用地，其中居民自建房用地占了很大比例，覆盖了街区的50%以上；街区南部和东部边缘主要是以商业用地和行政办公用地、居住用地（居住小区用地）为主，街区北部沿红埠街以行政办公用地和居住用地（居住小区用地）为

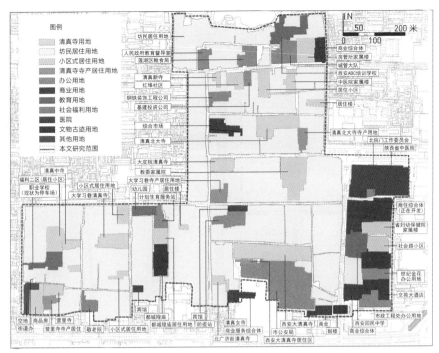

图4-7 北院门历史文化街区土地使用性质图（图片来源：根据现状地形图绘制）

主；西华门大街主要是医疗用地即陕西省中医院；除此之外，街区内还有宗教用地（清真寺）和文物古迹用地。总体来讲街区的土地使用较为复杂，但用地结构较清晰，居民自建房用地利用率较低（图4-7）。

功能结构在街区用地上反映街区各功能板块之间的关系。北院门历史文化街区因居民"围寺而居"的社会生活方式形成了八个不同的区域，区域之间通过拼贴形式结合在一起，在不断更新演变过程中，最终形成了外层为公共建筑和大体量商业建筑以及居住小区，内层为居民自建房，沿街为商业空间的圈层结构。其中，居民自建房与清真寺形成"围寺而居"的社会生活方式，居民自建房沿街区主要街巷的厢房部分为步行商业空间，其他为居民居住空间，呈现"下店上居""前商后居"的形式（图4-8）。

（3）整体风貌特征

北院门历史文化街区的居住建筑多为2层，少数3层，近些年来居民加建至6层，沿街部分是明清传统形式店铺，店铺的形式多为"前店后居、下店上居"。有一些明清时期遗留下来的古建遗存，这些建筑多为明清时期公共性建筑，采用大坡屋面，檐口精巧。在不断更新演变过程中，街区内许多居民自建房失去了传统风貌，建筑密度大，院落消逝，但其地块的肌理并没有改变，沿街巷部分仍延续了传统的建筑特点。街区内部还有部分现代公共建筑，包括陕西省中医院、西安市公安局以及其他的商业和办公建筑，其建筑风格多为现代仿明清时期建筑风格，建筑屋面和檐口采用明清时期处理手法，色彩选择明清时期常用的灰色，但建筑体量较大。北院门历史文化街区内的整体风貌较为突出，在明清传统风格消逝的背景下，风貌特征特别是现代建筑中体现了一些明清时期的传统元素。

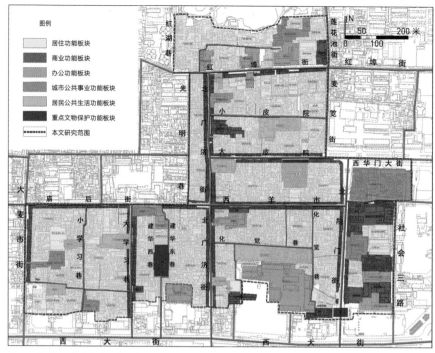

图4-8 北院门历史文化街区空间功能结构图（图片来源：根据现状地形图绘制）

北院门历史文化街区内沿街部分基本上是明清传统形式的一二层店铺，但是街区内部很多建筑因居民加建或者改建的因素，传统形式正在逐步消逝。公共建筑多为现代建筑设计手法，采用坡屋顶和檐口等传统建筑元素。

4.3.2.3 更新阶段的划分

（1）划分依据

本书关于街区更新阶段的划分主要考虑国家在政治、经济方面的变革或大事记，与街区相关城建和规划事件，街区更新的差异性等因素，具体见表4-4～表4-6。

政治、经济方面发生的变革或大事件对城市的更新和建设有很大影响。新中国成立后，国家在政治、经济方面发生的变革或大事件参见表4-4。

新中国成立后国家政治、经济方面的变革或大事记一览表   表4-4

年份	政治、经济等大事件
1953～1956	社会主义改造，土地变为集体所有制
1966～1976	"文化大革命"
1978年以前	计划经济时期
1978	改革开放，土地为社会主义公有制
1978～1992	"有计划"的市场经济时期
1990～1992	宅基地有偿使用，土地使用权有偿、有限期出让
1993年至今	社会主义市场经济时期

相关规划文件和条例是街区更新和建设的依据。新中国成立后，与北院门历史文化街区相关的城建与规划事件参见表4-5。

新中国成立后相关城建与规划事件一览表 表4-5

年份	事件
1981	《古都长安保护规划》编制
1989	《西安市中心区规划》编制
1993	北院门风情街建设完成
1995	《北院门街保护与更新工程》编制
2002	《西安历史文化名城保护条例》出台
2004	《西安历史文化名城保护规划》编制
2008	《西安北院门历史文化街区环境整治保护规划》编制

新中国成立后，街区更新区域的性质存在很大差异，参见表4-6。

新中国成立后北院门历史文化街区更新区域建设类型一览表 表4-6

年份	主要建设类型
1956~1966	手工业工厂
1966~1978	单位小区、公共建筑（医院）、职业学校
1978~1992	政府职能部门的办公建筑更新
1992~2000	居民自建房大规模建设、单位小区
2000年至今	地块整合开发为商业、办公等

（2）更新阶段划分

综合考虑政治与经济方面的变革和大事记、相关城建与规划事件、街区更新区域性质的差异性等对街区空间更新和演变的影响，对北院门历史文化街区的空间更新进行阶段划分。

改革开放作为重要时间节点，将街区的更新划分成为新中国成立至改革开放（1949~1978年）和改革开放后（1979年至今）两个时期。改革开放后，1992年之前和之后经济体制发生变化，且街区更新区域的性质发生了很大变化，由此将1992年作为划分更新阶段时间节点；2000年之后街区更新区域的性质再次发生变化，且相关规划的引导与街区建设日益相关，由此将2000年作为更新阶段的时间节点。通过对更新阶段时间节点的提取，将北院门历史文化街区的更新阶段划分为4个阶段，即1949~1978年、1979~1992年、1993~2000年、2001年至今。

街区更新的第一阶段为1949~1978年，因新中国成立初期，处于计划经济时期，经济发展缓慢，街区更新变化较少，是计划经济时期的自我演替发展时期，如职业学校、食品机械厂等，更新建筑充满功能主义色彩；第二阶段为1979~1992年，改革开放初期，处于"有计划"的市场经济时期，经济发展速度得到提升，街区更新主要以市公安局、市教委等城市公共服务建设为主要内容，更新建筑多为院落围合式，是外力干预介入下的自我演替发展时期；第三阶段为1993~2000年，处于社会主义市场经济初期，经济发展较快，居民可支配收入增加，对居住条件有了更高的要求，进行了以小尺度居民自建房地块为核心内容的更新和建设，更新建筑随建筑技术和建筑材料的不断发展有很大变化，现代建筑风格逐渐融入；第四阶段为2001年至今，在社会主义市场经济背景下，城市经济高速稳定发展，城市建设加快，街区位于城市中心，其建设不足以满足地块商业价值不断提升，进行了以地块整合、商业开发为核心内容的更新，如地块整合开发为商业建筑地块或居住小区地块，更新建筑因城市管理部门的控制，进行的多为保护性更新。

根据上文的分析，北院门历史文化街区的更新阶段可以划分为计划经济时期的自我演替发展时期（1949～1978年）、外力干预介入下的自我演替发展时期（1979～1992年）、市场经济条件下自我演替加速发展时期（1993～2000年）、城市转型时期的自我演替发展时期（2001年至今）4个更新阶段，相对应的街区可进行更新区域的划分。北院门历史文化街区各更新阶段更新区域的大小参见表4-7。

北院门历史文化街区各更新阶段更新区域面积统计表 表4-7

更新阶段	更新区域面积（公顷）
计划经济时期的自我演替发展时期（1949～1978年）	2.65
外力干预介入下的自我演替发展时期（1979～1992年）	7.16
市场经济条件下自我演替加速发展时期（1993～2000年）	39.85
城市转型时期的自我演替发展时期（2001年至今）	7.79

4.3.2.4 计划经济时期自我演替发展阶段（1949 ～ 1978 年）形态特征

北院门历史文化街区在这一时期主要以居民自建房为主，在建筑风格方面多为传统的明清时期风貌特征，院落呈三合院与四合院形式，有些院落呈现多进院落的形式，此时的北院门历史文化街区基本是东起社会三路，西至大麦市街，南至西大街，北至红埠街，道路网呈现网格十字形态格局，依托原有的主要街巷，在各组团中形成胡同式交通网，保证每户院落的可达性。此时期北院门历史文化街区的主要轴线为北院门街道、北广济街、庙后街—西羊市，以此为主要道路交通形成人流，将街区分成四大部分，街区内部主要是居民自建房，另外有少部分的公共建筑和单位小区，如图4-9所示。在街区的西部特别是小学习巷西侧部分为回族居民的墓地。整个街区的主要道路网密度较为稀疏，但街区内部街巷较为密集，地块划分得较小，多数以一个院落或一处单位为一个地块。

北院门历史文化街区在这一时期的道路网结构基本延续新中国成立前的道路网形式，交通与城市主要道路连接不是特别紧密，街廓内功能互不成体系，各系统不完善且各自为政；道路网结构多为因居民建设需求而建设，没有成为统一的网络。这一时期街道建设主要是对原有的土路进行修建、改建和翻建。

北院门历史文化街区在这一时期的主要更新为国家因需求进行的公共建筑建设或单位居住小区的建设，在居民院落中更新主要是部分的居住院落的改建或重建；商业的业态发生变化较多，沿街铺面的改建多于居住院落的改建。因为经济发展较为缓慢，城市公共设施基本没有增加。

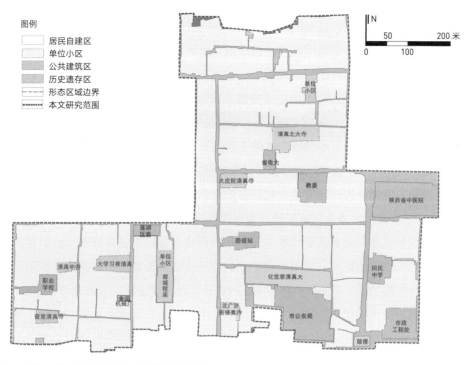

图4-9 1949～1978年北院门历史文化街区整体结构图
（图片来源：根据地形图等相关资料）

（1）整体形态特征

北院门历史文化街区在这一时期更新区域数量为5处，分布较为分散，平均面积为0.53公顷，陕西省中医院地块面积占据了更新区域的50%以上，其余4处更新区域的平均面积为0.22公顷。

这一时期因原有道路多为土路，只有少部分为碎石、煤渣、条石路，为此进行了现代化城市道路的修建，将原有的主要街道进行了修建、改建和翻建，将道路变成水泥或者沥青路面，但是街廓的划分并没有大的变化。

这一时期更新地块组合比较规整，部分地块经过统一的规划设计，根据地块的形状以及和街巷的组织关系，这一时期的地块组合可以划分成三种组合方式，即沿街排布式、街廓内部地块模式和独立地块模式，分别占据了更新区域的18.5%、14.3%、67.2%。

这一时期的建筑类型主要分为居住建筑、公共建筑和工业建筑三大类别。单位居住区的建筑类型偏向现代建筑，不再有传统建筑的元素，公共建筑体量较大，风格也发生了很大的变化，工业建筑以传统自建院落形式存在，原有建筑已经被拆除。新建的公共建筑和单位居住区都是以功能主义为核心，建筑强调功能的重要性，这些建筑平面多呈长条状，少量呈"U"形，立面设计也都比较简单，没有传统建筑的元素和符号，失去了明清时期的建筑特色和文化。按照建筑基底与地块的关系可以将其划分为两种形式，即院落围合式和规则行列式，分别占据了更新区域的83.4%、16.6%。更新区域的地块产权转化模式主要有三种类型，即街区空地变为公共建筑地块、街区空地变为工业建筑地块、居民自建房地块整合为居住小区地块。

根据对各形态要素（平面单元、建筑性质、土地利用等）的分析和研究，这一时期更新区域可以划分为院落围合式公共建筑区、规则行列式住宅区、院落围合式工业建筑区三种平面类型单元，分别占据了81.5%、16.6%、1.9%。

（2）形态特征成因

总体看，这一时期的形态特征形成的主要因素包括政策因素、文化传承、建造技术与方式、更新组织主体以及城市建设投入等几个方面。

这一时期，国家处于计划经济时代，国家经济发展处于恢复和发展阶段，先后进行了社会主义改造、"文化大革命"等运动，城市建设步伐缓慢。这一时期，针对城市发展的需求进行了街区的更新，主要建设了职业学校和陕西省中医院等公共建筑，公共建筑的建设受到"文化大革命"的影响，采用功能主义的设计手法，没有过多的装饰，只满足建筑使用的要求。另外因工业、手工业的社会主义改造，街区内建设了工业建筑即食品机械厂。

北院门历史文化街区内的居民主要是以回族为主，街区居民长期聚居生活，形成了独特的民族文化。民族文化特别是回族居民"围寺而居"的社会生活方式对街区的更新有很大的影响，这一时期的更新没有打破民族的传统文化。

建筑则采用砖混结构替代了原有的砖木结构，建筑层数原来主要为1~2层，而这一时期的建筑多为3~4层，建筑尺度相对原有建筑有所放大，这些都是建筑技术不断发展和进步的结果。

这一时期，更新区域的地块通过政府的划拨后进行规划和建设，更新地块内增加了公共空间，如职业学校内的集中绿地，并且建筑基底形态类型增加了新的类型，如规则行列式小区。此外，这种变化还对街区内更新地块的产权产生了很大的影响，如居民自建房地块整合成为居住小区地块。

这一时期，对城市建设投入主要有两种，对地块更新建设的投资和基础设施的投资。街区的街巷系统在这一时期进行了大量的翻建和硬化处理，这主要得益于城市建设的投入。

（3）形态演化特征

这一时期，因国家政治、经济发展缓慢，街区的建设较少，商业主要为服务街区的居民生活必需品，并且街区商业大幅度减少。

根据居民"围寺而居"的社会生活方式，将街区划分成七个形态单元，街区更新区域为2.65公顷，分布分散，核心更新地块的平均面积为0.22公顷。街区对街道系统进行了翻修和硬化，完整地保留了原有的街道系统基本格局。更新区域地块的组合方式主要有沿街排布式、街廓内部地块模式和独立地块模式三种，分别占据了更新区域的18.5%、14.3%、67.2%。更新区域的建筑类型主要是居住建筑、公共建筑、工业建筑，建筑的设计风格偏向现代建筑，基本没有传统建筑元素，建筑体量较大；建筑基底形态类型主要有院落围合式和规则行列式两种，分别占据了更新区域的83.4%、16.6%；更新区域的地块产权转化模式主要有街区空地变为公共建筑地块、街区空地变为工业建筑地块、居民自建房地块整合为居住小区地块三种。这一时期将更新区域划分成规则行列式住宅区、院落围合式公共建筑区、院落围合式工业建筑区三种平面类型单元，分别占据了16.6%、81.5%、1.9%。

4.3.2.5 外力干预介入下自我演替发展阶段（1979 ～ 1992 年）形态特征

北院门历史文化街区在这一时期的更新区域中以政府职能部门的办公建筑为核心地块，居住小区与居民自建房为少部分地块。在这一时期，街区内部的主要街道仍然延续原来的道路系统，只是有些街区内巷因为地块进行整合和合并而消失，街区西部保留和延续上一时期的肌理，包括街区内巷在内几乎没有发生变化。这一时期更新区域的地块尺度有所变化，由原来的空地或小地块进行整合而扩大，空间结构基本维持了原有的结构体系（图4-10）。

（1）整体形态特征

北院门历史文化街区在这一时期更新区域数量为16处，分布较为分散，平均面积为0.45公顷，但更新区域的核心即公共建筑地块的平均面积为0.51公顷。

这一时期内的街道系统没有发生大的变化，只有少量的街区内巷因地块整合而消失，路网结构延续了街区原有的道路网结构，仍呈现十字网格的道路形式，街区内部的道路没有进行大的修建和翻建并且得到了较好的保护，延续了街区的基本格局和肌理。

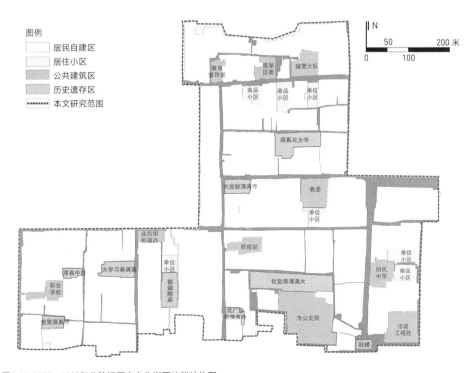

图4-10 1978～1992年北院门历史文化街区功能结构图
（图片来源：根据现状地形图绘制）

这一时期的地块较之前的较大，较大地块都经过规划和设计，地块内部组织多强调地块内部的围合，通过围合形成地块内部的私密空间，地块内部分公共空间增多。根据地块的形状以及和街巷的组织关系，这一时期地块的组合方式可以分成4种形式，即沿街排布式、街廓内部地块模式、沿街大地块模式、不规则拼贴式，分别占据了更新区域的16.6%、14.8%、42.5%、26.1%。

这一时期的建筑类型主要可以分为公共建筑、居住小区和居民自建房三种类别。公共建筑是传统建筑和现代建筑的结合，在建筑设计中有很多设计元素是出于传统建筑，但其建筑的体量和形式又增加了很多的现代建筑的设计手法；居住小区建筑多为现代风格，很少有传统建筑的元素，失去了传统建筑的风格特征；居民自建房建筑延续传统建筑的风貌特点，遵循传统建筑的设计手法。按照建筑基底与地块的关系，可以将更新地块的建筑基底形态分成三种类型，即院落围合式、规则行列式、建筑基底占满地块，分别占据了更新区域的67.0%、63.5%、9.5%。

根据对各形态要素（平面单元、建筑性质、土地利用等）的分析和研究，这一时期更新区域可以划分为院落围合式办公建筑区、院落围合式公共建筑区、行列排布式居住小区、院落围合式居住小区、不规则拼贴居民自建区、行列排布式商住混合商业街区六种平面类型单元，分别占据了这一时期更新区域的56.7%、6.8%、23.5%、3.5%、8.8%、0.7%。

（2）形态特征成因

1）国家经济体制的变革和城市经济发展

这一时期，国家由计划经济时期进入"有计划的"市场经济时期，进入社会主义现代化建设时期，经济发展逐步加快，城市经济的发展推动了城市建设，街区内的部分地块不能满足城市发展的需求，城市管理部门对城市的投入也因此而增加。这一时期，城市建设的投入主要加强了对城市公共服务设施建筑的建设，如市公安局、教委等政府职能部门的公共建筑，这些都促进了地块的更新和产权的变化。

2）地块更新组织主体的变化

这一时期，以政府为地块更新组织的主体对街区内的部分地块进行了整合，并统一划拨给各职能部门进行规划和建设，使得这类地块的产权发生了变化，其建筑的尺度也因功能的需求发生了变化。

3）规划保护文件的出台

在这一时期，城市管理部门相继出台了1981年的《古都长安的保护规划》、1989年的《西安市中心区规划》等规划文件。其中1981年的《古都长安的保护规划》中提到："划定三条明清时代的街道加以保护，保持明清时代的风貌。一条是北院门街，是明清时代的商业街，拟辟为旅游商业街……为使具有地方传统风格的旧有民宅、院落得以长期保存，又适应时代需要，必须改变其结构，更新其内部，并保持其原貌"。[①]1989年的《西安市中

----

① 古都长安的保护规划［G］. 西安市城市规划管理局，1981.

心区规划》在古都总体保护规划的基础上对西安中心区范围之内区域的建设提出了对策方案，在组织旅游观光步行网络系统的条目中有涉及北院门历史文化街区的部分，内容如下："北院门：全长500米，历史上曾是商贾云集繁华的市井。主要文物有鼓楼和旧衙署府第。规划为具有清代风格的传统商业街。保持原道路宽度和建筑尺度。在南北两端设停车场，对不符合规划要求已建的铺面，恢复地方传统风格……"[①] 这些保护文件在街区更新过程中起到了重要的指导作用，使得街区在物质层面特别是平面单元、建筑类型以及产权方面得到较好的保留，延续了传统的风貌和格局，保留了原有街区的肌理。

（3）形态演化特征

这一时期，街区内的商业和经济得到发展，街区内的个体经营的商店数量增加，主要是餐饮、地方特产、古玩等行业，街区的经济逐步走向繁荣。

根据居民"围寺而居"的社会生活方式，形态单元划分没有发生改变，依然为7个形态单元，街区的更新区域面积为7.16公顷，主要集中在街区的东半部分，核心更新地块的平均面积为0.51公顷，较上一时期平均面积增加。街区的街道系统延续了原有的街道格局，没有进行修建和翻修，但街区部分外围道路进行了修建和拓宽。更新区域地块的组合方式主要有沿街排布式、街廓内部地块模式、沿街大地块模式、不规则拼贴式四种形式，分别占据了更新区域的16.6%、14.8%、42.5%、26.1%。更新区域的建筑类型主要是公共建筑、居住小区建筑、居民自建房3种，建筑风格为传统建筑和现代建筑的结合；建筑基底形态类型主要有院落围合式、规则行列式、建筑基底占满地块3种，分别占据了更新区域的67.0%、23.5%、9.5%；更新区域的地块产权转化模式主要有居民自建房变为公共建筑地块、居民自建房地块整合为居住小区地块、公共建筑地块之间进行置换、工业建筑地块置换为居住小区地块4种。这一时期将更新区域划分为院落围合式办公建筑区、院落围合式公共建筑区、行列排布式居住小区、院落围合式居住小区、不规则拼贴居民自建区、行列排布式商住混合商业街区6种平面类型单元，分别占据了这一时期更新区域的56.7%、6.8%、23.5%、3.5%、8.8%、0.7%。

4.3.2.6 市场条件下自我演替加速发展阶段（1993 ～ 2000 年）形态特征

在城市经济的高速发展和国家经济体制改革的背景下，北院门历史文化街区进行了大规模的建设，在这个阶段，北院门历史文化街区功能结构发生了很大的变化，街区内部主要街巷的商业步行街的格局基本形成，出现了大体量商业区（图4-11）。这一时期的更新区域主要是街区整体的居民自建房地块、街区内的部分商业地块、公共建筑地块。居民自建房都是由居民自身要求进行的自发性建设，大部分都是在原来院落上的改建或重建，遵循了政府对街区保护的意见，保护并延续街区的传统风貌和肌理；商业地块主要是对街区内主要街道和门户空间进行的更新，这些地块的建设都是依照街区风貌进行建设的仿古建筑；

---

① 西安市中心区规划［G］西安市城市规划管理局，1989.

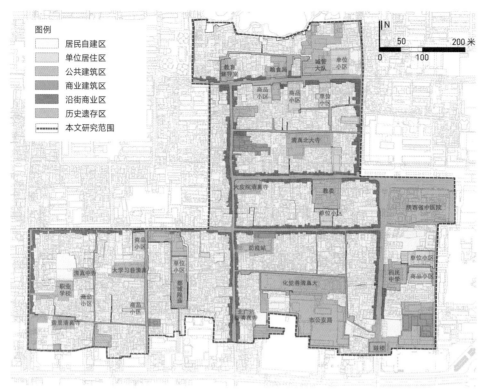

图4-11 1992～2000年北院门历史文化街区功能结构
（图片来源：根据地形图等资料绘制）

公共建筑地块则选择了较为现代的建筑设计，同时也增加了一些传统建筑的元素和符号，保证这个街区的风貌特征不受到破坏。这一时期的更新和改造对北院门历史文化街区的保护和发展有一定的促进作用。

（1）整体形态特征

在城市经济的高速发展和国家经济体制改革的背景下，北院门历史文化街区进行了大规模的建设，街区发生了很大的变化。在这一时期，街区的街道系统在主要道路网格方面没有发生大的变化，但是街区内的主要道路进行了旅游商业休闲步行街的建设，在原有主要街道基础上进行翻建，保留了主要路网结构；因居民对院落进行了改建和加建，街区内巷消失，院落出入口变成了骑楼下的通道。

这一时期更新区域的地块数量剧增，且地块尺度和形态差距很大。更新区域的地块根据其与道路位置的关系，可以分成三种地块组合方式，即：沿街排布式、街廓内部地块模式、不规则拼贴式，分别占据了更新区域的27.9%、2.1%、70.0%。

这一时期根据建筑基底与地块之间的关系，分成六种建筑形态类型，即规则行列式、不规则行列式、院落围合式、独立式、天井式、建筑基底占满地块，分别占更新区域的3.3%、1.5%、4.9%、0.7%、50.9%、38.7%，其中天井式和建筑基底占满地块占据了更新区域的绝大部分。

这一时期更新区域的建筑主要分成居住建筑、商业建筑、办公建筑。居住建筑中居民自建房在竖向上进行更新较多，多为3～4层，甚至5层，院落格局有些变化，但是其肌理和建筑特点延续了传统街区的风貌特点，立面装饰上和传统建筑也有一定的相似性；居住建筑中居住小区建筑多呈长条状，建筑长边在24米左右，建筑进深为8.7～10米，建筑层数为3～5层，建筑立面较为现代，屋顶形式采用平屋顶形式，这类建筑失去了传统建筑的风貌特点。商业建筑主要是市场和酒店建筑，平面多呈长条状或"L"形，主体建筑的长边为36～45米，建筑进深为16～20米，建筑层数为5～6层，建筑体量较大，建筑为现代建筑，但增加了很多的传统元素和符号，采用传统建筑坡屋面，一定程度上延续了传统街区风貌。公共建筑基底多呈长条状或"L"形，主体建筑的长边多在30～39米，建筑进深为14～16米，少部分为9米左右，建筑体量较大，建筑风格为现代建筑和传统建筑相结合，建筑的屋顶和檐口采用传统建筑的处理方式，遵循了传统街区建筑特点。

根据对各形态要素（平面单元、建筑性质、土地利用等）的分析和研究，这一时期更新区域可以划分为院落围合式公共建筑区、占满地块式公共建筑区、规则行列式居住小区、独立式居住小区、天井式居民自建区、占满地块式居民自建区、不规则行列式商业建筑区、行列排布式商住混合商业街区八种平面类型单元，分别占据了这一时期更新区域的4.9%、4.5%、3.3%、0.7%、45.9%、29.7%、1.5%、9.5%。

（2）形态特征成因

1）经济体制改革的引导

这一时期，中国的经济体制发生了重大变革，迈入了社会主义市场经济时代，城市经济得到了飞速发展，城市居民的可支配收入不断增加，居民生活水平得到提高，居民对居住环境的要求也随之提升，因此街区内进行了大量的居民自建房的更新，居民自建房过分追求建筑面积忽略了对日照的要求。此外，国家对地块的商业开发逐步开放，街区内增加了部分居住小区。

2）城市旅游经济的带动

北院门历史文化街区在这一时期依托其民族特色文化和传统明清文化旅游业等逐步兴起，街区内的商业业态也由此逐步向服务游客转变，这促进了街区的步行商业街区的建设，继而城市管理部门对街区主要街巷进行了翻建和修缮。

3）相关规划的编制

这一时期，城市管理部门对街区的保护更为重视，编制了相关的保护规划，如1995年编制了《北院门街保护和更新工程》，相关规划成为街区更新的重要指导文件，这对街区传统格局、肌理和风貌的保护起到了重要的作用。

4）居民家庭的重组

街区内的居民以家族为单位居住，随着人口的增加，家族内部进行了重组，居民院落不足以满足居住条件的要求，因此进行了居民自建房的更新。这一时期，因地块不能进行扩张，居民自建房的更新主要是重新进行建设，建设的层数有所增加，大部分为3～5层，结构为砖混结构。这种建设导致部分街区内巷被骑楼下的通道替代。

5）文化传承和发展

街区在这一时期的更新过程中，传统明清文化和街区的民族文化对更新和建设有很大的影响，街区的主要街道系统不破坏原有格局和肌理，建筑立面多选取传统建筑的元素进行装饰，延续街区的传统风貌。

6）民族及其文化

街区更新过程中出现过商业开发的介入，但因街区居民对商业开发的排斥未能进行，这对街区的保护性更新起到了重要的作用。此外，街区的居民"围寺而居"的社会生活方式和清真寺文化对居民到达清真寺的路线和距离要求，保证了街区街道格局的延续。

（3）形态演化特征

这一时期，经济发展迅速，北院门风情街建成，街区内外来人群慢慢涌入，在街区边缘经营商业。街区的商业数量剧增，主要是旅游纪念品、地方特产、古玩、餐饮等行业，街区的商业逐步向旅游服务转变。

根据居民"围寺而居"的社会生活方式，形态单元划分没有发生改变，依然为七个形态单元，街区的更新区域面积为39.85公顷，分布很广，覆盖了街区的一半以上，核心更新地块的平均面积为0.06公顷，较上一时期平均面积减少。街区内的街道系统延续了原有的街道格局，对街道的建设主要是对旅游商业步行街的建设和街区内巷因居民自建房更新而被骑楼下的通道代替。更新区域地块的组合方式主要有沿街排布式、街廓内部地块模式、不规则拼贴式三种类型，分别占据了更新区域的27.9%、2.1%、70.0%。更新区域的建筑类型主要是居民自建房、商业建筑、公共建筑，其中居民自建房占绝大部分，其建筑风格失去了传统建筑风格，只有少量的传统元素和色彩符合街区风貌；建筑基底形态类型主要有规则行列式、不规则行列式、院落围合式、独立式、天井式、建筑基底占满地块六种，占比重分别为3.3%、1.5%、4.9%、0.7%、50.9%、38.7%；更新区域的地块产权转化模式主要有居民自建房变为公共建筑地块、居民自建房地块整合为居住小区地块、公共建筑地块变为商业建筑地块三种。这一时期将更新区域划分为院落围合式公共建筑区、占满地块式公共建筑区、规则行列式居住小区、独立式居住小区、天井式居民自建区、占满地块式居民自建区、不规则行列式商业建筑区、行列排布式商住混合商业街区八种平面类型单元，分别占据了更新区域的4.9%、4.5%、3.3%、0.7%、45.9%、29.7%、1.5%、9.5%。

4.3.2.7 城市转型时期自我演替发展阶段（2001年至今）形态特征

在这一时期，街区内的主要街道系统延续了原有街道的肌理，没有增加其他的道路，在街区边缘增加了较多的功能，如公共建筑、商业建筑等等。随着经济的发展街区内的功能逐渐丰富，街区的主体结构仍然是各部分"围寺而居"的社会生活方式，沿街区的主要街巷如西羊市、北院门、庙后街、北广济街等形成了特色的文化旅游步行商业街。北院门历史文化街区的格局没有被破坏，街区现状的整体结构特点形成（图4-12）。

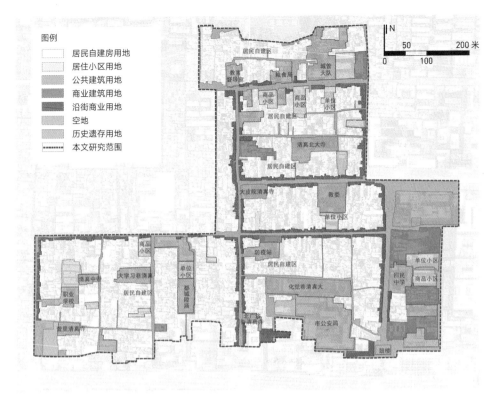

图4-12 2001年至今北院门历史文化街区功能结构图
（图片来源：根据影像图绘制）

北院门历史文化街区在这一时期的更新区域主要是街区东部的商业建筑地块、公共建筑地块，鼓楼附近的商业地块，街区西部的居住地块，街区东北部的以及街区内部的部分居民自建房地块。商业建筑地块主要是在街区的东部，靠近街区的外围部分，这些地块通过对原来的小的居住地块和小的空地进行整合，然后进行商业开发，这些地块的建筑是依照仿古建筑的形制进行设计，建筑色彩呈灰色，一定程度上遵循了街区的传统风貌；居住地块主要是因2000年以后商业地产的迅猛发展进行的开发建设，建筑采用现代建筑的设计手法，只是在建筑色彩上符合街区的传统特点，另外还有部分的居民自建房的更新，其中居民自建房的更新多是相邻地块的几户居民进行统一的建设，建筑采用框架形式的建造方式，不再延续院落空间的原有肌理，进行了现代化建设；公共建筑主要是西华门大街的中医院，此地块对原有的居民自建房地块进行整合开发，建设成为仿传统建筑的现代建筑，建筑体量很大，建筑的一些处理采用了传统建筑的手法。这一阶段的更新在保证街区大格局不破坏的基础上进行。

（1）整体形态特征

在这一时期，街区内没有进行街道系统的修建和翻建，只对道路损坏部分进行修缮。2000年以后街区内的主要道路网结构已经完善，主要道路呈十字网格结构，部分街区内巷消失。

这一时期的更新区域内地块之间在尺度和形态上不尽相同，根据地块与街区道路的位置关系，这个时期的地块可以划分为4种类型，即沿街排布式、街廓内部地块模式、独立地块模式、沿街大地块模式，分别占更新区域的30.8%、20.5%、42.3%、6.4%，其中独立地块模式占比重最大。

这一时期，根据地块内部建筑基底与地块的关系，可以将建筑形态分成4种类型，即规则行列式、院落围合式、独立式和建筑基底占满地块，分别占据了更新区域的8.2%、37.6%、7.8%、46.4%，其中院落围合式和建筑基底占满地块两种类型占据了更新区域的大部分。

这一时期，街区内更新区域的建筑主要有公共建筑、商业建筑、居住建筑3种类型，其中居住建筑分成居住小区和居民自建房。公共建筑的建筑基底呈长条状或"L"形，建筑长度在72~100米，建筑进深在18~36米，建筑风格遵循了街区的传统风貌；大体量商业建筑多呈长方形，建筑长度为75~87米，建筑进深为30~42米，部分建筑的长边在36~50米，近似于正方形，此类建筑多采用现代仿古建筑风格；传统街区式商业建筑基底呈长方形，建筑长边为20~30米，建筑进深为9~12米，此类建筑的风格为仿明清时期建筑；居住小区建筑基底呈长方形，建筑长边为50~80米，进深为12~20米，建筑层数为5~9层，此类建筑采用了现代建筑简约的设计手法；居民自建房建筑呈长方形，没有尊重街区肌理和街区风貌。

根据对各形态要素（平面单元、建筑性质、土地利用等）的分析和研究，这一时期更新区域可以划分为院落围合式公共建筑区、院落围合式商业建筑区、独立式商业建筑区、行列布排商住混合商业街区、规则行列式居住小区、独立式居住小区、占满地块式居民自建区7种平面类型单元，分别占据了更新区域的22.8%、14.8%、13.4%、5.4%、8.2%、4.6%、30.8%。

（2）形态特征成因

1）城市经济发展的带动

在市场经济背景下，城市经济稳定持续增长，城市建设不断推进，城市发展对功能也提出了更多的需求。作为城市中心的北院门历史文化街区，其功能也在不断迎合城市功能，带来街区的不断更新。另外，街区的土地商业价值不断提升，地块内的建设不能满足地块商业价值，在保证街区基本格局、肌理和传统风貌不被破坏的基础上，街区进行了地块整合和商业开发，这些更新位于街区的边缘，且都延续了街区的传统风貌，是对街区的保护性更新。

2）相关保护文件的出台

2002年2月6日通过的《西安历史文化名城保护条例》中，北院门历史文化街区正式划定，明确了其保护的价值。此后，管理部门编制了2004年《西安历史文化名城保护规划》、2005年《城市复兴——在古城西安的探索与实践》、2008年《西安北院门历史文化街区环境整治保护规划》等一系列规划文件，对街区内的建设进行了限定，充分保护了街区的基本格局、街区肌理和传统风貌。

3）建筑技术的发展

建筑技术的发展和进步推动了街区更新区域建筑结构新类型的出现，建筑风格也因此发生了变化。这一时期内更新的建筑包括居民自建房在内都采用了框架结构，建筑高度较之前更高，建筑风格为现代建筑和传统建筑的结合，在建筑屋顶形式、檐口做法以及立面装饰上选择传统建筑的元素，这种建筑一定程度上延续了街区的传统风貌，但建筑的体量较大。

4）民族融合和民族文化

这一时期，街区内汉族涌入经营旅游商业，加之社会发展促进民族之间密切的交流，民族之间的融合成为街区更新过程中影响建筑风格的重要因素，这一时期更新的建筑中传统建筑元素越来越少。这一时期街区出现了地块商业开发，但因街区居民对地块的商业开发有排斥，所以地块的商业开发多位于街区的边缘位置；此外，街区的居民"围寺而居"的社会生活方式和清真寺文化对居民到达清真寺的路线和距离要求，保证了街区街道格局的延续，这些都保证了这一阶段街区进行的保护性更新。

（3）形态演化特征

这一时期，城市经济高速稳定发展，街区随城市建设发展得到推进，居民对生活的需求增加。街区转变为西安对外展示文化的窗口，其商业业态也转变为以服务游客为主。自《西安历史文化名城保护条例》通过之后，街区的保护被提到了新的高度。

根据居民"围寺而居"的社会生活方式，形态单元划分因清真新寺建设发生改变，划分为八个形态单元，街区的更新区域面积为7.79公顷，分布较为广泛，但公共建筑地块和商业建筑地块主要分布在街区的东部和南部边缘，核心更新地块的平均面积为0.48公顷，较上一时期平均面积增加。街区内没有再次进行街道系统的建设，只对街道进行修缮，依然延续原有的街道格局。更新区域的地块组合方式主要有沿街行列式、街廊内部地块模式、不规则拼贴式、沿街大地块模式四种类型，分别占据了更新区域的30.8%、20.5%、42.3%、6.4%。更新区域的建筑类型主要是商业建筑、公共建筑和居住小区建筑以及少量的居民自建房，建筑风格主要以符合街区风貌的现代仿古建筑为主；建筑基底形态类型主要有规则行列式、院落围合式、独立式和建筑基底占满地块四种，比重分别为8.2%、37.6%、7.8%、46.4%；更新区域的地块产权转化模式主要有居民自建房地块整合为商业建筑地块、居民自建房地块整合为公共建筑地块、居民自建房地块整合为居住小区地块、居民自建房地块之间的转化四种。这一时期将更新区域划分为院落围合式公共建筑区、院落围合式商业建筑区、独立式商业建筑区、行列布排商住混合商业街区、规则行列式居住小区、独立式居住小区、占满地块式居民自建区七种平面类型单元，分别占据了更新区域的22.8%、14.8%、13.4%、5.4%、8.2%、4.6%、30.8%。

4.3.3 北院门社区更新的空间形态特征与影响因素

（1）总体特征

新中国成立后至今，北院门历史文化街区在功能结构方面发生了很大的变化。

在计划经济时期的自我演替发展时期（1949～1978年），北院门历史文化街区是根据国家政策和方针、城市发展需求以及城市经济发展推进进行更新，主要增加了城市发展需求较为突出的功能，如职业学校、食品机械厂等，这些都是这一时期政策背景和经济条件进行的街区功能的调整。在外力干预介入下的自我演替发展时期（1979～1992年），北院门历史文化街区根据城市现代化建设的需求而进行具有城市公共服务功能的政府职能部门建设为主，如市公安局、市教委等，是城市管理部门在城市（西安市）层面进行的功能调整，街区内政府职能部门的公共建筑地块增加。在市场经济条件下自我演替加速发展时期（1993～2000年），北院门历史文化街区的更新主要是进行了大规模的居民自建房的重建和新建，是城市经济发展和居民生活水平提高的结果，在这一时期，城市管理部门对街区的规划和保护起到了重要的引导作用，街区内沿主要街巷的步行商业街逐步形成。在城市转型时期的自我演替发展时期（2001年至今），北院门历史文化街区内的部分小地块因不能满足其位于城市中心的商业价值而进行了部分地块的整合后进行商业开发，这一时期，街区内增加了较多的大体量商业建筑和公共建筑，此外还有商品居住小区的开发建设，这些建筑地块多位于街区的边缘（表4-8）。

北院门历史文化街区在新中国成立后至今更新和演变过程中，逐步形成了外层为公共建筑和大体量商业建筑以及居住小区，内层为居民自建房的圈层结构。其中，居民自建房与清真寺形成"围寺而居"的社会生活方式，居民自建房沿街区主要街巷的厢房部分为步行商业空间，其他为居民居住空间，呈现"下店上居""前商后居"的形式。

北院门历史文化街区各更新阶段功能结构一览表

表 4-8

更新阶段	功能结构
计划经济时期的自我演替发展时期（1949～1978年）	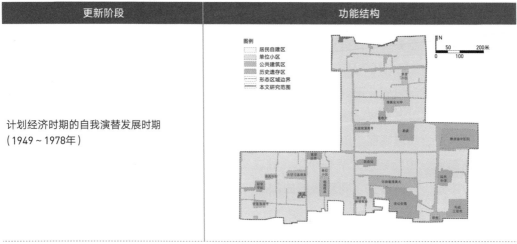

更新阶段	功能结构
外力干预介入下的自我演替发展时期（1979～1992年）	
市场条件下自我演替加速发展时期（1993～2000年）	
城市转型时期的自我演替发展时期（2001年至今）	

1）形态单元的总体特征

北院门历史文化街区内的居民主要以回族为主，回族的信仰和社会生活方式是街区的重要文化特点，所以它的形态单元主要是依据街区居民社会生活方式的特点进行划分。北院门历史文化街区在新中国成立后至今的更新过程中，形态单元的划分基本维持稳定状态，但是在城市转型时期的自我演替发展时期（2001年至今）进行了红埠街清真新寺的建设，导致了在这一时期形态单元划分发生了变化，即由原来的围绕清真北大寺的形态单元G划分成为这一时期的围绕清真北大寺的形态单元G和围绕清真新寺的形态单元H两个形态单元，形态单元的范围和面积也因此发生了变化（表4-9）。

北院门历史文化街区各更新阶段形态单元划分及其面积统计表 表4-9

更新阶段	形态单元划分	形态单元数量、面积（公顷）
计划经济时期的自我演替发展时期（1949～1978年）	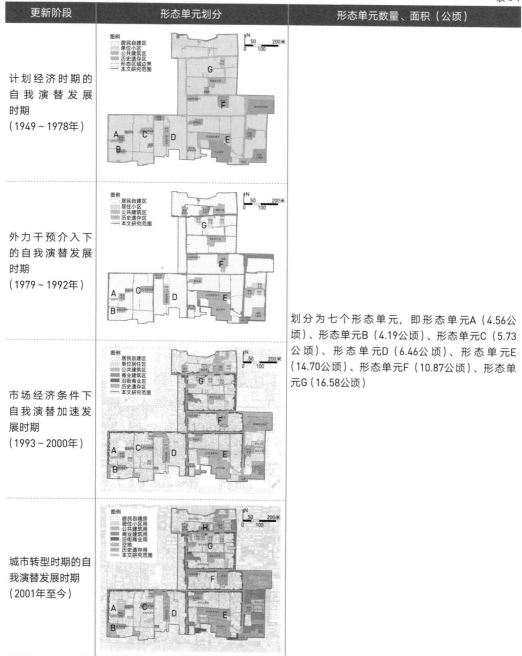	
外力干预介入下的自我演替发展时期（1979～1992年）		
市场经济条件下自我演替加速发展时期（1993～2000年）		划分为七个形态单元，即形态单元A（4.56公顷）、形态单元B（4.19公顷）、形态单元C（5.73公顷）、形态单元D（6.46公顷）、形态单元E（14.70公顷）、形态单元F（10.87公顷）、形态单元G（16.58公顷）
城市转型时期的自我演替发展时期（2001年至今）		

2）更新区域分布的总体特征

在计划经济时期的自我演替发展时期（1949～1978年），北院门历史文化街区更新区域面积较小，除了公共建筑即陕西省中医院外更新区域的分布较为分散且位于街廓的内部；在外力干预介入下的自我演替发展时期（1979～1992年），北院门历史文化街区更新区域的面积有所增加，主要分布在街区主要街巷和街区外围道路两侧，呈沿街排布，分布分散；在市场经济条件下自我演替加速发展时期（1993～2000年），北院门历史文化街区的更新区域面积达到最大，呈面状覆盖街区的一半以上；在城市转型时期的自我演替发展时期（2001年至今）；北院门历史文化街区的更新区域主要分布于街区的边缘，特别是街区东部边缘（表4-10）。

北院门历史文化街区在新中国成立后至今的更新与演变过程中，更新区域的分布呈现出自街区街廓内部向街区街巷，再向街区边缘逐步扩展的圈层式更新特点，并且更新区域在不同更新阶段形成了交叉与覆盖，逐步形成了街区现状中公共建筑地块、居住小区地块、商业建筑地块、居民自建房地块之间的拼贴结构。

北院门历史文化街区各更新阶段更新区域分布统计表　　表4-10

形态单元	计划经济时期的自我演替发展时期（1949～1978年）		外力干预介入下的自我演替发展时期（1979～1992年）		市场经济条件下自我演替加速发展时期（1993～2000年）		城市转型时期的自我演替发展时期（2001年至今）	
	面积（公顷）	比重（%）	面积（公顷）	比重（%）	面积（公顷）	比重（%）	面积（公顷）	比重（%）
形态单元A	0.38	14.3	0	0	3.13	7.9	0.79	10.1
形态单元B	0	0	0.16	2.2	2.85	7.2	0.55	7.1
形态单元C	0.26	9.8	0	0	4.06	10.2	0.34	4.4
形态单元D	0	0	0.40	5.6	4.93	12.4	0.46	5.9
形态单元E	0	0	3.22	45.0	6.22	15.6	2.86	36.7
形态单元F	1.78	67.2	1.31	18.3	5.02	12.6	2.17	27.9
形态单元G	0.23	8.7	2.07	28.9	13.74	34.1	0	0
形态单元H	—	—	—	—	—	—	0.62	8.0
合计	2.65	100	7.16	100	39.85	100	7.79	100

资料来源：根据统计数据整理。

3）街区街道系统的总体特征

北院门历史文化街区街道系统在更新过程中进行过修建、改建和翻建，但没有改变原有主要街道系统的格局。在计划经济时期的自我演替发展时期（1949～1978年），对街区主要道路进行了水泥或沥青路面的硬化；在外力干预介入下的自我演替发展时期（1979～1992年），主要道路没有进行建设，街区内巷因居民需求使用碎石或砖进行了硬化处理；在市场经济条件下自我演替加速发展时期（1993～2000年），对街区内的主要道路进行了旅游商业休闲步行街的建设，街区内巷逐步消失；在城市转型时期的自我演替发展时期（2001年至今），街区内的道路只是进行损坏部分的修缮，没有进行道路的新建和重建（表4-11）。

北院门历史文化街区各更新阶段街道系统建设情况一览表 表4-11

更新阶段	街道系统建设情况
计划经济时期的自我演替发展时期（1949～1978年）	政府对街区内部的街道进行不断的修建、改建和翻建，将原有的土路修建成平坦的水泥或者沥青路面，垂直、斜交、平行于城市主干道之间
外力干预介入下的自我演替发展时期（1979～1992年）	街区的道路网结构延续原有的道路网格局，内部的街道基本没有进行修建或翻建，部分街区内巷因居民需求进行了硬化处理，是由居民自发修建，路面为碎石或砖铺，街区外围的部分道路进行了修建和拓宽
市场经济条件下自我演替加速发展时期（1993～2000年）	街道系统在主要道路网格局方面没有发生大的变化，街道系统的变化主要表现为两种形式：街区内的主要街道进行旅游商业休闲步行街建设；街区内巷逐步消失
城市转型时期的自我演替发展时期（2001年至今）	没有进行街区道路的建设，只是对街区道路的损坏部分进行修缮，街区内的道路格局仍然延续原有的道路网格局

4）地块更新的总体特征

首先体现在更新地块的尺度方面。

北院门历史文化街区在新中国成立后至今的更新和演变过程中，更新地块的尺度也有很大的差异。在计划经济时期的自我演替发展时期（1949～1978年），更新地块的平均面积为0.53公顷；在外力干预介入下的自我演替发展时期（1979～1992年），更新地块的平均面积为0.45公顷；在市场经济条件下自我演替加速发展时期（1993～2000年），更新地块的平均面积为0.06公顷；在城市转型时期的自我演替发展时期（2001年至今），更新地块的平均面积为0.23公顷。通过对比可以看出更新地块的平均面积在第一时期和第二时期差距不大，但第三时期和第四时期更新地块的平均面积有了明显的减少（图4-13）。

但是，通过对北院门历史文化街区在各个更新阶段更新区域的核心更新地块的面积统计可以看出：在计划经济时期的自我演替发展时期（1949～1978年），核心更新地块的平均面积为0.22公顷；在外力干预介入下的自我演替发展时期（1979～1992年），核心更新地块的平均面积为0.51公顷；在市场经济条件下自我演替加速发展时期（1993～2000年），核心更新地块的平均面积为0.06公顷；在城市转型时期的自我演替发展时期（2001年至今），核心更新地块的平均面积为0.48公顷。第三阶段因更新区域主要为居民自建房，其地块面积相对较小，其他三个阶段随着现代化建设的不断发展，核心更新地块的平均面积在逐渐增大（图4-13）。

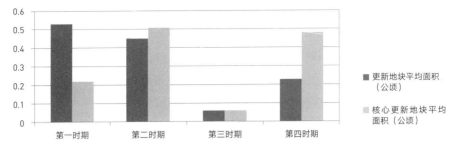

图4-13 北院门历史文化街区各更新阶段地块面积统计图

其次，体现在地块组合方式。

北院门历史文化街区在新中国成立后至今的更新和演变过程中，更新地块的组合方式变化较为突出，更新地块出现不同的组合方式。在四个更新阶段中地块组合方式的主要类型分别为独立式地块模式和沿街排布式、沿街大地块模式和沿街排布式、不规则拼贴式和沿街排布式、独立地块模式和沿街排布式（图4-14）。可以说明，北院门历史文化街区在更新过程中，沿街排布式的地块始终作为重要的更新部分，街区的更新由街区街廓内部逐渐向街区边缘扩展；此外，更新地块的组合方式与城市建设和经济发展有一定的关系，在第

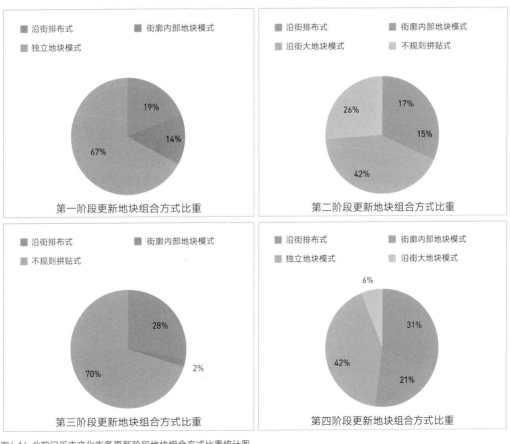

图4-14 北院门历史文化街各更新阶段地块组合方式比重统计图

三阶段更新区域主要是因居民生活水平提高而进行的不规则拼贴式的居民自建房的更新为主，在第四阶段主要以地块的商业价值主导地块的整合和开发。

（2）建筑基底形态类型及建筑类型更新的总体特征

北院门历史文化街区在更新和演变过程中，建筑基底形态类型也在不断地进行变化。在计划经济时期的自我演替发展时期（1949～1978年）和外力干预介入下的自我演替发展时期（1979～1992年），院落围合式占据了更新区域的大部分，规则行列式也是主要类型；在市场经济条件下自我演替加速发展时期（1993～2000年），建筑基底占满地块和天井式成为最主要的建筑基底形态类型，这是因为更新区域以居民自建房为主，居民为追求更大的建筑面积而忽略对日照和采光等的需求；在城市转型时期的自我演替发展时期（2001年至今），建筑基底占满地块和院落围合式为主要建筑基底形态类型（图4-15）。

通过对建筑基底形态类型在四个更新阶段比重进行分析，可以发现更新区域建筑基底形态类型在不断地增加，街区在更新过程中院落围合式始终作为重要的一种建筑基底形态类型，这符合街区传统建筑风貌和建筑的围合方式；在城市建设高速发展阶段，地块内的

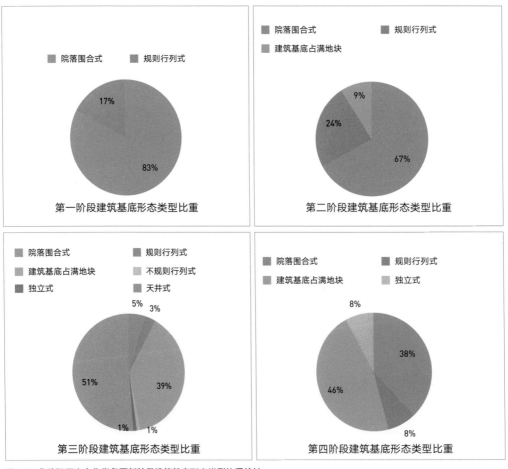

图4-15 北院门历史文化街各更新阶段建筑基底形态类型比重统计

建筑需要采用了建筑密度较大的建筑基底占满地块和独立式等类型来满足建筑功能和地块商业价值的需求。

（3）建筑类型

北院门历史文化街区在更新和演变过程中，更新区域的建筑类型存在很大的差异。通过对各更新阶段建筑类型的比重统计可以看出：更新区域的公共建筑呈现出由第一更新阶段比重最大，到第三更新阶段比重逐渐减小，再到第四更新阶段比重增大的特点；居住小区建筑呈现增大、减小、再增加的趋势；居民自建房的比重在4个更新阶段呈现出抛物线的过程，在第三更新阶段即市场经济条件下自我演替加速发展时期（1993～2000年）达到了比重最大值，商业建筑则由第一更新阶段即计划经济时期的自我演替发展时期（1949～1978年）没有商业建筑到第四更新阶段比重逐渐增大的态势；工业建筑只在第一更新阶段占据了很小的比重，在其他3个阶段均没有出现工业建筑（图4-16）。

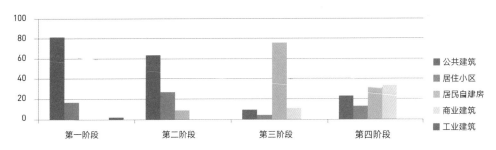

图4-16 北院门历史文化街区各更新阶段建筑类型比重统计图

北院门历史文化街区在更新和演变过程中，地块的产权发生了很大变化。产权转化模式可以分成八种类型：街区空地变为公共建筑地块、街区空地变为工业建筑地块、居民自建房地块整合为公共建筑地块、居民自建房地块整合为居住小区地块、居民自建房地块整合为商业地块、居民自建房地块之间的转化、工业建筑地块置换为居住小区地块、公共建筑地块之间的置换（表4-12）。

北院门历史文化街区各更新阶段地块产权转化模式一览表 表4-12

更新阶段	地块产权转化模式	举例
计划经济时期的自我演替发展时期（1949～1978年）	街区空地变为公共建筑地块	职业学校
	街区空地变为工业建筑地块	食品机械厂
	居民自建房地块整合为居住小区地块	中医院家属院居住小区
外力干预介入下的自我演替发展时期（1979～1992年）	居民自建房变为公共建筑地块	莲湖区委、城管大队
	居民自建房地块整合为居住小区地块	红埠社区
	公共建筑地块之间进行置换	庙后街道办事处（原莲湖区委）
	工业建筑地块置换为居住小区地块	原食品机械厂

更新阶段	地块产权转化模式	举例
市场经济条件下自我演替加速发展时期（1993～2000年）	居民自建房变为公共建筑地块	北广济街北段钢铁装饰工程公司
	居民自建房地块整合为居住小区地块	红埠街东段居住小区、大学习巷清真寺北侧居住小区
	公共建筑地块变为商业建筑地块	社会三路文苑大酒店
城市转型时期的自我演替发展时期（2001年至今）	居民自建房地块整合为商业建筑地块	红埠街东段商业建筑地块、鼓楼北侧商业建筑地块、社会三路北段商业建筑地块
	居民自建房地块整合为公共建筑地块	红埠街清真新寺更新部分
	居民自建房地块整合为居住小区地块	福利一区、福利二区、大麦市街南段居住小区，市公安局家属院居住小区
	居民自建房地块之间的转化	此更新阶段新建居民自建房

（4）地块的形态特征

从街区的整体来看，随着城市建设和发展，城市和街区功能的不断丰富，北院门历史文化街区逐渐形成了外层为公共建筑和大体量商业建筑以及居住小区，内层为居民自建房的圈层结构，公共建筑地块、居住小区地块、商业建筑地块、居民自建房地块之间呈相互拼贴式的组合。其中，居民自建房与清真寺形成围寺而居的社会生活方式，居民自建房沿街区主要街巷的厢房部分为步行商业空间，其他为居民居住空间，呈现"下店上居"、"前店后居"的形式。街区的整体结构相对稳定，但街区边缘的功能和用地性质变化较大。此外，根据街区居民长期延续的"围寺而居"的社会生活方式和居民对回族清真寺文化的传承，北院门历史文化街区形态单元亦相对稳定，只是在红埠街清真新寺更新后形态单元发生了变化。

北院门历史文化街区在新中国成立后的更新和演变过程中其街道系统是最稳定的形态要素，街区内的主要道路格局在整个更新演变过程中变化最小，只是街区内巷在更新演变过程中逐步消失，取而代之的是骑楼下的通道，其尺度也随之变小，现状中其宽度仅允许1～2人并肩通过。

北院门历史文化街区更新区域由街区的街廓内部开始，逐渐向街巷边缘、街区边缘向外圈层式发展，但在第三阶段即市场经济条件下自我演替加速发展时期（1993～2000年），更新区域面积达到最大，街区进行了大规模建设和更新，几乎覆盖了街区的一半左右。在整个更新过程中，更新区域在不同更新阶段形成了交叉与覆盖。

北院门历史文化街区更新地块平均面积在第一阶段和第二阶段差距不大，第三阶段和第四阶段更新地块的平均面积有了明显的减少；但是核心更新地块的平均面积除了在第三阶段即市场经济条件下自我演替加速发展时期（1993～2000年），其他三个阶段随着现代化建设的不断发展，核心更新地块的平均面积在逐渐增大。通过对地块与街巷的组合方式分析，可以发现，沿街排布式是各更新阶段的主要方式，更新地块随城市建设发展、规划部门的引导、街区需求和居民诉求由街廓内部向街巷边缘，再向街区边缘圈层式扩展。

北院门历史文化街区在更新过程中，院落围合式是重要的建筑基底形态类型，这是对街区传统风貌的回应和传承；但城市建设高速发展，地块内的建筑需要采用建筑密度较大的建筑基底占满地块和独立式等类型来满足建筑功能和地块商业价值的需求。另外在更新区域建筑类型方面，公共建筑呈现出由第一更新阶段比重最大到第三更新阶段比重逐渐减小，再到第四更新阶段比重增大的特点；居住小区建筑呈现增大、减小、再增加的趋势；居民自建房的比重在四个更新阶段呈现出抛物线的过程，在第三更新阶段达到了比重最大值；商业建筑则由第一更新阶段没有商业建筑到第四更新阶段比重逐渐增大的态势；工业建筑只在第一更新阶段占据了很小的比重，在其他三个阶段均没有出现工业建筑。整体来讲，北院门历史文化街区更新过程中建筑类型由单一主导更新向多种建筑类型复合主导方向发展，这与街区内地块整合和商业开发有着紧密的关系。

北院门历史文化街区在更新和演变过程中，地块产权也在因更新建设而发生变化，在第一更新阶段主要是在街区空地上进行建设和将少量的居民自建房置换为居住小区地块，第二更新阶段主要是将居民自建房置换为公共建筑地块和对不符合城市发展的地块进行功能性置换，第三更新阶段主要是居民自建房地块转化成居住小区、公共建筑等土地利用率较高的地块，第四更新阶段主要是对居民自建房等小地块进行整合和开发，使其更能满足城市发展和地块的商业价值。

通过前文的研究可以发现，北院门历史文化街区形态演变的规律如下：

1）街区功能逐步增加，街区结构逐渐完善，形成现状功能结构格局

街区在更新过程中，功能逐步增加，如政府职能部门功能，大体量商业功能、沿街商业功能等，其结构也随功能完善逐渐形成现状外层为公共建筑和大体量商业建筑以及居住小区、内层为居民自建房、沿街为商业空间的圈层结构。

2）街区主要街道系统保持原有的格局，街区的主要结构没有根本性的破坏

北院门历史文化街区在更新过程中没有进行推倒重建式的拆建和重建，只是进行了功能的增添和需求的满足，街区主要街道系统一直延续原有的格局，只是部分内巷被骑楼下的通道代替，街区的主要结构也在增加不同功能的基础上保留了原貌。

3）街区更新区域由街廓内部逐渐向街巷边缘直到街区边缘圈层式扩展

第一更新阶段更新区域除陕西省中医院外主要位于街区的街廓内部，第二更新阶段更新区域位于街区街巷的边缘，第三更新阶段的更新区域主要为居民自建房，几乎覆盖了街区的一半以上，第四更新区域主要位于街区的边缘，特别是街区的东部和西部边缘。

4）街区呈现出以功能需求为导向的更新次序

第一更新阶段即计划经济时期的自我演替发展时期，如职业学校、食品机械厂的兴建等，第二更新阶段即外力干预介入下的自我演替发展时期是以城市公共服务建设为主，如市公安局、市教委等，第三更新阶段则是以小尺度居民自建房地块为核心，主要因为城市经济发展中居民生活水平对居住条件改善的需求，第四更新阶段即城市转型时期的自我演替发展时期，主要原因是位于城市中心的街区功能的需求和地块商业价值的主导。

（5）影响因素

首先，是政策引导和经济发展条件带来的影响。

新中国成立后至改革开放时期，中国处于计划经济时代。建国初期，国家经济发展处于恢复和发展的阶段，城市建设步伐缓慢，社会主义改造后，国家经济发展的思想为"三个个体，三个补充"，商业、手工业等工商业的运营模式发生了很大的改变，民营商业和手工业转化为国有或集体所有的工厂和商场；街区的土地由居民私有制收归国有，街区内进行了顺应城市发展的需求的建设，如职业学校、食品机械厂等，但没有延续街区的传统风貌；社会主义改造后，"文化大革命"的进行，使国家经济发展缓慢，基本没有城市建设。

改革开放后，国家经济逐步迈入了"有计划"的市场经济时期，经济发展速度逐步加快，城市经济体逐步扩大，城市道路交通可达性强的城市公共服务设施建设力度加大。

1993—2000年，国家经济体制进入社会主义市场经济时期，经济发展处于飞速发展的新时期，街区居民的生活水平和生活质量有了很大的提高，街区的更新也因此进入了大规模建设阶段。

2001年以后，在市场经济体制的背景下，城市建设随经济发展持续稳定增长，城市建设不断推进，街区土地的商业价值不断提高，街区进行了地块整合、置换并进行了商业开发。

其次，是规划调控和城市经济发展的影响。涉及新的规划保护文件的出台、城市旅游经济的带动以及土地经济的上升。

城市管理部门相继出台了1981年的《古都长安的保护规划》、1989年的《西安市中心区规划》、1995年的《北院门街保护与更新工程》、2002年的《西安历史文化名城保护条例》、2004年的《西安历史文化名城保护规划》、2005年的《城市复兴——在古城西安的探索与实践》、2008年的《西安北院门历史文化街区环境整治保护规划》等等一系列规划文件或条例，这些规划文件或条例中明确提出对北院门历史文化街区进行保护，在北院门历史文化街区更新中这些规划文件或条例成为街区更新的重要依据。

西安作为中国文化聚集地，其旅游经济特别是自20世纪末以来的发展，带动了西安的经济发展。北院门历史文化街区作为西安的历史文化街区之一，其旅游经济带来街区的商业业态发生了很大变化，由对街区居民服务的商业业态逐步转化成对外展示当地文化特色的窗口，服务人群也转变为以游客为主，街区的支柱产业变为以旅游工艺品销售和地方特色餐饮业为主，继而使北院门历史文化街区的功能结构和在城市中的地位发生了变化。

北院门历史文化街区位于西安商业中心，是城市中心的重要组成部分，街区内土地的商业价值伴随城市建设和发展不断提高，街区内地块的现状建设情况不足以满足土地商业价值的提高，城市管理部门在保护街区格局和肌理的基础上对街区内不适合城市建设和发展的地块进行了整合和商业开发，这种地块整合和商业开发都延续了北院门历史文化街区的传统风貌，是街区的保护性更新。

再次，城市建设的投入和建筑技术的发展带来的影响

新中国成立后至改革开放初期，城市建设投入较少，主要是针对城市基础设施的建

设，对北院门历史文化街区的街道系统投入较大，而街区公共空间的投入较少。改革开放后，特别是在20世纪末，城市建设的投入逐渐增多，不仅表现在对街区内的公共环境改善和街区道路的翻建方面，而且城市房地产开发的市场逐步打开，街区内进行了较多的地块整合和商业开发，如酒店、居住小区等，这些地块一般位于街区的边缘。

改革开放前，北院门历史文化街区内的建筑主要是传统明清时期的居民院落、清真寺建筑以及少量的公共建筑，建筑层数在1~2层，建筑的结构主要为砖木结构，公共建筑多为新建的砖混结构，采用功能主义的设计方法。在改革开放后特别是进入市场经济（1993年）以后，建筑技术不断提升，建筑材料不断丰富，更新区域多使用砖混结构，部分大体量建筑采用框架结构，建筑的设计手法上采用了少量的传统建筑元素。在2001年以后进行的更新区域，包括居民自建房在内都采用框架结构，建筑多采用传统建筑的设计手法来延续街区风貌，但建筑体量特别是公共建筑和商业建筑普遍增大。

最后，是社会生活变迁和文化传承。涉及居民家庭重组、地块产权变化、民族融合以及文化传承的影响。

北院门历史文化街区内居民往往以家族为单位居住，但随家族人口不断增加，出现了家族内部的家庭重组，居民居住院落也随之进行重新分割和划分，带来居民自建房地块的产权发生变化，这种变化主要是在改革开放前。改革开放后特别是1990年以后，计划生育基本国策的实施，家庭重组现象存在，但不会将居民自建房地块进行重新划分，只是将建筑使用权属进行划分。

地块产权的变化主要分为三种形式，即居民自建房地块转化为公共建筑地块、商业建筑地块、居住小区地块，居民自建房地块之间的转化，公共建筑地块置换为商业建筑地块。其中居民自建房地块转化为公共建筑地块、商业建筑地块、居住小区地块对街区地块的重新整合后进行商业开发，整合地块的居民进行回迁，提高了街区的土地利用率，这种形式在改革开放后存在；居民自建房地块之间的转化主要是在2001年以后居民可支配收入不断提高，几户居民之间进行商议后统一建设框架结构的居住建筑，这种形式的结果是地块的产权明确，但地块的使用权属不明确；公共建筑地块置换为商业建筑地块的形式主要是在2001年以后，城市管理部门对不符合城市发展的公共建筑地块进行重新划分后进行的商业开发，这种形式有效地提高了地块的土地利用率，满足了城市发展的功能需求。

北院门历史文化街是西安市重要的回族聚居区，其主要居民以回族为主，但在旅游经济迅速发展并成为街区主要产业之后，汉族进入街区边缘经营旅游商业，加之社会发展过程中，民族之间的交流日益密切，致使街区原有居民生活方式发生变化，街区的民族融合对街区边缘的更新有一定的影响。

北院门历史文化街区是西安市的历史文化街区之一，是重要的明清文化、回族的民族文化和民族商业文化传统。在20世纪末特别是北院门历史文化街区划定以后，城市管理部门对街区传统文化的传承进行了保护，主要体现在保护街区传统格局和肌理、保护传统的商业业态、保护居民的结构构成以及更新建筑延续街区传统风貌等方面。

另外，街区在更新过程中出现地块商业开发的介入，因街区居民对此的排斥，使得地块商业开发集中在街区的边缘；街区的居民"围寺而居"的社会生活方式和清真寺文化保证了街区街道格局的延续，这些都保证了这一阶段街区进行的保护性更新。

4.3.4 社区更新中的文脉传承价值

面对历史信息时间跨度较长且类型较为庞杂的情况，需根据不同空间层次的空间关系问题选取不同的指标进行针对性的价值评价。以真实性、完整性、可读性与可持续性为原则，从城市空间的文脉特性这一核心思路出发，结合城市空间品质属性与城市文脉价值内涵，可认为文脉空间单元价值主要体现为印记价值、关联价值以及转译价值。

（1）连续性 —— 关联价值

关联价值是衡量与检验历史文化名城真实性的重要标准，主要针对"城"面进行评价，将属于同一历史图层的文脉空间单元内破碎的历史信息与当前的建成环境整合起来，以确保其历史记忆空间氛围得以延续，整体形态与风貌上能够反映连续与和谐之美。关联价值可以通过整合度与空间数据相关性分析来评价，体现城市空间活力与特色。

（2）层积性 —— 印记价值

印记价值体现在通过对历史文化名城——"街区/街道"层面进行评价，以体现遗存价值信息层积性与重要性为核心，并突出历史文化名城在整体环境氛围的全景化特点，一方面要突出各时期类型细化程度不同；另一方面也要强调各时期细化类型化差异。

（3）活态性 —— 转译价值

保护经济学认为"文化遗产具有文化与经济双重价值的'文化资本'"。转译价值体现文脉要素历史价值、艺术价值与科学价值向社会经济与品质创新价值进一步发展的能力，将这种价值可归结为三大类，即文化转译经济的能力与文化对生态及社会的包容能力。在本研究中，该价值的测度主要针对"地块/建筑"层面进行，目的是从人群空间行为的角度来证明历史文脉延续的活态性。

通过城市形态学分析以及文脉价值的判识和认知，有史以来，回族穆斯林社区在融合适应国家与地区法规秩序的同时，以其宗教核心——清真寺为中心，以教坊为空间组织模式，将教民的日常生活与宗教生活相互融合，社区的宗教社会组织秩序与空间结构形成同构体。教坊制度下回坊历史街区空间结构体现了教坊的物质空间组织、居民（教民）的日常活动和社会生产、生活组织秩序的高度一致，即精神生活与物质空间活动的统一，形成了今天西安回民坊巷空间秩序和社会组织结构的特征。随着西安城市社会经济的发展在空间环境不断更新的同时，其社会结构也悄然发生了改变，伴随着外来商户的不断进入、人口老龄化以及多元化的游客来源，使其更新以改善商业经营环境为主逐渐融合了闲暇时代的功能诉求，转而向城市质量提升和社区治理的强化趋势。体现了西安历史文化街区独特的组织更新的新陈代谢的空间过程，并使得社区的历史文化基点与当代发展诉求和谐共处，是西安城市社区更新的典型案例和历史保护与传承的典型社区更新模式。

5

第 5 章　结语

▶ 改革开放以来，城市快速扩张，新区建设频繁。于西安而言，先后出现的经营型城市更新给城市发展、旧城改造带来了巨大的动力和财力保障，使得西安的面貌在短短的时间内就发生了翻天覆地的变化，但是这种"城市经营"型的旧城改建与新区建设同时也带来了一些严峻的社会矛盾和城市空间问题。[①]长远来看，这就对于城市经营与城市更新的综合型目标提出了更高的要求。

此外，尽管在更新理念上已经体现出对于历史环境保护内涵及承载要素的考量，但是具体落位在空间上的保护更新还是以划定为历史文化地段本身的物质空间环境为主，而对于影响其周边城市及社区的社会经济发展因素考虑较少。并且这样的方式本身对于文化发展的推动力相当有限，也没有给当地居民带来实质性利益，使得城市文脉保护发展与市民的日常生活相分离，成为一种"表面化"的工作，特别是对城市贫困人口来说。文化在这里作为一项促进城市经济更新的手段，而没有成为一项根本的社会文化政策。[②]因此，关键是在于城市更新如何让经济成果在社会中再合理地分配，以体现社会公平原则，达到社会总体和谐发展的目标。

最后，大规模的建设与改造也产生了较多的空间浪费。既体现在对于更新改造建设规模的过高估计所导致的土地投机与土地闲置问题较为严重。表现为过分追求较大规模商业设施的建设，改造地区牺牲了原有的传统中小商业网点，破坏了原有的商业环境和商业气氛，带来职工大量下岗、居民日常生活不便、环境状况恶化等一系列社会问题。也体现在对于传统历史空间价值的过低评估所造成的铲除式的空间遗憾。这种做法使得历史建筑丧失了与之相适应的历史文化信息环境，在旧城居民目前大都住房紧缺的情况下，如此改造无疑还是一种巨大的浪费。客观上来讲，在这个阶段的探索过程中，也存在"保护性破坏"与"建设性破坏"并存的问题，很多实际项目的价值甚至到今天还颇具争议，但值得肯定的是该阶段的更新实践在西安城市整体更新实践的脉络中，体现出承上启下的关

---

① 张京祥，易千枫，项志远. 对经营型城市更新的反思 [J]. 现代城市研究，2011, 26 (01)：7-11.
② 董奇，戴晓玲. 英国"文化引导"型城市更新政策的实践和反思 [J]. 城市规划，2007 (04)：59-64.

键性作用，是奠定西安更新实践走向系统、开放、韧性的重要一步。

西安在中华人民共和国成立之初，就以明城区为基础进入了更新发展模式，重视历史保护和文脉传承是城市社区更新中的主要特征，呈现出自组织更新、文化基因转译、社区多元共生等突出特点。社区更新呈现在自上而下的政策引导和自下而上的社区营造的空间过程及其内在机制，是典型中国内陆城市社区更新实践的典范。

随着城市的不断发展和进步，健康城市成为城市建设的重要目标，建设健康城市，是在20世纪80年代面对城市化问题给人类健康带来挑战而倡导的一项全球性行动战略。世界卫生组织将1996年4月2日世界卫生日的主题定为"城市与健康"。世界卫生组织在1994年给健康城市的定义是："健康城市应该是一个不断开发、发展自然和社会环境，并不断扩大社会资源，使人们在享受生命和充分发挥潜能方面能够互相支持的城市"。上海复旦大学公共卫生学院傅华教授等提出了更易被人理解的定义："所谓健康城市是指从城市规划、建设到管理各个方面都以人的健康为中心，保障广大市民健康生活和工作，成为人类社会发展所必需的健康人群、健康环境和健康社会有机结合的发展整体"。据中国社会科学院城市与竞争力研究中心课题组发布的《中国城市医疗硬件环境竞争力专题报告》显示，西安三甲医院数量全国排第七。2020年8月24日，西安市召开卫生健康大会。大会发布《全面建设健康西安 打造区域卫生健康中心的意见》（征求意见稿）和《西安市卫生健康事业重点项目建设三年行动方案（2020～2022年）》（征求意见稿），指出在未来三年内西安市将新建三级医院13家，新增三级医院床位1.3万张以上，建成"15分钟医疗卫生服务圈"，将西安打造成为西部领先的高质量区域卫生健康中心。伴随着社区更新，城市服务设施的结构性调整和更新，在新时代已经开启了健康城市的发展思路。因此，城市社区更新不仅是在局部地段的微更新的有机生长过程，更是适应城市定位转型的结构性更新过程；是不断适应社会经济发展需求的重构、完善和深化的螺旋式发展轨迹的客观过程。也必将是一个体现城市生命力及其可持续发展的重要方面。

　　承担十卷本国家出版基金资助项目、
"十三五"国家重点出版物出版计划项目暨
《城市社区更新理论与实践丛书》西安卷的
撰写工作，是应赵万民教授、黄瓴教授的邀
请，适逢本人主持的住房和城乡建设部课题
结题，其主要内容正是以西安为典型案例的
关于城市更新方面的研究，但内容较本丛书
的要求和体例尚存差异，因此，在已有研究
的基础上，从新中国成立以来西安城市建设
发展的历史过程出发，基于历史唯物史观的
视角，重新审视西安城市社区更新实践的空
间过程，深感责任重大。

　　西安在中华人民共和国城市发展与规划
史上具有其浓墨重彩的辉煌，也有随社会经
济发展的调适与应对过程。同时，基于西安
历史古都的深厚积淀，其在历史保护与传承
方面特色鲜明，为城市留下了丰富的文脉基
因要素，也为城市凝聚了历史文化信息和城
市精神魅力。一方面，西安作为历史古都，
在新中国成立后的经济恢复到城市新秩序的
重建过程中，伴随着工业化发展，其城市更
新工作在明城区内同步开展。另一方面，在
新中国城市建设发展的过程中，秉承了尊重
历史、延续文脉的传统，西安历次城市更新
均因地制宜、结合实际，对于历史文化采取

了谨慎的态度，在保护与发展的矛盾中，不断探索可持续发展的更新路径。本书对这一历史过程进行了客观表述，同时也向那些曾为西安城市建设发展作出贡献的前辈和先行者表示敬意。当然，本书不免存在诸多不足之处，但抛砖引玉，希望后来人有所突破、有所创新、有所作为。

在本书统稿过程中，在读博士陈超、白帅帅、吴晓晨、马玉箫，硕士崔明芳、郑强、朱莅均等参与了正文各章节相关内容的梳理、研究和插图整理工作。陈军腾、药凯、黄盛航、何大笠、秦鹏超、张鑫、张攀、张延、徐茂荣、刘莹、赵振乾、穆文龙、许酩捷等同学参加了各项案例资料的整理工作，在此一并表示感谢。

特别对赵万民教授、黄瓴教授为丛书组织工作的付出表示感谢，向对本书撰写给予大力支持的中国建筑工业出版社（中国城市出版社）欧阳东副社长、石枫华主任、兰丽婷编辑等表示感谢。

最后，感谢我的家人对工作的支持！

任云英于雁塔校区

2021年9月15日

图书在版编目（CIP）数据

西安城市社区更新理论与实践 / 任云英著. — 北京：
中国城市出版社，2020.12
（城市社区更新理论与实践丛书 / 赵万民，黄瓴主
编）
ISBN 978-7-5074-3351-7

Ⅰ．①西… Ⅱ．①任… Ⅲ．①城市—社区管理—研究
—西安 Ⅳ．① D669.3

中国版本图书馆 CIP 数据核字（2020）第 264496 号

图书总策划：欧阳东
责 任 编 辑：石枫华 兰丽婷
书 籍 设 计：韩蒙恩
责 任 校 对：王 烨

城市社区更新理论与实践丛书
赵万民 黄 瓴 主编

西安城市社区更新理论与实践
任云英 著
*
中国城市出版社、中国建筑工业出版社出版、发行（北京海淀三里河路9号）
各地新华书店、建筑书店经销
北京锋尚制版有限公司制版
天津图文方嘉印刷有限公司印刷
*
开本：787毫米×1092毫米 1/16 印张：16 字数：354千字
2021年11月第一版 2021年11月第一次印刷
定价：**162.00** 元
ISBN 978-7-5074-3351-7
（904340）